COMUNICACIÓN
No Violenta

3ra edición

Un lenguaje de vida

empatía
colaboración
autenticidad
libertad

DR. MARSHALL B. ROSENBERG

Traducción: Magiarí Díaz Díaz
Formadora CNV certificada por el Centro para la Comunicación No Violenta

Revisión: Alan Rafael Seid Llamas
Formador CNV certificado por el Centro para la Comunicación No Violenta

PuddleDancer
P R E S S

2240 Encinitas Blvd., Ste. D-911, Encinitas, CA 92024
email@PuddleDancer.com • www.PuddleDancer.com

Comunicación No Violenta: Un lenguaje de vida
© 2019 PuddleDancer Press
Un libro de PuddleDancer Press

PuddleDancer Press, Departamento de permisos.
2240 Encinitas Blvd., Ste. D-911, Encinitas, CA 92024, EE.UU.
Tel: (+1) 760-557-0326, Email@PuddleDancer.com
www.NonviolentCommunication.com

Para obtener información sobre pedidos, por favor comuníquese con Independent Publishers Group; Tel: (+1) 312-337-0747; Fax: (+1) 312-337-5985; Email: frontdesk@ipgbook.com o visite la página www.IPGbook.com para mayor información y detalles sobre pedidos en línea.

Autor: Marshall Rosenberg, PhD
Edición: Lucy Leu
Corrección: Kyra Freestar
Dirección de proyecto: Jeanne Iler
Cubierta y diseño interior: Lightbourne (www.lightbourne.com)
Phyllis Linn, INDEXPRESS y Kathleen Strattan, EDITORIAL SUPPORT SERVICES
Traducción: Magiarí Díaz Díaz. Formadora CNV certificada por el Centro para la
        Comunicación No Violenta
Revisión: Alan Rafael Seid Llamas. Formador CNV certificado por el Centro para la
        Comunicación No Violenta

Manufacturado en los Estados Unidos de América

 Papel hecho con de fibra reciclada

Tercera edición, primera impresión, septiembre 2019

27 26 25 24 23   5 6 7 8 9

ISBN: 978-1-934336-19-9

Library of Congress Cataloging-in-Publication Data

Names: Rosenberg, Marshall B., author.
Title: Comunicaciâon no violenta : un lenguaje de vida / Dr. Marshall B.
  Rosenberg.
Other titles: Nonviolent communication. Spanish
Description: 3ra ediciâon. | Encinitas, CA : PuddleDancer Press, 2019.
Identifiers: LCCN 2019008070| ISBN 9781934336199 (trade paper : alk. paper) |
  ISBN 9781934336311 (e-book pdf) | ISBN 9781934336373 (mobi/kindle)
Subjects: LCSH: Interpersonal communication. | Interpersonal relations. |
  Nonviolence.
Classification: LCC BF637.C45 R64518 2019 | DDC 153.6--dc23
LC record available at https://lccn.loc.gov/2019008070

Lo que la gente está diciendo sobre la Comunicación No Violenta™

"Uno de los primeros libros que recomendé leer a todo el mundo cuando empecé a trabajar aquí fue la *Comunicación No Violenta*, el cual dice: -oigan, asegurémonos de ser empáticos con las necesidades de unos y otros, porque el trabajo lo requiere".

—Transcripción de la entrevista de Jon Fortt de CNBC:
"El Director de Microsoft Satya Nadella se sienta con la CNBC"

"El Dr. Rosenberg pone en primer plano la simplicidad de la comunicación exitosa. No importa qué problema tengas, sus estrategias para comunicarte con otros te ayudarán a ganar en todo momento."

—TONY ROBBINS, *Despertando al gigante interior y Poder sin límites.*

"Si hablamos de no violencia y activismo espiritual, ¡Marshall Rosenberg es el hombre! Aplicar los conceptos de este libro llevará al lector a fomentar más compasión en el mundo."

—MARIANNE WILLIAMSON, *Everyday Grace*
y Presidenta Honoraria de Peace Alliance

"Es una forma revolucionaria de mirar el lenguaje. Si suficientes personas usan el material de la Comunicación No Violenta, pronto viviremos en un mundo más pacífico y compasivo."

—WES TAYLOR, Progressive Health

"La Comunicación No Violenta es uno de los procesos más útiles que aprenderás en tu vida."

—WILLIAM URY, *Obtenga el sí consigo mismo*

"Aprenderás herramientas sencillas para calmar discusiones y crear conexiones compasivas con tu familia, amigos y conocidos."

—JOHN GRAY, *Los hombres son de Marte y las mujeres de Venus*

"En tiempos actuales de discurso incivilizado y demagogia mezquina, los principios y prácticas de la Comunicación No Violenta son tan oportunas como necesarias para la resolución pacífica de conflictos, personales o públicos, domésticos o internacionales."

—MIDWEST BOOK REVIEW, *Taylor's Shelf*

"Para los convictos inmersos en un ambiente que intensifica y refuerza el conflicto, descubrir paso a paso esta metodología que aboga por la compasión a través de la comunicación es enormemente liberador."

—DOW GORDON, Formador de CNV de la Unidad de Mínima Seguridad,
Complejo Correccional de Monroe, Proyecto de Cárceles "Freedom Project."

"En este libro encontrarás un lenguaje increíblemente efectivo para decir lo que tienes en tu mente y en tu corazón. Como tantos sistemas esenciales y elegantes, es sencillo en la superficie, desafiante de aplicar en momentos de tensión y poderoso en sus resultados."

—VICKI ROBIN, *La bolsa o la vida.*

"El trabajo de Rosenberg, así como el de Noam Chomsky, es intrínsecamente radical, subversivo de nuestro status-quo del poder: entre niños y adultos, lo cuerdo y lo psicótico, lo criminal y lo legal. La diferenciación que Rosenberg hace entre fuerza punitiva y fuerza protectora debería ser lectura obligatoria para cualquier persona que hace política exterior o patrulla nuestras calles."

—D. KILLIAN, reportero, *On The Front Line, Cleveland Free Times*

"Es una forma revolucionaria de mirar el lenguaje. Si suficientes personas usan el material de la Comunicación No Violenta, pronto viviremos en un mundo más pacífico y compasivo."

—WES TAYLOR, Progressive Health

"Este libro debería ser lectura requerida en la secundaria y la universidad. La habilidad de expresar nuestras verdaderas necesidades como enseña este libro es práctico e invaluable. Es una lectura obligatoria."

—Reseña virtual

"*La Comunicación No Violenta* es LA guía número uno para mejorar tu desempeño en la empatía, una de las competencias fundamentales de la INTELIGENCIA EMOCIONAL."

—Reseña virtual

"Además de salvar nuestro matrimonio, la Comunicación No Violenta nos está ayudando a reparar relaciones con nuestros hijos adultos y a relacionarnos con más profundidad con nuestros padres y hermanos."

—Un lector de Arizona

"La *Comunicación No Violenta* me ayudó a superar mi condicionamiento tóxico y encontrar la madre y persona amorosa que estaba encerrada dentro de mí. El Dr. Rosenberg ha creado una forma de transformar la violencia del mundo."

—Una enfermera de California

"La calidad de empatía que ahora puedo ofrecer ha reanimado mi práctica terapéutica. Este libro me da esperanza de poder contribuir al bienestar de mis clientes y de conectar profundamente con mis amigos y familia. Las habilidades de empatía descritas paso a paso en este libro pueden ser aprendidas por cualquier persona."

—Reseña virtual

Contenido

Prólogo

Deepak Chopra, Médico

Fundador del Centro Chopra para el bienestar y autor de más de ochenta libros traducidos a más de cuarenta y tres idiomas, incluidos veintidós superventas del *New York Times*.

Nadie merece más nuestra gratitud que el fallecido Marshall Rosenberg, quien vivió su vida tal y como lo enuncia el título de su libro: *Speak Peace in a World of Conflict* (Hablar paz en un mundo de conflicto). Marshall estaba profundamente consciente del lema (o advertencia) contenido en el subtítulo del mismo libro: *What You Say Next Will Change Your World* (Lo próximo que digas cambiará tu mundo). La realidad personal contiene siempre una historia, y esa historia que vivimos desde la infancia, está basada en el lenguaje. Éste se convirtió en el fundamento de su aproximación a la resolución de conflictos, lograr que las personas intercambien palabras en una forma que excluya juicios, culpa y violencia.

Los rostros retorcidos de manifestantes en las calles que se convierten en imágenes perturbadoras del noticiero nocturno, son más que imágenes. Cada rostro, cada grito, cada gesto tiene una historia. Cada persona se aferra a su historia con venganza, porque ancla en ésta su identidad. Así que cuando Marshall abogaba por una conversación de paz, abogaba al mismo tiempo por una nueva identidad. Él se dio cuenta plenamente de este hecho. Tal y como afirma sobre la Comunicación No Violenta y sobre el rol del mediador en su tercera edición, "estamos tratando de vivir en un sistema de valores mientras pedimos que las cosas cambien".

En su visión de un nuevo sistema de valores, los conflictos son resueltos sin las usuales concesiones frustrantes. Por el contrario, las partes rivales se acercan con respeto. Se preguntan sobre las necesidades de un lado y otro, y en una atmósfera libre de pasiones y prejuicios, logran una conexión. Un nuevo sistema de valores parece lejano en un mundo plagado de guerra y violencia, donde el pensamiento de "nosotros contra ellos" es la norma y donde los países pueden destruir todos los vínculos de una existencia civilizada para cometer atrocidades insufribles. En una conferencia para mediadores en Europa, una persona escéptica tildó la aproximación de Marshall de psicoterapia. En lenguaje popular, ¿no nos está pidiendo simplemente que olvidemos el pasado y seamos amigos, una posibilidad remota no solo en zonas destruidas por la guerra sino en cualquier caso de divorcio?.

Los sistemas de valor existen dentro de cada cosmovisión. No solo son inescapables, sino que la gente está orgullosa de ellos — existe una antigua tradición alrededor del mundo de al tiempo premiar y temer a los guerreros. Los Jungianos dicen que el arquetipo de Marte, el volátil dios de la guerra, está inserto en el subconsciente de todas las personas, lo cual hace que el conflicto y la agresión sean inevitables, formas inherentes de vicio.

Pero existe una visión alterna de la naturaleza humana, elocuentemente expresada en este libro y que debe ser considerada, porque es nuestra única esperanza real. Según esta visión no somos nuestras historias. Estas historias son ficciones auto-creadas que permanecen a través del hábito, la coerción grupal, el condicionamiento antiguo, la falta de autoconsciencia. Incluso las mejores historias colaboran con la violencia. Si quieres usar la fuerza para proteger a tu familia, resguardarte de un ataque, luchar contra la maldad, prevenir el crimen o involucrarte en una "buena guerra" has sido absorbido por el canto de sirena de la violencia. Si decidiste desistir, hay una gran posibilidad de que la sociedad se vuelva en tu contra y te castigue. En pocas palabras, no es fácil encontrar una salida.

En la India hay un antiguo modelo de vida no violenta conocido como Ahimsa. Ahimsa se define usualmente como no violencia, aunque su significado abarca desde las protestas pacíficas de Mahatma Gandhi hasta la filosofía de "Reverencia por la vida" de Albert Schweitzer. "No hacer daño" es el primer axioma de Ahimsa. Lo que me impresionó de Marshall Rosenberg, quien murió a los ochenta años, solo seis semanas antes de yo escribir esto, es que él comprendió ambos niveles de Ahimsa: la acción y la consciencia.

Las acciones, entendidas como los principios de la Comunicación No Violenta, aparecen bien descritas en las páginas siguientes, por lo cual no las repetiré aquí. Estar en la consciencia Ahimsa es mucho más poderoso y Marshall poseía esa cualidad. No tomaba partido en ningún conflicto, ni se enfocaba primariamente en las historias de un lado u otro. Reconociendo que todas las historias llevan al conflicto, abierta o encubiertamente, él se enfocaba en la conexión como puente psicológico. Esto corresponde a otro axioma del Ahimsa: No importa lo que hagas, la calidad de tu atención es lo que cuenta. En lo que concierne al sistema legal, un divorcio se concreta cuando las dos partes acuerdan cómo repartir sus bienes. Sin embargo, esto se aleja mucho del resultado emocional para las partes divorciadas. En palabras de Marshall: mucho se dijo que cambió su mundo.

La agresión está incorporada en el sistema del ego, el cual se enfoca totalmente en el "yo, mí, mío" cuando surge un conflicto. La sociedad hace falsas promesas a los santos y a sus votos a servir a Dios en vez de a sí mismos, pero existe una gran brecha entre los valores que proclamamos y los valores con los que en realidad vivimos. Ahimsa cierra esta brecha expandiendo la consciencia personal. La única forma de resolver toda violencia es renunciar a tu historia. Nadie puede iluminarse si tiene un interés personal en el mundo —ese podría ser el tercer axioma de Ahimsa. Sin embargo, éste parece ser una enseñanza tan radical como el Sermón de la montaña de Jesús cuando promete que todos los mansos heredarán la tierra. En ambos casos, el punto no es cambiar tus acciones sino cambiar tu consciencia. Para lograrlo, deberás caminar del punto A al B, donde A es una vida basada en demandas incesantes del ego y B es una consciencia desinteresada. Para ser honesto, nadie realmente desea una consciencia desinteresada, porque para empezar, suena aterrador e imposible.

¿Cuál sería la recompensa de destronar al ego, al cual solo le importan las recompensas? Y una vez que el ego se ha ido, ¿vas a estar sentado pasivamente todo el día como un mueble espiritual?

La respuesta habita en esos momentos cuando el "yo" personal se desvanece natural y espontáneamente. Esto ocurre en momentos de meditación o simple y profunda satisfacción. La consciencia desinteresada es el estado natural que habitamos cuando estamos en la Naturaleza, o cuando el arte o la música nos inspira un sentido de asombro. La única diferencia entre esos momentos —a los cuales podemos añadir todas aquellas experiencias de creatividad, amor y juego— y Ahimsa, es que estos momentos fluctúan, mientras que Ahimsa es un estado estable. Esto revela que las historias y los egos son alimentados por ilusiones, por modelos autocreados para la supervivencia y el egoísmo.

La recompensa del Ahimsa no es mejorar la ilusión, que es lo que el ego trata de hacer acumulando más dinero, posesiones y poder. La recompensa es que puedas ser realmente quien eres.

El término 'consciencia superior' es demasiado ostentoso para Ahimsa. Es más exacto llamarla 'consciencia normal' en un mundo donde la norma es tan anormal que se convierte en psicopatología. No es normal vivir en un mundo donde la norma sea que miles de cabezas nucleares apunten al enemigo y que el terrorismo sea un acto religioso aceptable.

Para mí, el legado del trabajo de vida de Marshall no descansa sobre cómo revolucionó el rol del mediador, a pesar del gran valor de este aporte. Su legado descansa sobre el nuevo sistema de valores dentro del cual vivió, el cual a decir verdad es bastante antiguo. Ahimsa tiene que ser revivido en cada generación, porque la naturaleza humana está dividida entre la paz y la violencia. Marshall Rosenberg nos dio la prueba de que entrar en este estado de consciencia expandida es real y muy práctico a la hora de resolver disputas. Marshall dejó huellas que podemos seguir. Si tenemos un interés verdadero de corazón, lo seguiremos. Es la única alternativa en un mundo que busca desesperadamente la sabiduría y el fin de la lucha.

—Deepak Chopra

Agradecimientos

Me siento agradecido por haber podido estudiar y trabajar con el Profesor Carl Rogers en la época cuando él investigaba los componentes de la relación de ayuda. Los resultados de esta investigación jugaron un rol decisivo en la evolución del proceso de comunicación que describiré en este libro.

Siempre estaré agradecido con el Profesor Michael Hakeem por ayudarme a ver tanto las limitaciones científicas como los peligros sociales y políticos de practicar la psicología en la forma como habíamos sido entrenados: bajo una comprensión patológica de los seres humanos. Ver las limitaciones de este modelo me estimuló a buscar formas de practicar una psicología diferente, basada en una mayor claridad sobre cómo los seres humanos están destinados a vivir.

También estoy agradecido por los esfuerzos de George Miller y George Albee por alertar a los psicólogos ante la necesidad de encontrar mejores formas de "repartir psicología". Ellos me ayudaron a ver que la enormidad del sufrimiento de nuestro planeta requiere de formas más eficaces de distribuir la habilidades vitales que ofrece el enfoque clínico.

Agradezco a Lucy Leu por editar este libro y por crear el manuscrito final; a Rita Herzog y Kathy Smith por su asistencia en la edición; y a Darold Milligan, Sonia Nodenson, Melanie Sears, Bridget Belgrave, Marian Moore, Kittrell McCord, Virginia Hoyte y Peter Weismiller por su ayuda adicional.

Finalmente, agradezco a mi amiga Annie Muller por motivarme a aclarar el fundamento espiritual de mi obra, lo cual fortaleció mi trabajo y enriqueció mi vida.

Las palabras son ventanas
(o son paredes)

Me siento tan sentenciada por tus palabras,
Me siento tan juzgada y regañada,
Antes de irme quiero saber,
¿Eso es lo que quisiste decir?

Antes de erigirme en mi defensa,
Antes de hablar con dolor o miedo,
Antes de construir un muro de palabras
Dime ¿rcalmente te escuché?

Las palabras son ventanas, o son paredes,
Nos sentencian, o nos liberan.
Cuando hablo y cuando escucho,
Que el amor brille a través de mí.

Hay cosas que necesito decir,
Cosas que significan mucho para mí,
Si mis palabras no son claras,
¿Me ayudarás a ser libre?

Si crees que te menosprecié
Si sentiste que no me importabas
Trata de escuchar a través de mis palabras
Los sentimientos que compartimos

—Ruth Bebermeyer

Dar desde el corazón

El corazón de la Comunicación No Violenta

"Lo que quiero en mi vida es compasión, un flujo entre los otros y yo basado en el mutuo dar desde el corazón"

—Marshall B. Rosenberg, PhD

Introducción

Pienso que dar y recibir de forma compasiva es nuestra naturaleza, por ello, me he preocupado durante la mayor parte de mi vida por responder dos preguntas: ¿Qué nos desconecta de nuestra naturaleza compasiva, llevándonos a comportarnos de forma violenta y explotadora? y ¿Qué le permite a algunas personas seguir conectadas a su naturaleza compasiva incluso durante las más difíciles circunstancias?

Mi preocupación por estas preguntas empezó en mi infancia, durante el verano de 1943, cuando nuestra familia se mudó a Detroit, Michigan. A la segunda semana de nuestra llegada, estalló una guerra a raíz de un incidente en un parque público. Más de 40 personas fueron asesinadas en los días siguientes. Nuestro vecindario estaba situado en el epicentro de la violencia y pasamos tres días encerrados en casa.

Cuando pararon los disturbios y reiniciaron las clases descubrí que un nombre podía ser tan peligroso como un color de piel. Cuando el profesor pasó la lista y mencionó mi nombre, dos chicos me lanzaron una mirada fulminante susurrando: "¿Eres un *kike*?". Nunca había escuchado esa palabra antes y no sabía que algunas personas la usaban de forma despectiva para referirse a los judíos. Al terminar las clases, esos dos chicos me estaban esperando afuera de la escuela: me lanzaron al piso, me patearon y me golpearon.

Desde ese verano de 1943, he estado examinando las dos preguntas que mencioné anteriormente. ¿Qué nos empodera, por ejemplo, para permanecer conectados a nuestra naturaleza compasiva incluso durante las peores circunstancias? Estoy pensando en personas como Etty Hillesum, quien permaneció compasiva aún sujeta a las grotescas condiciones de un campo de concentración alemán. Tal como escribió en su diario por aquella época:

> No me asusto con facilidad. No porque sea valiente sino porque sé que estoy lidiando con seres humanos y que debo hacer mi mejor esfuerzo por entender lo que cualquier persona haga. Y esa fue la verdadera revelación de esta mañana: No que un joven y malgeniado oficial Gestapo me haya gritado, sino que yo no haya sentido indignación, sino más bien una compasión real y que haya querido preguntarle: "¿Tuviste una infancia muy infeliz?" "¿Te decepcionó tu novia?". Sí, se veía atormentado, deprimido y frágil. Hubiese querido empezar a hablarle en ese mismo instante y lugar, porque sé que jóvenes en un estado así de lamentable son peligrosos tan pronto quedan sueltos en la sociedad.
>
> —Etty Hillesum in *Etty: Un diario 1941–1943*

Mientras estudiaba los factores que afectan nuestra habilidad para permanecer compasivos, me sorprendió el rol crucial del lenguaje y las palabras. Desde ese momento he identificado un enfoque específico a la comunicación —tanto hablar como escuchar— que nos lleva a dar desde el corazón, conectándonos con nosotros mismos y con los demás de manera que florezca nuestra compasión natural. Llamo a este enfoque Comunicación No Violenta y uso el término no violencia como Gandhi lo usó —para referirse a nuestro estado natural de compasión cuando la violencia ha desaparecido del corazón. Aunque no

> La CNV es una forma de comunicarnos que nos lleva a dar desde el corazón.

consideremos "violenta" nuestra forma de hablar, nuestras palabras a menudo conllevan al dolor, ya sea para nosotros o para otros. En algunas comunidades el proceso que describo se conoce como Comunicación Compasiva y utilizo la abreviación CNV a lo largo de este libro para referirme a la Comunicación No Violenta o Compasiva.

Una forma de enfocar la atención

La CNV está basada en un lenguaje y unas herramientas de comunicación que fortalecen nuestra habilidad para permanecer humanos, incluso bajo las más difíciles condiciones. No contiene nada nuevo, todo lo que integra la CNV se ha conocido por siglos. Su intención es recordarnos lo que ya sabemos —que estamos hechos para relacionarnos los humanos— y ayudarnos a vivir de forma que se manifieste concretamente este conocimiento.

La CNV nos ofrece una guía para reenmarcar la forma como nos expresamos y escuchamos a otros. En lugar de nuestras reacciones habituales, automáticas, nuestras palabras se convierten en respuestas conscientes basadas en la firme consciencia de lo que percibimos, sentimos y deseamos. La CNV nos guía para expresarnos con honestidad y claridad, mientras simultáneamente prestamos a otros una atención respetuosa y empática. En cualquier intercambio, nos permite escuchar nuestras necesidades más profundas y las de otros. La CNV nos capacita para observar cuidadosamente y especificar comportamientos y condiciones que nos están afectando. Aprendemos a identificar y articular claramente lo que deseamos concretamente en cualquier situación. La forma es simple pero poderosamente transformadora.

A medida que la CNV reemplaza nuestros antiguos patrones

> Cuando utilizamos la CNV para escuchar tanto nuestras necesidades más profundas como las de los otros, percibimos las relaciones bajo una nueva luz.

de lucha, huida o parálisis frente al juicio y a la crítica, empezamos a percibirnos a nosotros mismos y a los otros bajo una nueva luz. La resistencia, la defensividad y las reacciones violentas se minimizan. Cuando nos enfocamos en aclarar lo que vemos, sentimos y necesitamos en vez de diagnosticar y juzgar, descubrimos la profundidad de nuestra propia compasión. A través de su énfasis en la escucha profunda —hacia nosotros mismos y hacia otros— la CNV promueve el respeto, la atención y la empatía, y promueve el deseo mutuo de dar desde el corazón.

A pesar de que me refiero a la CNV como un "proceso de comunicación" o "un lenguaje de compasión", es mucho más que un proceso o un lenguaje. En un nivel más profundo, es un recordatorio continuo de mantener nuestra atención en un lugar donde es más probable que encontremos lo que estamos buscando.

Hay una historia de un hombre en cuatro patas buscando algo bajo un poste de luz. Un policía pasa y le pregunta qué está haciendo. "Estoy buscando mis llaves", le responde el hombre, quien parecía estar ebrio. "¿Las perdió aquí?", le pregunta el oficial. "No", le responde el hombre, "las perdí en el callejón". Al ver la cara desconcertada del policía, el hombre se apresura a explicar: "Pero aquí hay más luz".

Me doy cuenta de que mi condicionamiento cultural me lleva a enfocar mi atención en lugares donde es poco probable que encuentre lo que quiero. Desarrollé la CNV como una forma de entrenar mi atención, de irradiar la luz de la consciencia sobre aquellos lugares con más potencial de darme lo que busco. Lo que quiero en mi vida es compasión, un flujo entre los otros y yo basado en el mutuo dar desde el corazón.

> Irradiemos la luz de la consciencia sobre aquellos lugares donde esperamos encontrar lo que estamos buscando.

Esta calidad de compasión, a la

cual yo llamo "dar desde el corazón" se expresa en la letra de la canción de mi amiga Ruth Bebermeyer, a continuación:

Nunca me siento más dada
que cuando tomas de mí–
cuando entiendes la alegría que siento al darte.
Y cuando sabes que no te doy
para ponerte en deuda,
sino porque quiero vivir el amor
que siento por ti.
Recibir con el corazón abierto,
es tal vez la mayor forma de dar.
No puedo separar lo uno de lo otro.
Cuando tú me das, yo te doy mi recibir.
Cuando tú tomas de mí, me siento tan dada.

—"Dada" (1978) de Ruth Bebermeyer del álbum *Dada*

Cuando damos desde el corazón, lo hacemos a partir de la alegría que emana de nuestra disposición de enriquecer la vida de otra persona. Dar de esta forma beneficia tanto a quien da como a quien recibe. Quien recibe disfruta del regalo sin preocuparse por las consecuencias que traen los regalos dados desde el miedo, la culpa, la vergüenza o el deseo de obtener alguna ganancia. Quien da se beneficia porque su autoestima se eleva al ver que sus esfuerzos contribuyen al bienestar de otra persona.

El uso de la CNV no requiere que las personas con quienes nos comunicamos tengan conocimientos de CNV ni estén motivados a relacionarse compasivamente con nosotros. Si permanecemos fieles a los principios de la CNV, si nos mantenemos motivados a solo dar y recibir desde la compasión, y si hacemos todo lo posible para que los otros sepan que éste es nuestro único motivo, ellos se van a unir al proceso y eventualmente podremos responder compasivamente de forma mutua. No digo que esto ocurra rápido. Sin embargo, sostengo que es inevitable que la compasión florezca cuando permanecemos fieles a los principios y al proceso de la CNV.

El proceso CNV

Para que nos nazca el deseo mutuo de dar desde el corazón, irradiemos la luz de la consciencia en cuatro áreas —también conocidas como los cuatro componentes del modelo CNV.

En primer lugar, observamos lo que está sucediendo en el momento: ¿Qué observamos que los otros están diciendo o haciendo que enriquece o no nuestra vida?. El truco es articular esta observación sin introducir ningún juicio o evaluación —simplemente decir lo que están haciendo las personas y si nos gusta o no. En segundo lugar, mencionamos cómo nos sentimos cuando observamos esta acción: ¿Nos sentimos dolidos, asustados, alegres, entretenidos, irritados? En tercer lugar, decimos cuáles necesidades nuestras se conectan con los sentimientos que acabamos de identificar. La consciencia de estos tres componentes está presente cuando usamos la CNV para expresar cómo estamos de forma clara y honesta.

Los cuatro componentes de la CNV:
1. Observaciones
2. Sentimientos
3. Necesidades
4. Peticiones

Por ejemplo, una madre puede expresarle estos tres componentes a su hijo adolescente diciendo: "Félix, cuando veo dos bolas de medias sucias debajo de la mesa y otras tres al lado del televisor, me siento irritada porque necesito más orden en la sala que compartimos".

Para completar el modelo, esta madre continuaría con el cuarto componente —una petición muy específica: "¿Estarías dispuesto a poner tus medias en tu habitación o en la lavadora?". Este cuarto componente aborda lo que queremos que la otra persona haga para enriquecer nuestra vida o para hacer nuestra vida más maravillosa.

Una parte de la CNV es expresar estos cuatro componentes de información muy claramente, ya sea verbalmente o de otras formas. La otra parte consiste en recibir de los otros estos mismos cuatro componentes de información. Conectamos con ellos, en primer lugar, percibiendo lo que están observando, sintiendo y necesitando; y en segundo lugar, descubriendo qué puede enriquecer sus vidas recibiendo el cuarto componente, su petición.

Cuando centramos nuestra atención en las áreas mencionadas, y ayudamos a los otros a hacer lo mismo, establecemos un flujo de comunicación de ida y vuelta que permite que la compasión se manifieste naturalmente: qué estoy observando, sintiendo, necesitando y pidiendo para enriquecer mi vida, y qué estás observando, sintiendo, necesitando y pidiendo para enriquecer tu vida...

El proceso CNV

Las acciones concretas que *observamos*
que afectan nuestro bienestar

Cómo nos *sentimos* en relación a lo que observamos

Las *necesidades*, valores, deseos, etc.
que crean nuestros sentimientos

Las acciones concretas que *pedimos*
para enriquecer nuestras vidas

Cuando utilizamos este proceso, podemos comenzar por expresarnos o por recibir empáticamente estos cuatro componentes de información de parte de otros. Aunque aprenderemos a escuchar y a expresar verbalmente cada uno de estos componentes en los Capítulos del 3 al 6, es importante recordar que la CNV no es una fórmula establecida, sino un proceso que se adapta a variadas situaciones y estilos personales y culturales. Aunque yo me refiera

Dos partes de la CNV:
1. Expresar honestamente a través de los cuatro componentes
2. Recibir empáticamente a través de los cuatro componentes

convenientemente a la CNV como un "proceso" o un "lenguaje", es posible experimentar los cuatro componentes del proceso sin emitir una sola palabra.

La esencia de la CNV está en nuestra consciencia de los cuatro componentes, no en las palabras mismas que intercambiamos.

Aplicar la CNV en nuestras vidas y en el mundo

Cuando utilizamos la CNV en nuestras interacciones —con nosotros mismos, con otra persona o en un grupo— nos arraigamos a nuestro estado natural de compasión. La CNV es por lo tanto un enfoque que puede ser eficazmente aplicado en todos los niveles de comunicación y en diversas situaciones:

- Relaciones íntimas
- Familias
- Escuelas
- Organizaciones e instituciones
- Terapia y consejería
- Negociaciones diplomáticas y comerciales
- Disputas y conflictos de cualquier naturaleza

Algunas personas usan la CNV para profundizar y cuidar de sus relaciones íntimas:

Cuando aprendí a recibir (escuchar) y dar (expresar) a través de la CNV, pude ir más allá de sentirme atacada y pisoteada para realmente escuchar las palabras y extraer los sentimientos subyacentes. Descubrí a un hombre muy dolido con el cual había estado casada por veintiocho años. Él me había pedido el divorcio el fin de semana anterior al taller [de CNV]. En resumen, aquí estamos hoy —juntos, y aprecio cómo contribuyó [la CNV] a nuestro final feliz. (...) Aprendí a escuchar sentimientos, a expresar mis necesidades, a aceptar las respuestas que no siempre quería escuchar. Él no está aquí para hacerme feliz y yo no estoy aquí para hacerlo feliz. Ambos hemos aprendido a crecer y amar, para que ambos podamos estar satisfechos.

—Participante de un taller en San Diego, California.

Otras personas usan la CNV para construir relaciones más eficaces en el trabajo:

He estado usando la CNV en mi clase de educación especial desde hace un año aproximadamente. Funciona incluso con niños con dificultades de lenguaje y aprendizaje o problemas de comportamiento. Un alumno en la clase escupe, insulta, grita y le clava lápices a sus compañeros cuando se acercan a su escritorio. Yo le sugiero: "Por favor dilo de otra forma. Usa tu lenguaje jirafa". [Los títeres de jirafa se usan en algunos talleres como ayuda pedagógica para mostrar cómo funciona la CNV.] Él inmediatamente se coloca de pie de forma erguida, mira a la persona a quien dirige su ira y le dice calmadamente: "¿Podrías por favor alejarte de mi escritorio? Me siento molesto cuando te paras cerca de mí". Los otros alumnos responden cosas como: "¡Lo siento! Olvidé que te molestaba".

Estuve reflexionando sobre mi frustración con este alumno y tratando de descubrir mis necesidades (además de orden y armonía). Me di cuenta de cuánto tiempo invertía preparando las clases y de cómo mis necesidades de creatividad y contribución se desviaban hacia manejar su comportamiento. También percibí que no estaba atendiendo las necesidades educativas de los otros alumnos. Cuando él reaccionaba en clase yo empezaba a decirle: "Necesito tu atención". Puede que lo dijera 100 veces, pero eventualmente él captaba el mensaje y se involucraba en la clase.

—Una maestra de Chicago, Illinois.

Un médico escribe:

> Uso la CNV cada vez más en mi práctica médica.
> Algunos pacientes me preguntan si soy psicólogo
> y me cuentan que rara vez sus doctores se interesan
> por saber cómo viven sus vidas o cómo lidian
> con otras enfermedades. La CNV me ha ayudado
> a entender las necesidades de mis pacientes y a
> saber qué necesitan escuchar en un momento dado.
> Esta habilidad me ha sido particularmente útil en
> pacientes con hemofilia y SIDA, porque tienen tanta
> ira y dolor que usualmente la relación paciente-
> proveedor de salud se ve afectada. Recientemente
> una mujer con SIDA, a quien he estado tratando
> durante los últimos cinco años, me dijo que lo
> que más le había ayudado eran mis intentos por
> encontrar formas de que disfrutara su vida cotidiana.
> Mi uso de la CNV me ayuda mucho en este sentido.
> Con frecuencia, en el pasado, cuando sabía que un
> paciente tenía una enfermedad fatal, me quedaba
> atrapado en la prognosis y me se me dificultaba
> animarlos genuinamente a vivir sus vidas. Con
> la CNV, he desarrollado una nueva consciencia y
> también un nuevo lenguaje. Me sorprende notar cuán
> bien encaja en mi práctica médica. Mientras más
> me involucro en la danza de la CNV, más energía y
> alegría siento al hacer mi trabajo.
>
> —Un médico de París, Francia

Otros utilizan este proceso en el ámbito político. Una miembro
del gabinete francés estaba de visita en casa de su hermana
cuando notó cómo su hermana y su esposo se comunicaban.
Motivada por sus descripciones de la CNV, les mencionó que para
la siguiente semana tenía programadas unas negociaciones sobre
temas sensibles entre Francia y Argelia en torno a procesos de

adopción. A pesar del tiempo limitado, enviamos una formadora de habla francesa a París para que trabajara con la ministro del gabinete. La ministra atribuyó una buena parte del éxito de sus negociaciones en Argelia a su reciente habilidad adquirida en técnicas de comunicación.

En Jerusalén, durante un taller atendido por israelíes de variadas persuasiones políticas, los participantes utilizaron la CNV para expresarse en relación al tema altamente polémico sobre Cisjordania. Muchos de los colonos israelíes establecidos en Cisjordania creen que están cumpliendo un mandato religioso al hacerlo, y se encuentran atrapados en un conflicto no solamente con los palestinos sino también con los israelíes que reconocen la esperanza palestina por la soberanía nacional de la región. Durante una sesión, uno de mis capacitadores y yo modelamos la escucha empática a través de la CNV y después invitamos a los participantes a hacer una representación de roles adoptando la posición del otro. Después de veinte minutos, una colona anunció que estaría dispuesta a considerar el renunciar a su reclamo de la tierra y mudarse de Cisjordania para un terreno reconocido internacionalmente como israelí si sus oponentes políticos pudieran escucharla en la forma como la acababan de escuchar.

La CNV alrededor del mundo sirve como un recurso valioso para las comunidades que enfrentan violencia y severos conflictos étnicos, religiosos o tensiones políticas. La difusión de la formación en CNV y su uso en la mediación por personas en conflicto en Israel, la Autoridad Palestina, Nigeria, Ruanda, Sierra Leona y en otros lugares ha sido una fuente de gratificación particular para mí. Una vez, fui con mis colaboradores a Belgrado para tres días intensos de formación con ciudadanos trabajadores de paz. Cuando llegamos, la desesperanza estaba visiblemente marcada en los rostros de los participantes pues su país estaba inmerso en una guerra brutal entre Bosnia y Croacia. A medida que progresó la formación, empezamos a escuchar la risa en sus voces y empezaron a compartir su profunda gratitud y alegría por haber encontrado el empoderamiento que estaban buscando. Durante las próximas dos semanas de formaciones en Croacia, Israel y

Palestina, nuevamente vimos a ciudadanos desesperados en países destruidos por la guerra recuperar el ánimo y la confianza gracias a la formación de CNV que recibieron.

Me siento bendecido por haber viajado alrededor del mundo enseñando un proceso de comunicación que da poder y alegría a las personas. Ahora, con este libro, me siento complacido y emocionado de poder compartir la riqueza de la Comunicación No Violenta contigo.

Resumen

La CNV nos ayuda a conectar con nosotros mismos y con los otros de una forma que permite que aflore nuestra compasión natural. Nos guía para reenmarcar la forma como nos expresamos y escuchamos a otros al enfocar nuestra consciencia en cuatro áreas: lo que observamos, sentimos, necesitamos y lo que pedimos para enriquecer nuestra vida. La CNV promueve la escucha profunda, el respeto, la empatía y genera un deseo mutuo de dar desde el corazón. Algunas personas usan la CNV para responder compasivamente hacia sí mismos, otros la usan para crear más profundidad en sus relaciones personales, y otros para construir relaciones eficaces en el trabajo o en el ámbito político. Alrededor del mundo, la CNV se usa para mediar disputas y conflictos a todos los niveles.

La CNV en acción

A lo largo de este libro hay diálogos intercalados llamados "La CNV en acción". Estos diálogos tienen la intención de mostrar el sabor de un intercambio real donde el hablante aplica los principios de la Comunicación No Violenta. De cualquier forma, la CNV no es un simple lenguaje ni una serie de técnicas para usar palabras. La consciencia y la intención que la CNV abraza, puede ser expresada a través del silencio, de una cualidad de presencia, así como de expresiones faciales o corporales. Los diálogos de la CNV en acción que leerás en este libro son versiones destiladas y abreviadas de intercambios de la vida real. Aunque no sea aparente en estas versiones condensadas por escrito, estos diálogos incluyeron momentos de empatía silenciosa, historias, humor, gestos y demás que contribuyeron a un fluir natural de la conexión entre las dos partes.

"¡Homicida, asesino, mata-niños!"

En una ocasión, presenté la Comunicación No Violenta a un grupo de 170 hombres palestinos musulmanes en una mezquita en el Campo de Refugiados de Dheisheh en Belén. La actitud hacia los estadounidenses no era favorable en aquel momento. Estaba hablando cuando de pronto noté una ola ensordecida de conmoción agitándose en la audiencia. "Están susurrando que eres estadounidense", me alertó mi traductor cuando un caballero de la audiencia se puso de pie de un salto. Mirándome de frente empezó a gritar a todo pulmón: "¡Asesino!". Inmediatamente una docena de voces se unieron a coro: "¡Homicida!, ¡verdugo!, ¡mata-niños!".

Afortunadamente, tuve la capacidad de centrar mi atención en lo que el hombre estaba sintiendo y necesitando. En este caso, tenía algunas pistas. De camino al campo de refugiados vi algunas latas vacías de gas lacrimógeno que habían sido disparados al campo la noche anterior. En las latas se veían claramente marcadas las palabras: "Hecho en EE.UU.". Yo sabía que los refugiados albergaban mucha ira hacia los Estados Unidos por suplir bombas lacrimógenas y otras armas a Israel.

Me dirigí al hombre que me había llamado asesino:

MBR: ¿Está molesto porque le gustaría que mi gobierno utilizara sus recursos de otra forma? *(No estaba seguro que mi suposición fuera correcta. Lo que sí era crítico era mi esfuerzo sincero por conectar con su sentimiento y necesidad.)*

Hombre: ¡Maldita sea, estoy molesto! ¿Cree que necesitamos bombas lacrimógenas? ¡Necesitamos alcantarillas, no sus malditas bombas lacrimógenas! ¡Necesitamos viviendas! ¡Necesitamos tener nuestro propio país!

MBR: ¿Entonces está furioso y apreciaría un poco de apoyo para mejorar sus condiciones de vida y lograr su independencia política?

Hombre: ¿Ud. tiene idea de lo que es vivir aquí durante veintisiete años de la forma en la que mi familia y yo hemos vivido —con niños y todo? ¿Tiene la más mínima idea de cómo ha sido para nosotros?

MBR: Suena desesperado y se pregunta si yo o cualquier otra persona puede realmente entender lo que es vivir en estas condiciones. ¿Lo estoy escuchando correctamente?

Hombre: ¿Quiere entenderme? Cuénteme, ¿Usted tiene hijos? ¿Ellos van a la escuela? ¿Tienen parques infantiles? ¡Mi hijo está enfermo! ¡Juega en una cloaca abierta! ¡Su salón de clases no tiene libros! ¿Alguna vez ha visto una escuela sin libros?

MBR: Escucho cuán doloroso es para usted criar a sus hijos en este lugar. A usted le gustaría que yo entienda que usted quiere lo que todo padre quiere para sus hijos —una buena educación, oportunidades para jugar y crecer en un ambiente sano...

Hombre: ¡Exacto, lo básico! Derechos humanos —¿no es así como ustedes los estadounidenses lo llaman? ¿Por qué no vienen más de ustedes aquí y ven qué tipo de derechos humanos están trayendo?

MBR: ¿Le gustaría que más estadounidenses fueran conscientes de la inmensidad del sufrimiento que hay aquí y que vieran más profundamente las consecuencias de nuestras acciones políticas?

Nuestro diálogo continuó, él expresando su dolor por casi veinte minutos más y yo escuchando los sentimientos y necesidades detrás de cada afirmación. No estuve de acuerdo ni en contra. Solo recibí sus palabras, no como ataques, sino como regalos de otro ser humano dispuesto a compartir su alma y sus vulnerabilidades conmigo.

Una vez que el señor se sintió comprendido, pudo escuchar el propósito de mi visita al campo. Una hora después, el mismo hombre que me había llamado asesino me estaba invitando a su casa para la cena de Ramadán.

Comunicación que bloquea la compasión

*"No juzguen a nadie, para que nadie los juzgue a ustedes.
Porque tal como juzguen se les juzgará [...]"*

—La Biblia, Mateo 7:1-3

Al estudiar la pregunta, ¿qué nos enajena de nuestro estado de compasión natural?, he identificado formas específicas de lenguaje y comunicación que pienso que contribuyen a que nos comportemos violentamente hacia otros y hacia nosotros mismos. Uso el término *comunicación enajenada de la vida* para referirme a estas formas de comunicación.

> Ciertas formas de comunicación nos enajenan de nuestro estado natural de compasión.

Los juicios moralistas

Un tipo de comunicación enajenada o alienada de la vida es el uso de *juicios moralistas* que implican que hay defectuosidad o maldad en las personas que no actúan en armonía con nuestros valores. Este tipo de juicios se reflejan en el lenguaje: "Tu problema es que eres demasiado egoísta". "Ella es floja". "Tienen prejuicios". "Es inapropiado". La culpa, los insultos, la ridiculización, las etiquetas, la crítica, las comparaciones y los diagnósticos son todas formas de juicio.

El poeta Sufí Rumi escribió: "Más allá de las ideas del bien y del mal, existe un

> En el mundo de los juicios, nuestra preocupación central es "quién es qué".

campo. Allí te encontraré". La comunicación enajenada de la vida, sin embargo, nos atrapa en un mundo de ideas sobre lo que está bien y lo que está mal —un mundo de juicios. Es un lenguaje rico en palabras que clasifican y dicotomizan a la gente y sus acciones. Cuando hablamos este lenguaje, juzgamos a otros y a su comportamiento preocupándonos por quién es bueno, malo, normal, anormal, responsable, irresponsable, inteligente, ignorante, etc.

Mucho antes de llegar a la adultez aprendí a comunicarme de una forma impersonal que no requería revelar lo que estaba sucediendo dentro de mí. Cuando me encontraba ante personas o comportamientos que no me gustaban o que no entendía, reaccionaba en función de su defectuosidad. Si mis maestros me asignaban una tarea que yo no quería hacer, ellos eran "malvados" o "ilógicos". Si alguien se me atravesaba en el tráfico, mi reacción era decirle "¡idiota!". Cuando hablamos este lenguaje, pensamos y nos comunicamos en función de qué anda mal con aquellos que se comportan de ciertas maneras, u ocasionalmente, qué anda mal con nosotros mismos por no entender o responder como nos gustaría. Nuestra atención está enfocada en clasificar, analizar y determinar niveles de defectuosidad o erroneidad, en lugar de preguntarnos qué necesitan que no están obteniendo.

> Los análisis de otros son en realidad expresiones de nuestras propias necesidades y valores.

De esa forma, si mi pareja necesita más afecto del que le estoy dando, puedo decir que es "necesitada y dependiente". Pero si yo quiero más afecto del que ella me está dando, entonces ella es "fría e insensible". Si mi colega está más preocupado por los detalles que yo, entonces es "exigente y compulsivo". Pero si yo estoy más preocupado por los detalles que él, entonces él es "descuidado y desorganizado".

Creo que todos estos análisis que hacemos sobre otros seres humanos son expresiones trágicas de nuestros propios valores y necesidades. Son trágicas porque cuando expresamos nuestros valores y necesidades en esta forma incrementamos la defensividad y la resistencia entre las personas cuyos comportamientos nos conciernen. O, si las personas acuerdan actuar en armonía con nuestros valores, lo más probable es que lo hagan desde el miedo, la culpa o la vergüenza porque concuerdan con nuestro análisis de su defectuosidad.

Todos pagamos un alto precio cuando las personas responden a nuestros valores y necesidades, no desde un deseo de dar desde el corazón, sino desde el miedo, la culpa o la vergüenza. Tarde o temprano experimentaremos las consecuencias de la voluntad disminuida de quienes se ajustan a nuestros valores, ya sea por coerción interna o externa. Ellos, también pagarán emocionalmente ya que es posible que sientan resentimiento y pierdan autoestima cuando nos responden desde el miedo, la culpa o la vergüenza. Además de eso, cada vez que nos asocien mentalmente con alguno de esos sentimientos, se reducirá la probabilidad de que respondan compasivamente hacia nuestras necesidades y valores en un futuro.

Es importante que no confundamos los *juicios de valor* con los *juicios moralistas*. Todos hacemos *juicios de valor* en torno a las cualidades que valoramos en la vida; por ejemplo, valoramos la honestidad, la libertad o la paz. Los juicios de valor reflejan nuestras creencias sobre cómo podemos servir mejor a la vida. Emitimos *juicios moralistas* sobre las personas y los comportamientos que no apoyan nuestros juicios de valor; por ejemplo: "La violencia es mala. Las personas que matan a otras son malvadas". Si hubiésemos sido criados hablando un idioma que facilitara la expresión de la compasión, hubiéramos aprendido a articular nuestras necesidades y valores directamente, en vez de insinuar que hay algo mal cuando no están satisfechos. Por ejemplo, en vez de decir que "la violencia es mala", podemos decir: "Me asusta el uso de la violencia para resolver conflictos. Valoro la resolución de conflictos por otros medios".

La relación entre lenguaje y violencia es la materia de investigación del profesor de psicología O. J. Harvey de la Universidad de Colorado. Harvey tomó una muestra aleatoria de piezas de literatura de muchos países alrededor del mundo y tabuló la frecuencia de palabras que clasificaban y juzgaban personas. Su estudio muestra una alta correlación entre el uso frecuente de

> **Clasificar y juzgar a la gente promueve la violencia.**

dichas palabras y la frecuencia de incidentes violentos. No me sorprende escuchar que en las culturas donde la gente piensa en términos de necesidades humanas existe considerablemente menos violencia que en las culturas donde la gente se etiqueta como "buena" o "mala" y donde cree que la gente "mala" merece ser castigada. En un 75% de programas de televisión que se transmiten en horario infantil, el héroe mata o golpea gente. Generalmente, esta violencia constituye el "clímax" del programa. Los televidentes han aprendido que los malos merecen ser castigados y sienten placer al ver este tipo de violencia.

En la raíz de mucha, si no toda la violencia —ya sea verbal, psicológica, entre miembros de familias, tribus o naciones— está el pensamiento que atribuye la causa del conflicto a la maldad de nuestro adversario y una correspondiente incapacidad de pensar sobre nosotros mismos en términos de vulnerabilidad —esto es, lo que podemos sentir, temer, anhelar, extrañar, etc. Observamos esta peligrosa forma de pensar durante la Guerra Fría. Nuestros líderes veían a la Unión Soviética como el "imperio del mal" empeñado en destruir el estilo de vida estadounidense. Los líderes soviéticos se referían a los estadounidenses como "opresores imperialistas" que estaban tratando de subyugarlos. Ninguna de las partes reconocía el miedo oculto tras esas etiquetas.

Hacer comparaciones

Otra forma de juzgar es mediante el uso de las comparaciones. En

> **Las comparaciones son una forma de juzgar.**

el libro *Cómo ser un perfecto desdichado*, Dan Greenburg demuestra a través del humor, el insidioso poder que el pensamiento comparativo puede ejercer sobre nosotros. El autor sugiere a los lectores que si tienen el deseo genuino de volver su vida una miseria, aprendan a compararse con otras personas. Para aquellos poco familiarizados con esta práctica, el autor provee algunos ejercicios. El primer ejercicio, muestra la imagen de un hombre y una mujer que encarnan el ideal de la belleza según el estándar de los medios de comunicación contemporáneos. Se instruye a los lectores a tomar sus propias medidas y compararse con las medidas superimpuestas de las imágenes de los especímenes atractivos, y concentrarse en las diferencias.

Este ejercicio produce lo que promete: sentirnos miserables a medida que profundizamos en las comparaciones. Cuando creemos que no podemos estar más deprimidos, pasamos a la siguiente página y descubrimos que el primer ejercicio era solo un calentamiento. Ya que la belleza física es relativamente superficial, Greenburg nos ofrece a continuación la oportunidad de compararnos con algo que sí importa realmente: el logro. El autor se dirige a la guía telefónica para darle a los lectores los nombres de un par de individuos para que se comparen. El primer nombre que afirma haber encontrado en la guía telefónica es el de Wolfgang Amadeus Mozart. Greenburg hace una lista de los idiomas que Mozart hablaba y las principales piezas que había compuesto para cuando era adolescente. El ejercicio instruye a los lectores a reflexionar sobre sus propios logros en la etapa actual de su vida y a compararlos con los de Mozart a la edad de doce años y concentrarse en las diferencias.

Incluso para los lectores que nunca salen de la miseria auto-inducida de este ejercicio, es posible que noten cómo este tipo de pensamiento tiene el poder de bloquear la compasión, hacia sí mismos y hacia los demás.

La negación de la responsabilidad

Otro tipo de comunicación enajenada de la vida es la negación de la responsabilidad. La comunicación es alienada de la vida cuando oscurece nuestra consciencia de que somos responsables de nuestros pensamientos, sentimientos y acciones. El uso de las común expresión *tengo que,* como en la

> Nuestro lenguaje oscurece la consciencia de la responsabilidad personal.

frase "hay cosas que tengo que hacer, así me guste o no", ilustra cómo la responsabilidad personal por nuestras acciones puede ser oscurecida a través del discurso. La frase *me hace sentir,* como en la frase "me haces sentir culpable", es otro ejemplo de cómo el idioma facilita la negación de la responsabilidad personal hacia nuestros propios sentimientos y pensamientos.

En el libro *Eichmann en Jerusalén,* el cual documenta el juicio sobre los crímenes de guerra del oficial Nazi Adolf Eichmann, Hannah Arendt cita a Eichmann afirmando que él y sus compañeros tenían un nombre para su lenguaje de negación de responsabilidad. Lo llamaban *Amtssprache,* cuya traducción libre viene siendo "lenguaje de oficina" o "lenguaje burocrático". Por ejemplo, si les preguntaban por qué habían cometido cierta acción, éstos respondían "me tocó". Si les preguntaban por qué "les había tocado", entonces respondían, "órdenes superiores", "política de la compañía", "era la ley".

Negamos la responsabilidad de nuestras acciones cuando atribuimos su causa a factores fuera de nosotros:

- Fuerzas vagas o impersonales —*"Limpié mi cuarto porque me tocaba".*
- Nuestra condición, diagnóstico o historia personal o psicológica —*"Bebo porque soy alcohólico".*
- Las acciones de otros —*"Golpeé a mi hijo porque salió corriendo hacia la calle".*
- Las órdenes de una autoridad —*"Le mentí al cliente porque mi jefe me dijo".*
- Presión de grupo —*"Empecé a fumar porque todos mis amigos lo hacían".*
- Políticas institucionales, reglas y regulaciones —*"Tengo que suspenderte por esta infracción porque es la política de la escuela".*
- Roles de género, roles sociales, roles de edad —*"Odio ir al trabajo pero lo hago porque soy esposo y padre".*
- Impulsos incontrolables —*"Me invadió la urgencia de comerme este caramelo".*

En una ocasión, durante una discusión entre padres y maestros sobre los peligros del lenguaje que implica la falta de elección, una mujer se opuso con enfado: "¡Pero hay cosas que tienes que hacer así te guste o no! Y no veo nada de malo con decirle a mis hijos que también hay cosas que tienen que hacer". Cuando le pedí que me diera un ejemplo de algo que "tenía que hacer", replicó: "¡Muy sencillo! Cuando salga de aquí esta noche, tengo que ir a mi casa y cocinar. ¡Odio cocinar! Lo odio con toda mi alma pero llevo veinte años de mi vida haciéndolo, incluso cuando he estado más enferma que un perro, porque es una de esas cosas que tengo que hacer". Le dije que me entristecía escuchar que pasaba tanto tiempo de su vida haciendo algo que odiaba y a lo cual se sentía obligada, y que solo esperaba que encontrara alternativas más felices a través del lenguaje de la CNV.

Me alegra reportar que esta persona aprendió rápido. Al terminar el taller, volvió a su casa y anunció a su familia que no quería volver cocinar nunca más. Tuve la ocasión de escuchar una retroalimentación al respecto tres semanas después cuando sus dos hijos vinieron a un taller. Tenía curiosidad de saber cómo habían reaccionado ante el anuncio de su madre. El hijo mayor suspiró con alivio: "Marshall, me dije a mí mismo: '¡Gracias a Dios!'". Al ver mi mirada de desconcierto, replicó: "Pensé para mis adentros: ¡Tal vez ahora ya no se queje en todas las comidas!".

> Podemos reemplazar el lenguaje que implica falta de elección usando un lenguaje que reconoce la elección.

En otra ocasión, durante una consultoría para un distrito escolar, una maestra remarcó: "Odio poner calificaciones. No creo que sean útiles y sí producen mucha ansiedad en los estudiantes. Pero tengo que poner calificaciones: es la política del distrito". Habíamos practicado cómo introducir un lenguaje en el salón de clases que elevara la consciencia de la responsabilidad en torno a las acciones propias. Sugerí a la maestra que tradujera la afirmación "elijo poner calificaciones porque quiero [...]". Entonces, respondió sin vacilar: "Elijo poner notas porque quiero mantener mi trabajo". Luego se apresuró a completar: "Pero no me

> Somos peligrosos cuando no somos conscientes de nuestra responsabilidad hacia cómo nos comportamos, pensamos y sentimos.

gusta decirlo de esa manera. Me hace sentir tan responsable de lo que estoy haciendo". Entonces le respondí: "Por eso quiero que lo hagas de esa forma".

Comparto los sentimientos del novelista y periodista francés George Bernanos cuando dice:

Por largo tiempo he pensado que si algún día la creciente eficiencia de la técnica de la destrucción hace que desaparezcan todas las especies de la tierra, la responsable de nuestra extinción no sería la crueldad, ni mucho menos la indignación que la crueldad despierta, ni tampoco las represalias ni la venganza que trae consigo [...] serían la docilidad, la falta de responsabilidad del hombre moderno, su aceptación básica y servil de cada decreto común. Los horrores que hemos visto, los horrores aún mayores que estamos por ver, no son una señal de que el número de hombres rebeldes, insubordinados o indomables ha aumentando alrededor del mundo, sino más bien de que hay un aumento constante del número de hombres obedientes y dóciles.

—George Bernanos

Otras formas de comunicación enajenada de la vida

Comunicar nuestros deseos como exigencias es otra forma de lenguaje que bloquea la compasión. Una exigencia conlleva a una amenaza explícita o implícita de culpa o castigo para quien la escucha y no obedece. Es una forma de comunicación común en nuestra cultura, especialmente entre aquellos que tienen posiciones de autoridad.

Recibí de mis hijos algunas lecciones invaluables en el tema de la exigencias. Por algún motivo tenía metido en la cabeza que mi trabajo, como padre, era exigir. No obstante, aprendí que ninguna exigencia en el mundo podía hacer que mis hijos hicieran algo. Ésta es una humilde lección sobre el poder para aquellos de nosotros que creemos que por ser padres, maestros o gerentes, nuestro trabajo es cambiar a los otros y hacer que se comporten. Aquí tenía yo dos jóvenes que me demostraban que no podía hacerles hacer nada. Lo único que yo podía hacer era hacerles desear que me hubieran hecho caso —a

> Nunca podemos hacer que la gente haga algo.

través del castigo. Eventualmente ellos me enseñaron que si yo era lo suficientemente tonto como para hacerles desear que me obedecieran a través del castigo, ¡ellos tenían formas de hacerme desear que no lo hubiera hecho!

Examinaremos nuevamente este tema más adelante cuando aprendamos a diferenciar exigencias de peticiones —una parte importante de la CNV.

El concepto de que ciertas acciones merecen una recompensa mientras que otras merecen un castigo está también asociado a la comunicación enajenada de la vida. Este pensamiento se expresa a través de la palabra *merecer*, como por ejemplo: "Merece ser castigado por lo que hizo". Esto implica que hay "maldad" en la gente que se comporta de ciertas formas, y apela al castigo

> El pensamiento basado en "quién merece qué" bloquea la comunicación compasiva.

para hacer que se arrepientan y cambien su comportamiento. Creo que es del interés común que las personas cambien, no por evitar un castigo, sino porque ven que el cambio los beneficia.

La mayoría de nosotros creció hablando un idioma que nos motivaba a etiquetar, comparar, exigir y expresar juicios en vez de ser conscientes de lo que estábamos sintiendo y necesitando. Creo que la comunicación enajenada de la vida está arraigada en visiones de la naturaleza humana que han ejercido su influencia durante siglos. Estas visiones hacen énfasis en la maldad y deficiencia innata de los humanos,

> La comunicación enajenada de la vida tiene profundas raíces filosóficas y políticas.

y en la necesidad de controlar nuestra naturaleza inherentemente indeseable a través de la educación. Con frecuencia, esta educación nos hace cuestionar si hay algo malo con los sentimientos y las necesidades que estamos experimentando. Desde muy temprana edad aprendemos a desconectarnos de lo que sucede en nuestro interior.

La comunicación enajenada de la vida nace y apoya las sociedades jerárquicas y de dominación, en las cuales grandes poblaciones son controladas por un pequeño número de individuos, para su propio beneficio. Es del interés de reyes, zares, nobles, etc., que las masas sean educadas con una mentalidad de esclavitud. El lenguaje de la defectuosidad, del *debería,* del *tener que* está perfectamente adaptado para este propósito: mientras más personas sean entrenadas para pensar en términos de juicios moralistas que suponen maldad o defectuosidad, más estarán entrenados a buscar fuera de sí mismos —en autoridades externas— la definición acerca de qué constituye lo correcto, lo incorrecto, lo bueno, lo malo. Cuando estamos en contacto con nuestros sentimientos y necesidades, los humanos ya no somos buenos esclavos ni subordinados.

Resumen

Es nuestra naturaleza disfrutar de dar y recibir de forma compasiva. Sin embargo, hemos aprendido muchas formas de comunicación enajenada de la vida que nos llevan a hablar y a comportarnos de formas que nos lastiman o lastiman a otros. Una forma de comunicación enajenada de la vida es el uso de juicios moralistas que implican que hay defectuosidad o maldad en las personas que no actúan en armonía con nuestros valores. Otra forma es el uso de comparaciones, las cuales bloquean la compasión hacia otros y hacia nosotros mismos. La comunicación enajenada o alienada de la vida también oscurece nuestra consciencia de que cada uno de nosotros es responsable por sus propios pensamientos, sentimientos y acciones. Comunicar nuestros deseos en forma de exigencias es otra característica del lenguaje que bloquea la compasión.

Observar sin evaluar

*"¡¡OBSERVA!! Hay pocas cosas tan
importantes, tan religiosas como ésta."*

—Frederick Buechner, ministro

*Puedo lidiar con que me digas
lo que hice y lo que no hice
Y puedo lidiar con tus interpretaciones,
pero por favor no mezcles lo uno con lo otro.*

*Si quieres confundir cualquier situación
puedo decirte cómo hacerlo:
Mezcla lo que hice
con tu reacción al respecto.*

*Dime que te sientes decepcionada
cuando ves los quehaceres sin terminar
pero llamándome "irresponsable"
no me vas a motivar.*

*Y dime que te sientes dolida
cuando le digo "no" a tus insinuaciones
pero llamándome frígido
no vas a aumentar tus posibilidades.*

*Sí, puedo lidiar con que me digas
lo que hice y lo que no hice
Y puedo lidiar con tus interpretaciones,
pero por favor no mezcles lo uno con lo otro.*

—Marshall B. Rosenberg, PhD

El primer componente de la CNV consiste en separar observación de evaluación. Necesitamos observar claramente lo que estamos viendo, escuchando o tocando que está afectando nuestro bienestar, sin mezclar ninguna evaluación.

Las observaciones son un elemento importante en la CNV, ya que deseamos expresar con claridad y honestidad cómo estamos ante otra persona. Cuando combinamos observación con evaluación disminuye la probabilidad de que otros puedan escuchar el mensaje que deseamos enviar. Por el contrario, estarán propensos a escuchar una crítica y a resistir lo que sea que digamos.

La CNV no nos exige que seamos completamente objetivos ni que nos abstengamos de hacer evaluaciones. Solamente requiere que hagamos una separación entre nuestras observaciones y nuestras evaluaciones. La CNV es un lenguaje de proceso que disuade las generalizaciones estáticas y promueve las evaluaciones basadas en las observaciones *específicas de tiempo y contexto*. El semanticista Wendell Johnson dice que nos metemos en problemas cuando usamos lenguaje estático para expresar una realidad que está siempre cambiando: "Nuestro lenguaje es un instrumento imperfecto creado por hombres antiguos e ignorantes. Es un lenguaje animista que nos invita a hablar sobre estabilidad y constantes, similitudes, normalidades y tipos, transformaciones mágicas, curas rápidas, problemas simples y soluciones finales. Sin embargo, el mundo que tratamos de simbolizar es un mundo de procesos, cambio, diferencias, funciones, relaciones, crecimientos, interacciones, desarrollo, aprendizaje, adaptación y complejidad. El desajuste entre nuestro mundo constantemente cambiante y nuestra forma relativamente estática de lenguaje es parte del problema".

> Cuando combinamos observación con evaluación, es probable que las personas escuchen una crítica.

Mi colega, Ruth Bebermeyer, contrasta el lenguaje estático con el lenguaje de proceso a través de una canción que ilustra la diferencia entre evaluación y observación:

Nunca he visto a un hombre flojo,
he visto a un hombre a quien nunca vi correr,
y he visto a un hombre
que a veces tomaba una siesta entre almuerzo y cena
y que en los días lluviosos se quedaba en casa,
pero no era un hombre flojo.
Antes de llamarme loca,
piensa, ¿era un hombre flojo o
solo hacía cosas que asociamos con la "flojera"?

Nunca he visto a un niño estúpido;
he visto a un niño que a veces hizo cosas
que yo no entendía,
o cosas en formas que yo no había planeado;
he visto a un niño que no había visto
los lugares donde yo había estado,
pero no era un niño estúpido.
Antes de llamarlo estúpido,
piensa, ¿era un niño estúpido
o solo sabía cosas diferentes de las que tú sabías?

He hecho mi mejor esfuerzo
por ver un cocinero, pero no lo he visto,
he visto a una persona que combinaba
ingredientes que después nosotros comimos,
Una persona que prendía el fogón
y que cuidaba la estufa mientras se cocinaba la carne-
He visto esas cosas, pero no he visto a un cocinero.
Dime, cuando estás mirando,
¿ves a un cocinero o ves a alguien
haciendo cosas que llamamos cocinar?

Lo que algunos llamamos flojo
Otros llaman cansado o relajado,
lo que algunos llaman estúpido
otros llaman diferente
así que he llegado a la conclusión,
de que nos ahorraría una gran confusión
si no mezclamos lo que vemos

con lo que opinamos.
Porque tal vez lo estés haciendo,
pero igualmente quiero acotar;
que sé que esa es solo mi opinión.

—Ruth Bebermeyer

A pesar de que los efectos de las etiquetas negativas como "flojo" y "estúpido" sean más evidentes, incluso una etiqueta positiva o aparentemente neutral como "cocinero" puede limitar nuestra percepción de la totalidad de otro ser humano.

La forma más elevada de inteligencia humana

El filósofo indio Krishnamurti mencionó en una ocasión que observar sin evaluar es la forma más elevada de inteligencia humana. La primera vez que escuché esta afirmación, pensé "¡qué estupidez!" antes de darme cuenta de que acababa de hacer una evaluación. Para la mayoría de nosotros es difícil hacer observaciones —especialmente de la gente y su comportamiento— libres de juicio, crítica u otras formas de análisis.

Me volví agudamente consciente de esta dificultad cuando trabajé en una escuela primaria donde el personal y el director habían reportado dificultades de comunicación. El superintendente del distrito me había pedido ayuda para resolver el conflicto. Mi plan era primero consultar con el personal y luego con el personal y el director juntos.

Abrí la reunión preguntándole al personal: "¿Qué está haciendo el director que conflictúa con las necesidades de ustedes?".

"¡Tiene una bocota!", llegó la respuesta rápidamente. Yo había pedido una observación y aunque la palabra "bocota" me daba información sobre cómo este maestro evaluaba al director, no describía qué había *dicho* o *hecho* el director para llevarlo a la interpretación de que tenía una "bocota".

Cuando señalé esto, un segundo maestro anunció: "Yo sé qué quiere decir: ¡El director habla demasiado!". En lugar de una observación clara acerca del comportamiento del director, esta fue también una evaluación —sobre cuánto hablaba el director. Un tercer maestro declaró: "El director piensa que es el único que tiene algo importante que decir". Expliqué que inferir lo que otra persona piensa no es lo mismo que observar su comportamiento. Finalmente, un cuarto maestro se aventuró a expresar: "Quiere ser siempre el centro de atención". Después de señalar que esto era también un inferencia —sobre lo que otra persona quiere— dos maestros expresaron de golpe: "Pues su pregunta es muy difícil de responder!".

Seguidamente, trabajamos juntos creando una lista que identificaba *comportamientos específicos* del director que les molestaban y nos aseguramos de que la lista estuviera libre de evaluación. Por ejemplo, en las reuniones con el personal, el director contaba anécdotas sobre su infancia o experiencias de guerra, lo que a veces hacía que las reuniones se extendieran más de veinte minutos de lo pautado. Cuando pregunté si alguien le había comunicado su molestia al director, el personal respondió que habían tratado pero solo a través de comentarios evaluativos. Nunca habían hecho referencia a sus comportamientos específicos —como el de contar anécdotas— y estuvieron de acuerdo con mencionárselo durante nuestra próxima reunión.

Tan pronto comenzó la reunión observé lo que me había contado el personal. Independientemente del tema que se estuviera discutiendo, el director intervenía: "Esto me recuerda a una vez que..." y empezaba a contar una anécdota sobre su infancia o experiencias de guerra. Esperé a que el personal manifestara su incomodidad hacia el comportamiento del director. Sin embargo, en vez de usar la Comunicación No Violenta aplicaron la condenación no verbal. Algunos voltearon los ojos, otros bostezaron enfáticamente, otro miró su reloj.

Por un rato soporté este doloroso escenario hasta que finalmente pregunté: "¿Alguien va a decir algo?". Entonces surgió un silencio incómodo. El primer maestro que había hablado durante nuestra reunión se armó de valor y mirándolo a la cara le dijo: "Eduardo, tienes una bocota".

Tal como ilustra esta historia, no es fácil soltar nuestros viejos hábitos y desarrollar la habilidad de separar observaciones de evaluaciones. Eventualmente, los maestros pudieron aclararle exitosamente al director las acciones específicas que les preocupaba. El director los escuchó genuinamente y después respondió: "¿Por qué nadie me lo dijo antes?". Luego admitió que estaba consciente de su hábito de contar anécdotas ¡y empezó a contar una anécdota sobre su hábito!. Lo interrumpí observando (amablemente) que lo estaba haciendo de nuevo. Terminamos nuestra reunión diseñando formas para que el personal pudiese avisarle al director, de forma delicada, cuando sus historias no fueran apreciadas.

Distinguir observaciones de evaluaciones

La siguiente tabla ofrece una diferenciación entre observaciones sin evaluaciones y observaciones mezcladas con evaluaciones.

Comunicación	Ejemplo de observaciones mezcladas con evaluaciones	Ejemplo de observaciones sin evaluaciones
1. Usar el verbo *ser* sin indicar que el evaluador toma responsabilidad por la evaluación	Eres demasiado generosa.	Cuando veo que regalas todo el dinero de tu almuerzo a otras personas, pienso que estás siendo demasiado generosa.
2. Usar verbos con connotaciones evaluativas	Douglas procrastina.	Douglas solo estudia para sus exámenes la noche anterior.
3. Implicar que las inferencias que uno hace sobre los pensamientos, sentimientos, intenciones o deseos de otra persona son los únicos posibles	No va a alcanzar a entregar su trabajo.	No creo que alcance a entregar su trabajo. *o* Ella dijo: "No voy a alcanzar a entregar mi trabajo".
4. Confundir predicciones con certezas	Tu salud va a sufrir si no comes una dieta balanceada.	Temo que tu salud vaya a sufrir si no comes una dieta balanceada.
5. No especificar referentes	Los inmigrantes no cuidan sus propiedades.	No he visto que la familia inmigrante que vive en Calle Ross #1679 quite en la nieve de su acera.

Comunicación	Ejemplo de observaciones mezcladas con evaluaciones	Ejemplo de observaciones sin evaluaciones
6. Usar palabras que denotan habilidad sin indicar que se está haciendo una evaluación	Hank Smith es un mal jugador de fútbol.	Hank Smith no ha metido un gol en veinte juegos.
7. Usar adverbios y adjetivos en formas que no indican que se está haciendo una evaluación	Jaime es feo.	No me atrae la apariencia física de Jaime.

Nota: Las palabras *siempre, nunca, jamás, todo el tiempo*, etc. expresan observaciones cuando son usadas de la siguiente forma:

- Siempre que he visto a Jack en el teléfono ha hablado durante al menos treinta minutos.
- No recuerdo que jamás me hayas escrito.

Algunas veces, estas palabras son usadas como exageraciones, en cuyo caso son observaciones y evaluaciones mezcladas:

- Todo el tiempo estás ocupada.
- Nunca está cuando uno la necesita.

Cuando estas palabras son usadas como exageraciones usualmente provocan defensividad en lugar de compasión.

Las palabras *frecuentemente* y *rara vez* pueden también contribuir a crear confusión entre observación y evaluación.

Evaluaciones	Observaciones
Rara vez haces lo que yo quiero.	Las últimas tres veces que propuse una actividad dijiste que no querías hacerla.
Él viene frecuentemente.	Él viene al menos tres veces a la semana.

Resumen

El primer componente de la CNV consiste en separar observaciones de evaluaciones. Cuando combinamos observación con evaluación las otras personas están propensas a escuchar una crítica y a resistir lo que estemos diciendo. La CNV es un lenguaje de proceso que disuade las generalizaciones estáticas y promueve observaciones específicas de tiempo y contexto, como por ejemplo: "Hank Smith no ha metido un gol en veinte juegos" en vez de "Hank Smith es un mal jugador de fútbol".

La CNV en acción

"¡El presentador más arrogante que jamás hemos tenido!"

Este diálogo ocurrió durante un taller que estaba facilitando. Después de media hora de presentación hice una pausa para invitar las reacciones de los participantes. Uno de ellos levantó la mano y dijo: "¡Usted es el presentador más arrogante que jamás hemos tenido!".

Cuando alguien se dirige a mí de esta forma tengo varias opciones. Una opción es tomármelo personalmente; sé que hago esto cuando tengo una fuerte urgencia de rogar, defenderme o excusarme. Otra opción (para la cual estoy bien entrenado) es atacar a la persona que percibo que me está atacando. En esta ocasión, elegí una tercera opción: enfocarme en lo que pudiera estar sucediendo en esta persona detrás de su afirmación.

MBR: *(intuyendo a partir de sus observaciones)* ¿Está reaccionando al hecho de que tomé treinta minutos para presentar mi visión antes de ofrecerle la posibilidad de hablar?

Felipe: No, usted lo hizo sonar tan simple.

MBR: *(tratando de obtener una aclaración)* ¿Está reaccionando porque no mencioné cuán difícil puede ser para algunas personas aplicar este proceso?

Felipe: Para algunas personas no —para usted.

MBR: ¿Está reaccionando porque no mencioné que a veces se me dificulta aplicar este proceso?

Felipe: Exacto.

MBR: ¿Se siente molesto porque hubiese querido que yo mostrase alguna señal de que tengo ciertos problemas con este proceso?

Felipe: *(después de una pausa)* Exacto.

MBR: *(sintiéndome más relajado ahora que ya estoy conectado con lo que siente y necesita la persona, dirijo mi atención hacia lo que puede estarme pidiendo)* ¿Le gustaría que admita en este momento que aplicar este proceso puede ser un reto para mí?

Felipe: Sí.

MBR: *(después de tener claridad sobre su observación, sentimiento, necesidad y petición, reviso internamente si estoy dispuesto a hacer lo que me pide)* Sí, a menudo este proceso es difícil para mí. A medida que continuemos con el taller probablemente escucharán varios incidentes en donde he tenido dificultades... o he perdido conexión total... con este proceso, con esta consciencia que les estoy presentando a ustedes aquí. Y lo que hace que quiera seguir en la lucha son los vínculos que se generan cuando me mantengo en el proceso.

Ejercicio 1

¿Observación o evaluación?

Para determinar tu capacidad de discernir entre observación y evaluación, completa el siguiente ejercicio. Marca con un círculo el número de cada frase que sea una observación, sin evaluación mezclada.

1. "Ayer Juan estaba molesto conmigo sin ningún motivo".

2. "Ayer Norma se estaba mordiendo las uñas mientras veía televisión".

3. "Samuel no pidió mi opinión durante la reunión".

4. "Mi padre es un buen hombre".

5. "Fernanda trabaja demasiado".

6. "Enrique es agresivo".

7. "Todos los días de esta semana Pamela estaba de primera en la fila".

8. "Con frecuencia mi hijo no se cepilla los dientes".

9. "Luis me dijo que no me quedaba bien el amarillo".

10. "Cada vez que hablo con mi tía, ella se está quejando".

Éstas son mis respuestas para el Ejercicio 1:

1. Si marcaste este número, no estamos de acuerdo. Considero que "sin ningún motivo" es una evaluación. Más allá de eso, considero que inferir que Juan estaba molesto es una evaluación. Puede haber estado dolido, asustado, triste, o alguna otra cosa. Ejemplos de observación sin evaluación incluyen: "Juan me dijo que estaba molesto", o "Juan golpeó la mesa con su puño".

2. Si marcaste este número, estamos de acuerdo con que se expresó una observación sin mezcla de evaluación.

3. Si marcaste este número, estamos de acuerdo con que se expresó una observación sin mezcla de evaluación.

4. Si marcaste este número, no estamos de acuerdo. Considero que "un buen hombre" es una evaluación. Una observación sin evaluación podría ser: "Durante los últimos veinticinco años, mi padre ha donado la décima parte de su salario a la beneficencia".

5. Si marcaste este número, no estamos de acuerdo. Considero que "demasiado" es una evaluación. Una observación sin evaluación podría ser: "Fernanda pasó más de sesenta horas trabajando en su oficina esta semana".

6. Si marcaste este número, no estamos de acuerdo. Considero que "agresivo" es una evaluación. Una observación sin evaluación podría ser: "Enrique le pegó a su hermana cuando cambió el canal de televisión".

7. Si marcaste este número, estamos de acuerdo en que se expresó una observación sin mezcla de evaluación.

8. Si marcaste este número, no estamos de acuerdo. Considero que "con frecuencia" es una evaluación. Una observación sin evaluación podría ser: "Mi hijo no se cepilló los dientes antes de ir a la cama dos veces esta semana".

9. Si marcaste este número, estamos de acuerdo con que se expresó una observación sin mezcla de evaluación.

10. Si marcaste este número, no estamos de acuerdo. Considero que "quejarse" es una evaluación. Una observación sin evaluación podría ser: "Mi tía me llamó tres veces esta semana y en cada ocasión me habló sobre personas que la habían tratado de formas que no le gustaron".

La máscara

Siempre sostenía una máscara
en la fina y pálida mano,
siempre tenía una máscara cubriendo su rostro

La muñeca
que la sostenía levemente,
cumplía su función:
No obstante, en ocasiones
la punta de los dedos temblaba,
se estremecía de forma tan sútil—
¿al sostener la máscara?

Por años, años y más años me pregunté,
sin atreverme a decirlo,
hasta que un día,
accidentalmente,
miré detrás de la máscara.
y descubrí que no había nada,
No tenía rostro.

Se había convertido
tan sólo en una mano,
Sosteniendo una máscara,
con gracia.

—Anónimo

Identificar y expresar sentimientos

El primer componente de la CNV es observar sin evaluar; el segundo componente es expresar cómo nos sentimos. El psicoanalista Rollo May indica que "la persona madura se vuelve capaz de diferenciar sentimientos en tantos matices, experiencias fuertes y apasionantes, o delicadas y sensibles como los diferentes pasajes de la música de una sinfonía". Sin embargo, para muchos de nosotros nuestros sentimientos son, en palabras de May, "como las limitadas notas de un toque de corneta".

El alto costo de los sentimientos no expresados

A menudo, nuestro repertorio de palabras para insultar a la gente es más amplio que nuestro vocabulario para describir claramente nuestros estados emocionales. Pasé veintiún años de mi vida en el sistema educativo estadounidense y no recuerdo que nadie me hubiese preguntado alguna vez cómo me sentía. Simplemente, los sentimientos no eran considerados importantes. Lo que se valoraba era "la forma correcta de pensar" —tal y como era definido por aquellos en posiciones de rango y autoridad. Estamos entrenados para ser "atentos hacia los demás" y no para estar en contacto con nosotros mismos. Aprendemos a estar "metidos en nuestra cabeza" preguntándonos "¿qué piensan los demás que sea correcto que yo haga y diga?".

Una interacción que tuve con un maestro cuando tenía nueve años demuestra cómo comenzamos a alienarnos de nuestros sentimientos. En una ocasión me escondí en un salón de clases al terminar la escuela porque unos niños me esperaban para pegarme. Un maestro me vio y me pidió que me fuera. Cuando le expliqué que tenía miedo de salir, declaró: "Los niños grandes no tienen miedo". Algunos años más tarde, recibí un refuerzo de esta idea a través de mi participación en el atletismo. Era típico que los entrenadores valoraran a los atletas que estaban dispuestos a dar "el todo por el todo" y continuaran jugando sin importar cuánto dolor físico estuvieran sintiendo. Aprendí tan bien la lección que una vez continué jugando béisbol durante un mes sin tratarme una muñeca fracturada.

Durante un taller de CNV, un estudiante universitario contó que no podía dormir porque su compañero de cuarto escuchaba música a todo volúmen hasta tarde en la noche. Cuando le pregunté cómo se sentía cuando esto sucedía, respondió: "Siento que no está bien poner música a todo volúmen tan tarde en la noche". Le señalé que cuando decía la palabra "siento" seguida por la palabra "que" estaba expresando una opinión, más no revelando sus sentimientos. Le pedí que intentara nuevamente expresar sus sentimientos y entonces respondió: "Mi sentir es que cuando las personas hacen algo así es porque tienen un trastorno de personalidad". Le expliqué que esto seguía siendo una opinión y no un sentimiento. Pausó pensativamente y luego anunció con vehemencia: "¡No siento nada en absoluto!".

Obviamente, este estudiante tenía fuertes sentimientos. Desafortunadamente, no sabía cómo hacerse consciente de sus sentimientos ni mucho menos expresarlos. Su dificultad para identificar y expresar sentimientos es común, y en mi experiencia, especialmente entre abogados, ingenieros, policías, gerentes corporativos, personal militar —personas cuyas profesiones los disuaden de manifestar emociones. Para las familias, el daño es severo cuando sus miembros no tienen la capacidad de expresar emociones. La cantante de Country, Reba McEntire, escribió una canción al morir su padre titulada, "El hombre más maravilloso que nunca conocí". En esta canción indudablemente expresa el sentir de muchas personas que nunca pudieron establecer la conexión emocional que hubieran deseado con sus padres.

Con frecuencia escucho frases como: "No quiero que se haga una idea errada de mi marido —estoy casada con un hombre maravilloso— solo que nunca sé lo que está sintiendo". En una ocasión, una mujer insatisfecha trajo a su esposo a un taller, y allí le dijo: "Siento que estoy casada con una pared". Ante lo cual el esposo respondió haciendo una excelente imitación de una pared: se quedó sentado mudo e inmóvil. Exasperada, se volteó a mirarme y me dijo: "¡Lo ve! Esto es exactamente lo que sucede todo el tiempo. Se queda sentado sin decir nada. Es como vivir con una pared".

Entonces le respondí: "Percibo que usted se siente sola y le gustaría tener más contacto emocional con su esposo". Una vez asintió, traté de mostrarle que una frase tal como "siento como si viviera con una pared", tiene pocas probabilidades de revelarle sus sentimientos y deseos a su marido. De hecho, es más probable que lo escuche como una crítica que como una invitación a conectar con sus sentimientos. Más aún, esas afirmaciones actúan como profecías autocumplidas. Un esposo que escuche la crítica de que se comporta como una pared, se siente dolido, desanimado, se queda mudo y de esa forma confirma la imagen que su esposa tiene de que es como una pared.

Los beneficios de fortalecer nuestro vocabulario de sentimientos son evidentes no solo en las relaciones íntimas sino también en el mundo profesional. Una vez me contrataron para hacerle consultoría a un grupo de miembros del departamento tecnológico de una gran corporación suiza. Estaban preocupados porque los trabajadores de otros departamentos los estaban evadiendo. Cuando le pregunté a los empleados de los otros departamentos qué estaba pasando, respondieron: "Detestamos consultarle a esa gente. Es como hablar como un montón de máquinas". El problema se redujo cuando pasé un tiempo con los miembros del departamento tecnológico y los animé a mostrar más su humanidad en las comunicaciones con sus colegas.

En otra ocasión, trabajé con los administradores de un hospital quienes estaban preocupados por una reunión que se avecinaba con el personal médico. Los administradores estaban ansiosos por aprender CNV y usarla para pedirle a los médicos que los apoyaran con un proyecto que acababan de votar 17 a 1 en contra.

Durante una representación de roles que hicimos en el taller, adopté el rol de un administrador y abrí mi intervención diciendo: "Me asusta traer este tema a colación". Empecé de esta forma porque percibía que los administradores tenían miedo de confrontar nuevamente a los médicos con este tema. Antes de que pudiera continuar, uno de los administradores interrumpió en son de protesta: "¡Qué poco realista! Nunca podríamos decirle a los médicos que tenemos miedo".

Cuando le pregunté al administrador por qué admitir su miedo le parecía tan imposible, me respondió sin dudar: "Si admitimos que tenemos miedo ¡nos volverán papilla!". Su respuesta no me sorprendió, con frecuencia he escuchado decir a la gente que jamás se imaginarían expresando sentimientos en su lugar de trabajo. Me complació enterarme después que uno de los administradores se había arriesgado y expresado su vulnerabilidad durante la temida reunión. Este administrador, alejado de su habitual comportamiento de aparentar ser estrictamente lógico, racional y no emotivo, eligió mencionar tanto sus sentimientos como sus razones para desear que los médicos cambiaran de posición y notó cuán diferente los médicos respondieron. Para su sorpresa y alivio, los médicos en vez de "hacerlo papilla" revirtieron su posición y votaron 17 a 1 en apoyo al proyecto. Este dramático resultado ayudó a los administradores a darse cuenta y apreciar el impacto de expresar vulnerabilidad —incluso en el lugar de trabajo.

> Expresar nuestra vulnerabilidad puede ayudar a resolver conflictos.

Para finalizar, permítanme contarles un incidente personal que me mostró los efectos de esconder mis sentimientos. Estaba dando un curso de CNV a un grupo de estudiantes de un área urbana. Cuando entré en el salón, los estudiantes que previamente habían estado disfrutando de una conversación animada, se callaron. Los saludé: "Buenos días". Silencio. Me sentí muy incómodo, pero tuve temor de expresarlo, así que continué con mi mayor profesionalismo: "Para este curso, vamos a estudiar un proceso de comunicación que espero encuentren útil para sus relaciones en casa y con sus amigos".

Continué presentando información sobre la CNV pero nadie parecía estar escuchando. Una chica, buscó dentro de su bolso y encontró una lima, con la cual prosiguió a limarse vigorosamente las uñas. Unos estudiantes cerca de la ventana pegaron la cara al vidrio como si estuviesen fascinados por lo que pasaba afuera. A medida que pasaba el tiempo me iba sintiendo cada vez más incómodo, pero continué sin decir nada. Finalmente, un estudiante que ciertamente tenía más valentía que yo, expresó: "Usted en serio odia andar con negros, ¿no cierto?". Me quedé atónito al escuchar esto, sin embargo, entendí cómo yo había contribuido a la percepción de este estudiante al tratar de esconder mi incomodidad.

"Estoy nervioso", admití, "pero no porque sean negros. Me siento así porque no conozco a nadie y quería ser aceptado cuando llegué al salón". Mi expresión de vulnerabilidad tuvo un efecto pronunciado sobre los estudiantes. A partir de ese momento, empezaron a preguntarme sobre mí, a contarme cosas sobre ellos y a expresar curiosidad sobre la CNV.

Sentimientos vs pseudosentimientos

Una confusión común, generada por el idioma español, es nuestro uso de la palabra *sentir* para expresar algo diferente de un sentimiento. Por ejemplo, en la frase "siento que no me dieron un trato justo", la palabra *siento* puede ser reemplazada con más exactitud por la palabra *pienso*. En general, los sentimientos no se expresan con claridad cuando la palabra *sentir* va seguida de:

1. Palabras como *que, como, como si:*
   "Siento *que* debiste haber sabido".
   "Me siento *como* un fracasado".
   "Siento *como si* estuviera viviendo con una pared".

> Distingamos sentimientos de pensamientos.

2. Los pronombres yo, tú, ella, él, ellos, eso:

"Siento que *yo* estoy constantemente de guardia".
"Siento que *eso* es inútil".

3. Nombres o sujetos referidos a personas:
"Siento que *Amanda* ha sido bastante irresponsable".
"Siento que *mi jefe* me está manipulando".

> **Distingamos entre lo que sentimos y lo que pensamos que somos.**

Por el contrario, en el idioma español, no es necesario utilizar la palabra *sentir* para en realidad expresar un sentimiento: podemos decir, "me siento irritado" o simplemente, "estoy irritado".

En la CNV distinguimos entre palabras que realmente expresan sentimientos y aquellas que describen *lo que pensamos que somos*.

1. Descripción de lo que *pensamos* que somos:
"Me siento *deficiente* como guitarrista"
En esta frase, estoy evaluando mi habilidad como guitarrista mas no expresando claramente mis sentimientos.

2. Expresión real de sentimientos:
"Me siento *decepcionado* de mí mismo como guitarrista"
"Me siento *impaciente* conmigo mismo como guitarrista"
"Me siento *frustrado* conmigo mismo como guitarrista"
El sentimiento real detrás de mi evaluación de mí mismo como "deficiente" puede ser decepción, impaciencia, frustración o alguna otra emoción.

De igual forma, es útil diferenciar entre palabras que describen lo que pensamos que otros están haciendo en torno a nosotros y las palabras que realmente describen sentimientos. A continuación

> **Distinguir entre lo que sentimos y cómo pensamos que los otros reaccionan o se comportan hacia nosotros.**

algunos ejemplos de frases que son fácilmente confundidas con expresiones de sentimientos: de hecho, éstas revelan más *cómo pensamos que los otros se están comportando* que cómo nos sentimos.

1. "Me siento *insignificante* para la gente con quien trabajo".
   La palabra *insignificante* describe cómo pienso que los otros me evalúan mas no cómo me siento, el sentimiento podría ser "*triste*" o "*desanimado*".

2. "Me siento *incomprendida*".
   La palabra *incomprendida* describe cómo yo pienso que los otros me están evaluando, mas no cómo me siento. En esta situación, el sentimiento podría ser *ansiosa* o *fastidiada,* u otra emoción.

3. "Me siento *ignorado*".
   Nuevamente, ésta es más una interpretación de las acciones de otros que una afirmación clara sobre cómo nos sentimos. Sin duda, han habido momentos en los que pensamos que estábamos siendo ignorados y sentimos *alivio* porque queríamos que nos dejaran en paz. Y sin duda, hubo otros momentos en los cuales nos sentimos *dolidos* cuando pensamos que estábamos siendo ignorados porque queríamos estar involucrados.

Palabras como *ignorado* expresan cómo *interpretamos a los otros*, en vez de cómo nos *sentimos*. A continuación, una muestra de tales palabras:

abandonado	disminuido	no escuchado
absorto	engañado	no visto
abusado	explotado	olvidado
acorralado	incomprendido	presionado
acosado	interrumpido	provocado
amenazado	intimidado	rechazado
arrinconado	manipulado	subestimado
atacado	menospreciado	tomado por sentado
coercionado	no apoyado	traicionado
defraudado	no apreciado	usado
desacreditado	no deseado	

Construir un vocabulario para los sentimientos

A la hora de expresar emociones es de gran utilidad usar palabras para emociones específicas, en vez de palabras vagas o generales. Por ejemplo, si digo, "me siento bien con eso", la palabra *bien* puede significar feliz, emocionado, aliviado o cualquier cantidad de otras emociones. Palabras como *bien* y *mal* impiden que quien está escuchando se conecte fácilmente con lo que podamos estar realmente sintiendo.

Las siguientes listas han sido recopiladas para ayudarte a incrementar tu poder de articular sentimientos y describir una gama completa de estados emocionales.

Cómo es probable que nos sintamos cuando nuestras necesidades están satisfechas:

abrumado	calmado	entusiasmado
absorto	cómodo	entusiasta
achispado	complacido	esperanzado
afectuoso	compuesto	espléndido
agradecido	confiado	estimulado
alborotado	contento	eufórico
alegre	curioso	expansivo
alerta	de buen humor	expectante
aliviado	deleitado	extasiado
amistoso	deslumbrado	exuberante
amoroso	despierto	exultante
animado	despreocupado	fascinado
apreciativo	dichoso	feliz
ardiente	dulce	festivo
atónito	ecstático	fresco
aventurero	efervescente	glorioso
ávido	emocionado	grato
avivado	en paz	hipnotizado
boquiabierto	encantado	inquisitivo
cálido	energético	inspirado
callado	entretenido	intenso

interesado
intrigado
involucrado
jovial
jubilante
libre
luminoso
maravilloso
movido
optimista
orgulloso
paniqueado

perplejo
perturbado
pesado
pesimista
placentero
plácido
preocupado
provocado
rabioso
radiante
realizado
rebosante de alegría

refrescado
regocijado
relajado
rencoroso
repelido
resentido
resonante
retirado
satisfecho
seguro

Cómo es probable que nos sintamos cuando nuestras necesidades no están satisfechas:

abatido
abrumado
aburrido
acongojado
afligido
agitado
agobiado
agotado
agraviado
airado
amargado
amargo
angustiado
ansioso
apagado
apático
apenado
apesadumbrado
aprehensivo
aquejado

arrepentido
asqueado
asustado
aterrado
aterrorizado
avergonzado
bajoneado
caliente
cansado
celoso
confundido
consternado
controvertido
culpable
decepcionado
deprimido
desafectado
desalentado
desanimado
desapegado

desasosegado
descompuesto
desconcertado
desconfiado
desconsolado
descontento
descorazonado
desdichado
desencantado
desesperanzado
desganado
desgraciado
desolado
despreocupado
desvalido
disgustado
distante
dolido
enervado
enfadado

entumecido

escéptico

estimulado

exasperado

exhausto

fastidiado

fatigado

flojo

fresco

frío

frustrado

furioso

golpeado

gris

horrible

horrorizado

hostil

impaciente

impactado

incómodo

indiferente

inestable

infeliz

inquieto

intenso

intranquilo

irritado

lánguido

letárgico

lúgubre

mezquino

miedoso

miserable

molesto

monótono

nervioso

nostálgico

paniqueado

perplejo

perturbado

pesado

pesimista

preocupado

rabioso

rencoroso

repelido

resentido

retirado

sensible

sobresaltado

solitario

solo

sombrío

soñoliento

sorprendido

sospechoso

tembloroso

tenso

tibio

tieso

triste

vacilante

Resumen

El segundo componente necesario para expresarnos son los sentimientos. Al desarrollar un vocabulario de sentimientos que nos permita nombrar e identificar clara y específicamente nuestras emociones, nos conectamos más fácilmente entre nosotros. Permitirnos ser vulnerables al expresar nuestros sentimientos puede ayudarnos a resolver conflictos. La CNV distingue la expresión real de nuestros sentimientos de palabras o frases que describen pensamientos, evaluaciones e interpretaciones.

Ejercicio 2

Expresar sentimientos

Si deseas confirmar que estamos de acuerdo en torno a la expresión verbal de sentimientos, marca con un círculo el número de cada frase en la cual se exprese verbalmente un sentimiento.

1. "Siento que tú no me amas".

2. "Estoy triste porque te vas".

3. "Siento miedo cuando dices eso".

4. "Cuando no me saludas me siento abandonado".

5. "Estoy contenta de hayas podido venir".

6. "Eres asqueroso".

7. "Siento que te quiero pegar".

8. "Me siento incomprendida".

9. "Me siento bien gracias a lo que hiciste por mí".

10. "Soy inútil".

Éstas son mis respuestas para el Ejercicio 2:

1. Si marcaste este número, no estamos de acuerdo. Considero que la afirmación "no me amas" no expresa un sentimiento. Para mí, expresa lo que quien habla piensa que el otro siente, más no expresa cómo quien habla se siente. Cada vez que la palabra *siento* está seguida de las palabras *yo, tú, ella, él, eso, que, como* o *como si*, lo que sigue, por lo general, no lo considero un sentimiento. Una expresión de sentimiento en este caso podría ser: "Estoy triste", o "me siento angustiado".

2. Si marcaste este número, estamos de acuerdo con que se expresó verbalmente un sentimiento.

3. Si marcaste este número, estamos de acuerdo con que se expresó verbalmente un sentimiento.

4. Si marcaste este número, no estamos de acuerdo. No considero que "abandonado" sea un sentimiento. Para mí, expresa lo que quien habla piensa que la otra persona le está haciendo, mas no expresa lo que quien habla, siente. Una expresión de sentimiento podría ser: "Cuando entras por la puerta y no me saludas, siento tristeza".

5. Si marcaste este número, estamos de acuerdo con que se expresó verbalmente un sentimiento.

6. Si marcaste este número, no estamos de acuerdo. No considero que "asqueroso", en este caso, sea un sentimiento. Para mí, expresa lo que quien habla piensa sobre el otro, mas no expresa lo que quien habla, siente. Una expresión de sentimiento podría ser: "Siento asco".

7. Si marcaste este número, no estamos de acuerdo. No considero que la afirmación "siento que te quiero pegar", exprese un sentimiento. Para mí, expresa lo que quien habla se imagina haciendo, mas no como quien habla se siente. Una expresión de sentimiento podría ser: "Estoy furioso contigo".

8. Si marcaste este número, no estamos de acuerdo. Considero que "incomprendida", no es un sentimiento. Para mí, expresa lo que quien habla piensa que el otro está haciendo. Una expresión de sentimiento podría ser: "Siento frustración" o "Me siento desanimada".

9. Si marcaste este número, estamos de acuerdo con que se expresó verbalmente un sentimiento. Sin embargo, la palabra *bien* es vaga cuando se usa para comunicar un sentimiento. Usualmente podemos expresar nuestros sentimientos más claramente usando palabras como: *aliviado, gratificado* o *motivado*.

10. Si marcaste este número, no estamos de acuerdo. No considero que "inútil", sea un sentimiento. Para mí, expresa lo que quien habla piensa sobre sí mismo, mas no como quien habla se siente. Una expresión de sentimiento en este caso podría ser: "Me siento escéptica acerca de mis propios talentos" o "Me siento desgraciada".

Asumir la responsabilidad de nuestros sentimientos

*No nos perturban las cosas, sino la visión
que tenemos de ellas.*

—Epitecto

Escuchar un mensaje negativo: las cuatro opciones

El tercer componente de la CNV consiste en reconocer la raíz de nuestros sentimientos. La CNV eleva en nosotros la consciencia de que lo que los otros dicen y hacen puede ser el *estímulo,* pero nunca la *causa* de nuestros sentimientos. Observamos que nuestros sentimientos resultan de cómo *elegimos* recibir lo que los otros dicen y hacen, así como de nuestras necesidades y expectativas particulares en ese momento. Con este tercer componente, nos encaminamos a aceptar la responsabilidad de lo que hacemos para generar nuestros propios sentimientos. Cuando alguien nos da un mensaje negativo, ya sea verbal o no verbal, tenemos cuatro opciones para recibirlo.

> Lo que los otros hacen puede ser el estímulo de nuestros sentimientos mas no la causa.

La primera opción es tomárnoslo personal escuchando culpa y crítica. Por ejemplo, alguien está molesto y dice: "¡Eres la persona más egocéntrica que he conocido en toda mi vida!". Si elegimos tomárnoslo

> Tenemos cuatro opciones al recibir mensajes negativos:
> 1. Culparnos a nosotros mismos.

personal, podemos reaccionar: "¡Oh, debí haber sido más sensible!". Aceptamos el juicio de la otra persona y nos culpamos a nosotros mismos. Elegimos esta opción a expensas de nuestra autoestima, pues nos lleva a experimentar sentimientos de culpa, vergüenza y depresión.

2. Culpar a los otros

Una segunda opción es echarle la culpa a quien nos habla. Por ejemplo, en respuesta a la afirmación: "¡Eres la persona más egocéntrica que he conocido en mi vida!", podemos protestar: "¡No tienes derecho a decirme eso! Siempre estoy considerando tus necesidades. Tú eres el que está siendo realmente egocéntrico". Cuando recibimos mensajes de esta manera y le echamos la culpa a nuestro interlocutor, es probable que sintamos ira o rabia.

3. Percibir nuestros sentimientos y necesidades

Cuando recibimos mensajes negativos, nuestra tercera opción es irradiar la luz de la consciencia sobre nuestros sentimientos y necesidades. De esa forma, podemos responder: "Cuando te escucho decir que soy la persona más egocéntrica que has conocido en tu vida, me siento dolida porque necesito un poco de reconocimiento por los esfuerzos que hago para considerar tus preferencias". Al enfocar la atención en nuestros propios sentimientos y necesidades, nos volvemos consciente de que nuestro sentimiento de dolor proviene de la necesidad de que nuestros esfuerzos sean reconocidos.

4. Percibir los sentimientos y necesidades de los otros

Nuestra cuarta opción al recibir un mensaje negativo es irradiar la luz de la consciencia sobre las necesidades y sentimientos del otro, tal y como se exprese en ese momento. Podemos preguntar, por ejemplo: "¿Te sientes dolido porque te gustaría más consideración por tus preferencias?".

Aceptamos la responsabilidad por nuestros sentimientos, en vez de culpar a otras personas y reconocemos nuestras propias necesidades, deseos, expectativas, valores o pensamientos. Nota la diferencia entre las diferentes expresiones de decepción:

Ejemplo 1

A: "Me decepcionaste al no venir anoche".

B: "Cuando no viniste anoche me sentí decepcionado, porque quería hablar de cosas que me estaban molestando".

El interlocutor A atribuye la responsabilidad de su decepción exclusivamente a las acciones de otra persona. El interlocutor B atribuye su sentimiento de decepción a su propio deseo insatisfecho.

Ejemplo 2

A: "¡Su cancelación del contrato realmente me irritó!".

B: "Cuando cancelaron el contrato me sentí muy irritada porque estaba pensando que hicieron algo muy irresponsable".

La interlocutora A atribuye su irritación exclusivamente al comportamiento de la otra persona, mientras que la interlocutora B acepta la responsabilidad de su sentimiento reconociendo el pensamiento que lo causa. Ella reconoce que su pensamiento culpabilizador es el que produce su irritación. En la CNV, sin embargo, instaríamos a esta interlocutora a dar un paso más e identificar lo que está deseando: ¿qué necesidad, deseo, expectativa, esperanza o valor suyo no está siendo satisfecho? Tal como veremos, mientras más conectamos nuestros sentimientos con nuestras necesidades, más fácil es para otros responder compasivamente. A fin de relacionar sus sentimientos con lo que desea, la interlocutora B podría decir: "Cuando cancelaron el contrato, me sentí muy irritada, porque deseaba tener la oportunidad de contratar nuevamente a los trabajadores que despedimos el año pasado".

Es útil reconocer una serie de patrones comunes del habla que tienden a evadir la responsabilidad propia hacia nuestros sentimientos:

1. El uso de modos y pronombres impersonales como *eso:*
   "Me enfurece que aparezcan errores ortográficos en nuestros folletos públicos". "Eso me molesta demasiado".
2. El uso de la expresión "Me siento (emoción) porque..." seguido

de una persona o pronombre personal diferente de *yo:*
"Me siento dolido porque tú dijiste que no me amabas". "Me siento molesta porque la supervisora rompió su promesa".

3. Afirmaciones que solo mencionan las acciones de otras personas:
"Cuando no me llamas en mi cumpleaños, me siento dolido". "Mamá se siente decepcionada cuando no terminas tu comida".

> **Conecta tu sentimiento con tu necesidad: "yo siento . . . porque necesito . . ."**

Podemos profundizar en la consciencia de nuestra propia responsabilidad sustituyendo las frases anteriores por la frase: "Me siento... porque yo...". Por ejemplo:

1. "*Me siento* enfurecido cuando aparecen errores ortográficos en nuestros folletos públicos, *porque quiero* que nuestra compañía proyecte una imagen profesional".

2. "*Me siento* molesta de que la supervisora haya incumplido su promesa, *porque yo* estaba contando con ese fin de semana largo para visitar a mi hermano".

3. "*Mamá se siente* decepcionada cuando no terminas tu comida, *porque mamá* quiere que crezcas sano y fuerte".

El mecanismo básico de la motivación a través de la culpa es atribuir la responsabilidad de nuestros propios sentimientos a los otros. Cuando los padres dicen: "Mami y papi se sienten dolidos cuando sacas malas notas", están implicando que las acciones del niño son la causa de la felicidad o infelicidad de los padres. A simple vista, tomar responsabilidad por los sentimientos de otros puede ser fácilmente confundido con un cuido positivo. Puede parecer que el niño cuida de sus padres si se siente mal cuando éstos sufren. Sin embargo, cuando los niños asumen este tipo de responsabilidad

> **Distingue entre dar desde el corazón y estar motivado por la culpa.**

y modifican su comportamiento para satisfacer el deseo de los padres, no están actuando desde el corazón, sino actuando para evitar la culpa.

Las necesidades en el corazón de los sentimientos

Los juicios, las críticas, los diagnósticos y las interpretaciones de otros son expresiones alienadas de nuestras necesidades. Si alguien dice "nunca me entiendes", lo que realmente están diciendo es que su necesidad de comprensión no está satisfecha. Si una esposa le dice a su esposo: "Haz estado trabajando hasta tarde todas las noches de esta semana, amas tu trabajo más que a mí", lo que está diciendo es que su necesidad de intimidad no está satisfecha.

> Los juicios, las críticas, los diagnósticos y las interpretaciones de otros son expresiones alienadas de nuestras necesidades no satisfechas.

Cuando expresamos nuestras necesidades indirectamente a través del uso de evaluaciones, interpretaciones e imágenes, es probable que los otros escuchen crítica. Y cuando las personas escuchan cualquier cosa que suene a crítica, tienden a invertir su energía en defenderse o contraatacar. Si deseamos una respuesta compasiva de parte de otros, es contraproducente expresar nuestras necesidades a través de una interpretación o diagnóstico de su comportamiento. Por el contrario, mientras más directamente podamos conectar nuestros sentimientos con nuestras necesidades, más fácil será para otros respondernos compasivamente.

Desafortunadamente, la mayoría de nosotros nunca fue enseñado a pensar en términos de necesidades. Estamos acostumbrados a pensar sobre qué está mal con los otros cuando nuestras necesidades no están satisfechas. De esa forma, si queremos que los abrigos estén colgados en el armario, podemos calificar a nuestros hijos de perezosos por dejarlos en el sofá. O podemos interpretar que nuestros colegas son irresponsables cuando no hacen sus tareas de la forma que nosotros preferimos.

Una vez fui invitado al sur de California para una mediación entre unos terratenientes y unos trabajadores campesinos inmigrantes cuyos conflictos se habían vuelto cada vez más hostiles y

> Si expresamos nuestras necesidades, tenemos más posibilidades de satisfacerlas.

violentos. Comencé la reunión preguntando: "¿Qué necesita cada uno de ustedes? y ¿qué le gustaría pedir de la otra persona en relación a estas necesidades?".

"¡El problema con esta gente es que son racistas!" gritó un trabajador campesino. "¡El problema con esta gente es que no respetan la ley ni el orden!" gritó un terrateniente aún más alto. Como es frecuentemente el caso, este grupo tenía más capacidad para analizar la defectuosidad que percibían en el otro, que capacidad para expresar claramente sus propias necesidades.

En una situación comparable, una vez me reuní con un grupo de israelíes y palestinos que querían establecer la confianza mutua necesaria para traer paz a sus tierras. Abrí la sesión con las mismas preguntas: "¿Qué necesita cada uno de ustedes? y ¿qué le gustaría pedir de la otra persona en relación a estas necesidades?". En lugar de mencionar directamente sus necesidades, un mukhtar palestino (el alcalde de un pueblo) respondió: "Ustedes actúan como un montón de nazis". ¡Era poco probable que una afirmación de este tipo fuera a ganarse la cooperación de un grupo de israelíes! Casi inmediatamente, una mujer israelí saltó de su silla y replicó: "Mukhtar, ¡lo que acaba de decir fue totalmente insensible!".

Tenemos aquí personas que se habían reunido para construir confianza y armonía, y tan solo después de un intercambio, las cosas estaban peor que antes de empezar. Esto sucede cuando la gente está acostumbrada a analizarse y culparse entre sí en vez de expresar claramente lo que necesitan. En este caso, la mujer podía haber respondido al mukhtar en términos de sus propias necesidades y peticiones diciendo, por ejemplo: "Necesito más respeto en nuestro diálogo. En vez de decirnos cómo usted piensa que estamos actuando, ¿puede decirnos qué estamos haciendo que le perturba?".

Ha sido mi experiencia, una y otra vez, que a partir del momento en que las personas empiezan a decir lo que necesitan en vez de lo que está mal con la otra persona, la posibilidad de encontrar formas de satisfacer las necesidades de todos aumenta considerablemente. Éstas son algunas de las necesidades humanas básicas que todos compartimos:

Autonomía
- Escoger nuestros propios sueños, metas, valores
- Escoger nuestro propio plan para satisfacer esos sueños, metas, valores

Celebración
- Celebrar la creación de la vida y los sueños cumplidos
- Celebrar la pérdida: de seres amados, de sueños, etc. (duelo)

Integridad
- Autenticidad
- Creatividad
- Significado
- Valor propio

Interdependencia
- Aceptación
- Apreciación
- Cercanía
- Comunidad
- Consideración
- Contribución al enriquecimiento de la vida (ejercitar mi propio poder para dar aquello que contribuye a la vida)
- Seguridad emocional
- Empatía
- Honestidad (la honestidad empoderadora que nos permite aprender de nuestras limitaciones)
- Amor
- Consuelo
- Respeto
- Apoyo
- Confianza
- Comprensión
- Calidez

Juego
- Diversión
- Risa

Comunión espiritual
- Belleza
- Armonía
- Inspiración
- Orden
- Paz

Nutrición física
- Aire
- Comida
- Movimiento, ejercicio
- Protección de entes que amenazan la vida: virus, bacterias, insectos, animales depredadores
- Descanso
- Expresión sexual
- Techo
- Contacto físico
- Agua

El dolor de expresar nuestras necesidades vs el dolor de no expresar nuestras necesidades

Identificar y revelar nuestras necesidades puede ser aterrador en un mundo donde somos juzgados con frecuencia y dureza por hacerlo. Las mujeres, en particular, son susceptibles a la crítica. Durante siglos, la imagen de la mujer amorosa ha sido asociada con el sacrificio y la negación de sus propias necesidades para cuidar a otros. Ya que las mujeres están socializadas para considerar el cuidado de otros como su máxima obligación, a menudo aprenden a ignorar sus propias necesidades.

En un taller discutimos lo que sucede cuando las mujeres internalizan esas creencias. Estas mujeres, si piden lo que quieren, lo hacen frecuentemente reflejando y reforzando la creencia de que no tienen derecho genuino a tener necesidades y de que sus necesidades no importan. Por ejemplo, una mujer que tiene miedo a pedir lo que necesita, puede no decir simplemente que tuvo un día ocupado, que está cansada y que quiere un tiempo en la noche para sí misma. Por el contrario, sus palabras pueden sonar como un caso legal: "Tú sabes que no he tenido un solo instante para mí misma en todo el día. Planché todas las camisas, lavé la ropa de toda la semana, llevé el perro al veterinario, preparé la cena, empaqué los almuerzos y llamé a los vecinos para la reunión de la cuadra, así que (implorando)... ¿qué tal si tú... ?".

> Si no valoramos nuestras necesidades, puede que los otros tampoco lo hagan.

Y la respuesta se precipita: "¡No!". Su petición quejumbrosa elicita resistencia en vez de compasión por parte de sus interlocutores, quienes tienen dificultad para escuchar y valorar las necesidades detrás de sus súplicas. Éstos reaccionan negativamente a su débil intento de discutir desde una posición de lo que ella "debería" o "merece" recibir de parte de ellos. Al final, sus interlocutores quedan nuevamente persuadidos de que las necesidades de ella no importan, sin darse cuenta de que habían sido expresadas en una forma que tenía pocas probabilidades de recibir una respuesta positiva.

En una ocasión, mi madre estaba en un taller donde otras mujeres estaban discutiendo cuán aterrador era expresar sus necesidades. De repente, ella se levantó y desapareció del salón por un largo rato. Finalmente regresó, con la cara pálida. En presencia del grupo le pregunté: "¿Madre te sientes bien?".

"Sí", respondió ella, "pero acabo de conscientizar algo que fue muy difícil para mí de procesar".

"¿Qué es?", le pregunté.

"Acabo de caer en cuenta de que durante treinta y seis años estuve molesta con tu padre por no satisfacer mis necesidades y de que ni una sola vez le dije claramente lo que necesitaba".

La revelación de mi madre era acertada. Ni una sola vez, que yo pueda recordar, ella le expresó sus necesidades a mi padre. Ella insinuaba por un lado y por otro a través todo tipo de circunvoluciones, pero nunca le pidió directamente lo que necesitaba.

Tratamos entonces de entender por qué era tan difícil para ella hacerlo. Mi madre creció en una familia económicamente empobrecida. Ella recordaba haber pedido cosas de niña y haber sido amonestada por sus hermanos y hermanas: "¡No deberías pedir eso! Sabes que somos pobres. ¿Te crees que eres la única persona en la familia?". Eventualmente, creció temiendo que si pedía lo que necesitaba solo recibiría desaprobación y juicio.

Nos contó una anécdota de la infancia sobre una de sus hermanas que fue operada de la apéndice y que luego recibió una linda carterita de parte de otra hermana. Mi madre tenía catorce años en esa época. ¡Oh! cuánto deseaba ella tener una carterita exquisitamente bordada en pepitas como la de su hermana, pero no se atrevía a abrir la boca. Así que ¿adivinen qué?. Fingió sentir dolor en su costado y continuó con su historia hasta el final. Su familia la llevó a varios médicos. Éstos no pudieron darle un diagnóstico así que optaron por hacerle una cirugía exploratoria. Era una apuesta riesgosa por parte de mi madre, pero funcionó —¡le dieron una carterita idéntica!. Cuando recibió la codiciada carterita, mi madre quedó extasiada a pesar de la agonía física de la cirugía. Dos enfermeras entraron y una le puso el termómetro en la boca. Mi madre dijo: "Ummm, ummm" para mostrarle la carterita a la segunda enfermera, quien respondió: "¿Para mí? Oh, ¡muchas gracias!" y ¡se llevó la carterita!. Mi madre quedó confundida y no halló como decir: "No quise regalártela, por favor devuélvemela". Su historia revela poderosamente lo doloroso que puede ser cuando las personas no reconocen abiertamente sus necesidades.

De la esclavitud emocional a la liberación emocional

En nuestro desarrollo hacia un estado de liberación emocional, la mayoría de nosotros experimenta tres fases en la forma como nos relacionamos con los otros.

Fase 1: En esta fase, a la cual me refiero como *esclavitud emocional*, creemos que somos responsables de los sentimientos de los otros. Pensamos que debemos esforzarnos por mantener a todo el mundo feliz. Si no se ven felices nos sentimos responsables y obligados a hacer algo al respecto. Esto puede llevarnos a percibir a las personas más cercanas a nosotros como cargas.

Tomar responsabilidad por los sentimientos de otros puede ser muy dañino para las relaciones íntimas. Habitualmente escucho variaciones del siguiente tema: "Tengo miedo de estar en una relación. Cada vez que veo que mi pareja siente dolor o necesita algo, me siento abrumada. Me siento en una cárcel, siento que me están asfixiando – y necesito salir corriendo de la relación lo más rápido posible". Esta respuesta es común entre aquellos que experimentan el amor como la negación de sus propias necesidades a fin de atender las necesidades del ser amado. En los inicios de una relación, las parejas normalmente se relacionan feliz y compasivamente entre sí desde una sensación de libertad. La relación es estimulante, espontánea y maravillosa. A medida que la relación se vuelve "seria", las parejas empiezan a asumir la responsabilidad de los sentimientos del otro.

> Fase 1: Esclavitud emocional. Nos consideramos responsables por los sentimientos de otros.

Si yo soy consciente de hacer esto cuando estoy en pareja, podría reconocer la situación explicando: "No soporto cuando me pierdo en las relaciones. Cuando veo que mi pareja siente dolor, me pierdo y necesito liberarme". Sin embargo, si no he alcanzado este nivel de consciencia, es probable que culpe a mi pareja por el deterioro de la relación. Entonces podría decir algo como: "Mi pareja es tan necesitada y dependiente que está estresando causando tensión en nuestra relación".

En este caso, mi pareja haría bien en rechazar la noción de que hay algo mal con sus necesidades. Aceptar esa culpa solo empeoraría la situación. Por el contrario, ella podría ofrecer una respuesta empática al dolor de su esclavitud emocional como: "Así que estás en pánico. Es difícil para ti mantener el profundo cuidado y amor que hemos tenido sin convertirlo en una responsabilidad, un deber, una obligación... Sientes que tu libertad se está acabando porque piensas que tienes que cuidar constantemente de mí". Si, por el contrario, en vez de una respuesta empática, ella dice: "¿Te sientes tenso porque te he estado exigiendo muchas cosas?" es probable que ambos se queden enredados en la esclavitud emocional, dificultando cada vez más que sobreviva la relación.

Fase 2: En esta fase, nos volvemos conscientes del alto costo de asumir la responsabilidad de los sentimientos de los otros y de tratar de acomodarnos a ellos, a nuestras expensas. Cuando notamos cuánto hemos perdido de nuestras vidas y qué tan poco hemos respondido al llamado de nuestra propia alma, podemos sentirnos molestos. Me refiero jocosamente a esta fase como la *fase odiosa* porque tendemos a hacer comentarios odiosos como:

> Fase 2: La fase odiosa. Nos sentimos molestos, no queremos más ser responsables por los sentimientos de los demás.

"¡Ese es *tú* problema!, ¡no *soy* responsable de tus sentimientos!" cuando estamos en presencia del dolor de otra persona. Estamos claros *de que* no somos responsables, pero nos falta aprender cómo ser responsables *hacia* los otros en una forma que no sea emocionalmente esclavizante.

Cuando emergemos de la etapa de esclavitud emocional es posible que aún carguemos restos de miedo y culpa en torno a nuestras propias necesidades. Por esta razón, no es sorprendente que terminemos expresando nuestras necesidades en formas que suenen rígidas o intransigentes a los oídos de otras personas. Por ejemplo, en el receso de uno de mis talleres, una joven expresó apreciación por las revelaciones que había tenido sobre su propio estado de esclavitud emocional. Cuando terminó el taller, le sugerí una actividad al grupo. Esta misma joven declaró asertivamente: "Preferiría hacer otra cosa". Pude percibir que estaba ejercitando su recién descubierto derecho a expresar sus necesidades — incluso si éstas iban en contra de las necesidades de otros.

A fin de animarla a aclarar lo que deseaba, le pregunté: "¿Quieres hacer algo diferente incluso si conflictúa con mis necesidades?". Ella pensó por un momento y luego respondió tartamudeando: "Sí..., eee..., quiero decir, no". Su confusión refleja como en esta fase odiosa, aún no hemos comprendido que la liberación emocional involucra más que simplemente afirmar nuestras propias necesidades.

Recuerdo un incidente durante la transición de mi hija Marla hacia su liberación emocional. Ella había sido siempre la "niñita perfecta" que negaba sus propias necesidades para satisfacer los deseos de otros. Cuando me volví consciente de la cantidad de veces que ella reprimía sus propios deseos para complacer a otros, le expresé que disfrutaría escucharla expresar sus necesidades con más frecuencia. La primera vez que mencioné el tema, Marla lloró. Protestó desolada: "Pero papi, no quiero decepcionar a nadie". Traté de mostrarle cómo su honestidad podía ser para otros un regalo más preciado que acomodarse a ellos para prevenir que se molestaran. También le aclaré formas en las cuales ella podía empatizar con las personas cuando estuvieran molestas, sin tomar responsabilidad por sus sentimientos.

Un corto tiempo después, vi la evidencia de que mi hija estaba empezando a expresar sus necesidades más abiertamente. Me llamó la directora de su escuela, aparentemente perturbada por una comunicación que tuvo con Marla, quien llegó a la escuela vestida con un overol. "Marla", le dijo, "las chicas no se visten de esa forma", a lo cual Marla respondió: "¡Quítese de mi camino!".

Escuchar esto fue para mí un motivo de celebración: Marla se había graduado de la esclavitud emocional y había pasado a la fase odiosa. Estaba aprendiendo a expresar sus necesidades y arriesgándose a lidiar con el disgusto de otros. Naturalmente, no había aprendido todavía a afirmar sus necesidades confortablemente y respetando las necesidades de los otros, pero confié en que esto ocurriría con el tiempo.

Fase 3: En la tercera fase, *la liberación emocional*, respondemos a las necesidades de los otros desde la compasión, y nunca desde el miedo, la culpa o la vergüenza. Nuestras acciones son entonces satisfactorias para nosotros mismos, así como para quienes reciben nuestros esfuerzos. Aceptamos la responsabilidad total de nuestras intenciones y acciones, y no por los sentimientos de los demás. En esta fase, estamos conscientes de que nunca podemos satisfacer nuestras propias necesidades a expensas de otros. La liberación emocional consiste en expresar claramente lo que necesitamos en una forma que comunica que estamos igualmente preocupados porque las necesidades de otros sean satisfechas. La CNV está diseñada para ayudarnos a relacionarnos a este nivel.

> Fase 3: Liberación emocional. Tomamos responsabilidad por nuestras intenciones y acciones.

Resumen

El tercer componente de la CNV es el reconocimiento de las necesidades detrás de nuestros sentimientos. Lo que otros digan y hagan puede ser el estímulo, pero nunca la causa de nuestros sentimientos. Cuando alguien se comunica negativamente con nosotros, tenemos cuatro opciones para recibir el mensaje: (1) culparnos a nosotros mismos, (2) culpar a los otros, (3) percibir nuestros sentimientos y necesidades, (4) percibir los sentimientos y necesidades escondidas en el mensaje negativo de la otra persona.

Los juicios, críticas, diagnósticos e interpretaciones de otros son todas expresiones alienadas de nuestras propias necesidades y valores. Cuando los otros escuchan una crítica, tienden a invertir su energía en autodefenderse o contraatacar. Mientras más directamente conectemos nuestros sentimientos con nuestras necesidades, más fácil será para otros responder compasivamente.

En un mundo donde frecuentemente somos juzgados por identificar y revelar nuestras necesidades, hacerlo puede ser muy aterrador, especialmente para las mujeres quienes han sido socializadas para ignorar sus necesidades y cuidar de otros.

En el transcurso de desarrollar la responsabilidad emocional, la mayoría de nosotros experimenta tres fases: (1) La "esclavitud emocional" —creer que somos responsables por los sentimientos de los otros—, (2) la "fase odiosa" —en la cual nos negamos a cuidar de lo que los otros siente o necesitan— y (3) la "liberación emocional" —en la cual aceptamos total responsabilidad por nuestros sentimientos mas no por los de los demás, mientras somos conscientes de que nunca podremos satisfacer nuestras propias necesidades a expensas de otros.

La CNV en acción

"¡Restituyan el estigma de la ilegitimidad!"

Una estudiante de Comunicación No Violenta trabajando como voluntaria en un comedor comunitario quedó impactada cuando una compañera de trabajo de edad avanzada estalló detrás de un periódico diciendo: "¿Qué necesitamos hacer en este país para que restituyan el estigma de la ilegitimidad?".

La reacción habitual de esta estudiante a ese tipo de comentarios era normalmente no decir nada, juzgarla severamente pero en silencio, y eventualmente procesar sus propios sentimientos de forma segura fuera de la escena. Esta vez, recordó que tenía la opción de escuchar los sentimientos y necesidades que la habían impactado.

Estudiante: *(Primero, chequeando su suposición sobre lo que la compañera estaba observando)* ¿Estás leyendo algo en el periódico sobre embarazos de adolescentes?

Compañera: Sí, ¡es increíble cuántas jovencitas lo están haciendo!

Estudiante: (*Ahora escuchando lo que la compañera estaba sintiendo y qué necesidad insatisfecha podía estar dando cabida a este sentimiento*) ¿Te sientes alarmada porque te gustaría que los niños tuvieran familias estables?

Compañera: ¡Por supuesto! ¡Mi padre me hubiera matado si yo hubiera hecho algo así!

Estudiante: ¿Estás recordando cómo era para las jóvenes de tu generación quedar embarazadas?

Compañera: ¡Claro! Nosotras sabíamos lo que nos iba a pasar si quedábamos embarazadas. Teníamos miedo todo el tiempo, no como las jóvenes de hoy en día.

Estudiante: ¿Estás molesta de que las jóvenes embarazadas de hoy en día no le tengan miedo al castigo?

Compañera: Bueno, ¡al menos el miedo al castigo funcionaba! Aquí dice que hay jóvenes acostándose por ahí con diferentes hombres ¡para quedar embarazadas!, ¡sí, eso dice!. ¡Ellas tienen bebés y el resto de nosotros en la sociedad paga!.

La estudiante escuchó dos sentimientos diferentes en este mensaje: sorpresa de que las jóvenes se embarazaran a propósito y disgusto de que los contribuyentes de impuestos terminaran pagando por los niños nacidos de esta forma. Escogió con cuál de los dos sentimientos empatizar.

Estudiante: ¿Estás sorprendida de que haya jóvenes que hoy en día se embarazan sin considerar su reputación, consecuencias, estabilidad financiera..., todas las cosas que tú sí considerabas?

Compañera: Sí, ¿y adivina quién termina pagando?

La compañera posiblemente se sintió escuchada acerca de su sorpresa, y pasó a su siguiente sentimiento: su disgusto. Como sucede con frecuencia cuando hay una mezcla de sentimientos presentes, quien está hablando regresa al sentimiento que no ha recibido empatía. No es necesario que quien escucha refleje toda la mezcla de sentimientos a la vez; el flujo de la compasión continuará fluyendo a medida que cada sentimiento surge a su tiempo.

Estudiante: Escucho que estás exasperada porque te gustaría que el dinero de tus impuestos fuese usado para otros propósitos. ¿Es así?

Compañera: ¡Ciertamente! ¿Sabías que mi hijo y su esposa quieren un segundo hijo pero no pueden tenerlo —a pesar de tener dos trabajos— porque cuesta demasiado?

Estudiante: Me imagino que estás triste por eso... Probablemente te encantaría tener un segundo nieto...

Compañera: Sí y no solo haría una diferencia para mí.

Estudiante: ... para tu hijo tener la familia que desea... *(a pesar de que la estudiante adivinó solo parcialmente, no interrumpió el flujo de la empatía, sino que permitió que la compañera continuara y se diera cuenta de otra preocupación).*

Compañera: Sí, también pienso que es triste ser hija única.

Estudiante: Ah, ya veo; ¿te gustaría que Katia tuviera un hermanito?

Compañera: Sí, sería lindo.

En este punto, la estudiante sintió que su compañera experimentó una liberación. Luego, transcurrió un instante de silencio. La estudiante se sintió sorprendida de que a pesar de que aún quería expresar su visión, la urgencia y la tensión habían desaparecido porque ya no se sentía "antagónica". Ahora ella comprendía los sentimientos y necesidades detrás de los comentarios de su compañera y ya no sentía que ambas estaban en "mundos diferentes".

Estudiante: *(Expresándose en CNV y usando las cuatro partes del proceso: observación [O], sentimiento [S], necesidad [N], petición [P]).* Sabes, al principio, cuando dijiste que deberíamos restituir el estigma de la ilegitimidad [O], me sentí muy asustada [S], porque para mí es muy importante que cuidemos de las personas que necesitan ayuda [N]. Algunas de las personas que vienen a comer aquí son madres adolescentes [O] y quisiera asegurarme de que se sientan bienvenidas [N]. ¿Te importaría decirme cómo te sientes cuando ves llegar a Verónica ó a Andrea con su novio? [R].

El diálogo continuó durante un par de intercambios hasta que la estudiante sintió la seguridad y confianza de que su compañera ayudaría con cuidado y respeto a los clientes adolescentes no casados. Más aún, la mujer ganó experiencia expresando su desacuerdo en una forma que satisfacía sus necesidades de honestidad y respeto mutuo.

Por su parte, la compañera quedó satisfecha de que su preocupación acerca de los embarazos precoces hubiese sido plenamente escuchada. Ambas partes habían sido escuchadas y sus relaciones se beneficiaron de haber compartido sus comprensiones y diferencias sin hostilidad. En ausencia de la CNV, su relación hubiese comenzado a deteriorarse en ese momento y el trabajo que ambas querían hacer —ayudar a la gente— hubiese sufrido.

Ejercicio 3

Reconociendo necesidades

Para practicar la identificación de necesidades, por favor marca con un círculo el número de la frase donde el interlocutor expresa responsabilidad por sus sentimientos.

1. "Me irritas cuando dejas documentos de la compañía en el piso de la sala de conferencias".

2. "Me siento molesta cuando dices eso, porque deseo respeto y escucho tus palabras como un insulto".

3. "Me siento frustrado cuando llegas tarde".

4. "Estoy triste de que no vengas a cenar porque tenía la esperanza de pasar la noche juntos".

5. "Me siento decepcionada porque dijiste que lo harías y no lo hiciste".

6. "Me siento desanimada porque hubiese querido progresar más en mi trabajo a este punto".

7. "A veces la gente dice pequeñas cosas que me lastiman".

8. "Estoy feliz de que hayas recibido ese premio".

9. "Siento temor cuando alzas la voz".

10. "Estoy agradecido por tu ofrecimiento de traerme a casa, porque necesitaba llegar antes que mis hijos".

Aquí están mis respuestas para el Ejercicio 3:

1. Si marcaste este número, no estamos de acuerdo. Para mí esta afirmación implica que el comportamiento de quien escucha es el único causante de los sentimientos de quien habla. No revela las necesidades ni los pensamientos que contribuyen a los sentimientos de quien habla. Para hacerlo, éste hubiese

podido decir: "Me siento irritado cuando dejas documentos de la compañía en el piso de la sala de conferencias porque quiero que nuestros documentos estén guardados de forma segura y accesible".

2. Si marcaste este número, estamos de acuerdo con que la interlocutora está reconociendo la responsabilidad de sus sentimientos.

3. Si marcaste este número, no estamos de acuerdo. Para expresar las necesidades o pensamientos detrás de sus sentimientos, el interlocutor habría podido decir: "Me siento frustrado cuando llegas tarde porque tenía la esperanza de que pudiéramos sentarnos en primera fila".

4. Si marcaste este número, estamos de acuerdo con que el interlocutor está reconociendo la responsabilidad de sus sentimientos.

5. Si marcaste este número, no estamos de acuerdo. Para expresar las necesidades y pensamientos detrás de sus sentimientos, la interlocutora hubiera podido decir: "Cuando dijiste que ibas a hacerlo y no lo hiciste, sentí decepción porque quiero poder confiar en tu palabra".

6. Si marcaste este número, estamos de acuerdo con que el interlocutor está reconociendo la responsabilidad de sus sentimientos.

7. Si marcaste este número, no estamos de acuerdo. Para expresar las necesidades y pensamientos detrás de sus sentimientos, la interlocutora hubiera podido decir: "A veces cuando la gente dice pequeñas cosas me siento lastimada, porque me gustaría ser apreciada, no criticada".

8. Si marcaste este número, no estamos de acuerdo. Para expresar las necesidades y pensamientos detrás de sus sentimientos, el interlocutor hubiera podido decir: "Cuando recibiste ese premio me sentí feliz porque tenía la esperanza de que fueras reconocida por todo el trabajo que haz hecho para ese proyecto".

9. Si marcaste este número, no estamos de acuerdo. Para expresar las necesidades y pensamientos detrás de sus sentimientos,

la interlocutora hubiera podido decir: "Cuando alzas tu voz me siento asustada porque me digo que alguien podría salir herido, y necesito saber que estamos todos seguros".

10. Si marcaste este número, estamos de acuerdo con que el interlocutor está reconociendo la responsabilidad de sus sentimientos.

Pedir aquello que enriquezca la vida

Ya abordamos los tres primeros componentes de la CNV que tratan sobre lo que *observamos, sentimos* y *necesitamos*. Aprendimos a hacerlo sin criticar, analizar, culpar ni diagnosticar a otros, y en una forma que probablemente inspire compasión. El cuarto y último componente de este proceso es *lo que nos gustaría pedir de otros* para enriquecer nuestra vida. Cuando nuestras necesidades no están siendo satisfechas, expresamos lo que observamos, sentimos y necesitamos seguido de una petición específica: pedimos acciones que puedan satisfacer nuestras necesidades. ¿Cómo expresamos peticiones de modo que otros estén más dispuestos a responder compasivamente a nuestras necesidades?

Usar un lenguaje de acción positiva

En primer lugar, expresemos lo que *sí* estamos pidiendo en vez de lo que *no* estamos pidiendo. "¿Cómo hago lo que me dicen que no haga?" dice una canción infantil de mi colega Ruth Bebermeyer: "Lo único que sé, es que no sé qué hacer cuando me dicen que no haga lo que hago". La letra de esta canción revela dos problemas comunes de las peticiones formuladas en negativo: las personas se sienten confundidas sobre lo que se les está pidiendo y las peticiones negativas tienden a generar resistencia.

Una mujer en un taller se sentía frustrada porque su esposo

> Usemos un lenguaje afirmativo cuando hagamos peticiones.

pasaba demasiado tiempo en el trabajo. Nos contó cómo al hacer su petición, le salió "el tiro por la culata": "Le pedí que no pasara tanto tiempo en el trabajo. Tres semanas después me anunció que se había inscrito en un torneo de golf". Esta mujer había comunicado exitosamente lo que no quería que su esposo hiciera —pasar tanto tiempo en el trabajo— pero no le había comunicado lo que *sí* quería que hiciera. Cuando la animé a que reformulara su petición, lo pensó por un minuto y dijo: "Me hubiese gustado decirle que quería que pasara al menos una noche a la semana en casa conmigo y los niños".

Durante la Guerra de Vietnam, me pidieron que participara en un debate televisivo junto a un hombre cuya posición difería de la mía. El programa fue grabado así que pude verlo en casa esa noche. Cuando me vi en la pantalla comunicándome en una forma en la que no quería comunicarme, me sentí muy molesto. Me dije a mí mismo: "Si vuelvo a estar en otra discusión, ¡no voy hacer lo que hice en ese programa! No voy a ponerme a la defensiva. No voy a dejar que me hagan quedar como un tonto". Noten cómo me hable a mí mismo en términos de lo que yo *no* quería hacer, en vez de hablarme en términos de lo que yo *sí* quería hacer.

La oportunidad de redimirme se presentó a la semana siguiente cuando fui invitado a continuar el debate en televisión. De camino al estudio me repetí todas aquellas cosas que no quería hacer. Tan pronto empezó el programa, el hombre empezó a hablar de la misma forma que la semana anterior. Cuando terminó de hablar, pude no comunicarme de la forma que quería evitar durante aproximadamente diez segundos. De hecho, no dije nada. Me quedé sentado. Sin embargo, tan pronto abrí la boca, empecé a hablar ¡de la forma que estaba tan decidido a evitar!. Ésta fue una dolorosa lección sobre lo que puede pasar cuando solo identifico lo que *no* quiero hacer, sin aclarar lo que *sí* quiero hacer.

Una vez me invitaron a trabajar con unos estudiantes de secundaria que habían sufrido una larga lista de agravios por parte del director de la escuela. Ellos percibían al director como racista y estaban buscando formas de ajustar cuentas. Un párroco que trabajaba en estrecha colaboración con los chicos empezó a preocuparse ante la posibilidad de que se desatara la violencia. Los estudiantes, en señal de respeto hacia el párroco, acordaron encontrarse conmigo.

Empezaron a describir lo que veían como discriminación por parte del director. Después de escuchar varios de sus cargos, sugerí que procedieran a aclarar lo que querían recibir del director.

"¿Y para qué serviría eso?" se mofó uno de los estudiantes con indignación. "Ya le dijimos lo que queríamos y su respuesta fue: 'Lárguense de aquí. No quiero que me digan qué hacer'".

Le pregunté a los estudiantes qué le habían pedido al director. Éstos recordaron haberle dicho que no querían que les dijera cómo peinarse. Les sugerí que podían haber recibido una respuesta más cooperativa si le hubieran dicho lo que sí querían, en vez de lo que no querían. También le habían pedido un trato justo, a lo cual el director reaccionó poniéndose a la defensiva y negando a gritos haber sido injusto. Me aventuré a suponer que el director hubiera respondido de forma más favorable si le hubiesen pedido acciones concretas en vez de un comportamiento vago como un "trato justo".

Al trabajar junto a los estudiantes encontramos formas de expresar sus peticiones en lenguaje de acción positiva. Al final de la reunión los estudiantes aclararon treinta y ocho acciones que querían que tomara el director, incluyendo "nos gustaría que estuviera de acuerdo con que una representación de estudiantes negros participe en la toma de decisiones sobre el código de vestir" y "nos gustaría que se refiera a nosotros como 'estudiantes negros' en vez de 'esa gente'". Al día siguiente los estudiantes presentaron sus peticiones al director usando el lenguaje de acción positiva que habíamos practicado. Esa noche recibí una llamada telefónica eufórica de parte de los estudiantes: ¡el director había aceptado todas las treinta y ocho peticiones!.

Además de usar un lenguaje afirmativo, también queremos formular nuestras peticiones en forma de acciones concretas que los otros puedan realizar y evitar frasearlas de forma vaga, abstracta o ambigua. Hay una caricatura que muestra a un hombre que se cae en un lago. Mientras el hombre trata de nadar a duras penas le grita a su perro en la orilla: "Lassie, busca ayuda". En el siguiente cuadro aparece el perro en el diván de un psiquiatra. Todos sabemos cómo varían las opiniones sobre lo que significa "ayudar": algunos miembros de mi familia, cuando les pido ayudar con los platos, piensan que "ayudar" significa supervisar.

Una pareja afligida que asistió a un taller nos ofreció una ilustración adicional sobre cómo el lenguaje no específico puede dificultar la comprensión y la comunicación. La mujer le dijo al esposo: "Quiero que me dejes ser yo". "Yo te dejo ser tú", le respondió él. "No, no me dejas", insistió ella. Cuando le pedí que se expresara en lenguaje de acción positiva, la mujer respondió: "Quiero que me des la libertad de crecer y ser yo misma". Esta petición, es tan vaga como la anterior y tiene una alta probabilidad de provocar una respuesta defensiva. La mujer se esforzó por formular una respuesta clara y después admitió: "Me da un poco de vergüenza pero si soy precisa, lo que quiero es que sonrías y digas que todo lo que hago está bien". Con frecuencia, el uso de lenguaje vago y abstracto puede enmascarar juegos de opresión interpersonal.

> Hagamos peticiones en un lenguaje claro, concreto y de acción positiva que revele exactamente lo que queremos.

Un padre y su hijo de quince años que vinieron a consultarme obtuvieron una claridad similar. "Lo único que quiero es que empieces a mostrar un poco de responsabilidad. ¿Es eso mucho pedir?", expresó el padre. Le sugerí que especificara lo que le gustaría que su hijo hiciese para demostrar la responsabilidad que él buscaba. Después de una conversación sobre cómo aclarar su petición, el padre respondió tímidamente: "Bueno, sé que no suena muy bien, pero cuando digo que quiero responsabilidad, lo que quiero realmente es que él haga lo que yo le pido, sin refutar —que salte cuando digo que salte, y que sonría mientras lo hace". Después de decir esto, el padre estuvo de acuerdo conmigo en que si su hijo se comportase de esa forma estaría demostrando obediencia, más que responsabilidad.

Como este padre con frecuencia usamos un lenguaje vago y abstracto para indicar cómo queremos que las otras personas se sientan o se comporten sin mencionar una acción concreta que puedan realizar para alcanzar ese estado. Por ejemplo, un jefe puede hacer un esfuerzo genuino por incentivar la retroalimentación por parte

> El lenguaje ambiguo contribuye a la confusión interna.

de sus empleados diciendo: "Quiero que se sientan libres de expresarse conmigo". Esta petición puede comunicar el deseo del jefe de que los empleados se "sientan libres" pero no lo que estos pueden hacer para sentirse de esa forma. El jefe pudiera entonces usar un lenguaje de acción positiva para hacer una petición como: "Me gustaría que me digan qué puedo hacer para que sea más fácil para ustedes expresarse libremente cuando están conmigo".

Como ilustración final sobre cómo el uso de un lenguaje ambiguo contribuye a la confusión interna, quiero presentarles una conversación que ocurría con regularidad en mi práctica como psicólogo clínico con los muchos clientes que venían a mí

> La depresión es la recompensa que obtenemos por ser buenos.

quejándose de depresión. Después de yo empatizar con la profundidad de los sentimientos del cliente, nuestros intercambios normalmente procedían de la siguiente manera:

MBR: ¿Qué quieres que no estás recibiendo?

Cliente: No sé qué quiero.

MBR: Me imaginé que dirías eso.

Cliente: ¿Por qué?

MBR: Mi teoría es que nos deprimimos porque no recibimos lo que queremos, y no recibimos lo que queremos porque nunca nos enseñaron a conseguir lo que queremos. Por el contrario, nos enseñaron a ser buenas niñas y buenos niños, buenas madres y buenos padres. Si vamos a ser alguna de estas buenas cosas, mejor acostumbrémonos a estar deprimidos. La depresión es la recompensa que obtenemos por ser "buenos". Pero si te quieres sentir mejor, me gustaría que aclares lo que quieres que la gente haga para que tu vida sea más maravillosa.

Cliente: Solo quiero que alguien me ame. No es absurdo querer eso, ¿o sí?

MBR: Es un buen comienzo. Ahora me gustaría que aclares lo que te gustaría que la gente haga para satisfacer tu necesidad de ser amada. Por ejemplo, ¿qué puedo hacer yo en este momento?

Cliente: Bueno, ya sabes...

MBR: No estoy seguro que sé. Me gustaría que me dijeras lo que te gustaría que yo, o los otros, hagamos para darte el amor que estás buscando.

Cliente: Eso está difícil.

MBR: Sí, puede ser difícil hacer peticiones concretas. Pero piensa cuán difícil será para los otros responder a tu petición ¡si ni siquiera tú estás clara de cuál es!

Cliente: Estoy empezando a tener claridad de lo que quiero que los otros hagan para satisfacer mi necesidad de amor, pero me da vergüenza decirlo.

MBR: Sí, con frecuencia da vergüenza. Entonces, ¿qué te gustaría que yo o los otros hagamos?

Cliente: Si realmente reflexiono sobre lo que quiero cuando pido ser amada, supongo que quiero que adivines lo que quiero antes de que yo lo sepa. Y quiero que lo hagas siempre.

MBR: Estoy agradecido por tu claridad. Espero que puedas ver que es poco probable que encuentres a alguien que pueda satisfacer tu necesidad de amor, si eso es lo que requiere.

Con frecuencia, mis clientes pudieron notar como la falta de consciencia sobre lo que querían recibir de otros contribuyó significativamente a sus frustraciones y depresión.

Hacer peticiones conscientemente

Algunas veces podemos comunicar una petición clara sin ponerla en palabras. Supongamos que estás en la cocina y tu hermana, que está viendo televisión en la sala, grita: "Tengo sed". En este caso, puede ser obvio que está pidiendo que le traigas un vaso de agua de la cocina.

Sin embargo, en otras circunstancias, podemos expresar nuestra incomodidad y suponer erradamente que quien nos escucha ha entendido la petición subyacente. Por ejemplo, una mujer puede decirle a su esposo: "Estoy molesta porque olvidaste traer la mantequilla y las cebollas que te pedí para la cena". Aunque parezca obvio para ella que le está pidiendo que vuelva a la tienda, el esposo puede pensar que emitió sus palabras solo para hacerlo sentirse culpable.

> Cuando expresamos solamente nuestros sentimientos puede no quedarle claro a nuestro escucha lo que queremos que haga.

Aún con más frecuencia, simplemente no estamos conscientes de lo que pedimos cuando hablamos. Hablamos *para* otros o *a* otros sin saber cómo involucrarnos en diálogo *con* ellos. Arrojamos palabras, usando la presencia de otros como una papelera. En estas situaciones, quien escucha, ante la incapacidad de discernir una petición clara en las palabras de quien habla, podría experimentar el tipo de agobio ilustrado en la anécdota a continuación.

> Con frecuencia, no somos conscientes de lo que estamos pidiendo.

En una ocasión estaba sentado frente a una pareja en un tren que llevaba pasajeros a las distintas terminales del Aeropuerto Internacional Dallas/Fort Worth. Para los pasajeros apurados por tomar un vuelo, el paso tortuga del tren podía ser muy irritante. El hombre se dirigió a su esposa y le dijo con intensidad: "Nunca había visto un tren tan lento en toda mi vida". La mujer no dijo nada, pero aparentaba estar tensa e incómoda sin saber qué respuesta esperaba él de ella. El hombre hizo lo que muchos de nosotros hacemos cuando no recibimos la respuesta que deseamos: repitió lo que dijo. En una voz marcadamente más fuerte, exclamó: "¡Nunca había visto un tren tan lento en toda mi vida!".

La esposa, sin saber qué responder, aparentaba estar aún más agobiada. Desesperada, se volteó hacia él y le dijo: "Los trenes están programados electrónicamente". No pensé que esta información lo fuera a satisfacer, y de hecho, no lo hizo, porque se repitió una tercera vez aún más fuertemente: "¡NUNCA HABÍA VISTO UN TREN TAN LENTO EN TODA MI VIDA!" La paciencia de la esposa claramente se agotó y entonces respondió enfurecida: "Bueno, ¿qué quieres que haga? ¿que me baje y empuje?".

> Las peticiones pueden sonar como exigencias cuando no están acompañadas de los sentimientos y las necesidades de quien habla.

¡Ahora ya no había una, sino dos personas dolidas!. ¿Qué respuesta estaba deseando el hombre? Yo creo que él quería escuchar que su dolor era comprendido. Si su esposa hubiese sabido esto, podía haber respondido: "Parece que te asusta que perdamos el avión y que te sientes indignado porque te gustaría que hubiera un tren más rápido entre las terminales".

En el intercambio anterior, la esposa escuchó la frustración del esposo, pero no tenía ni idea qué le estaba pidiendo. Igualmente problemática es la situación inversa —cuando las personas dicen lo que quieren sin comunicar primero los sentimientos y necesidades detrás de sus peticiones. Esto es especialmente cierto cuando la petición toma la forma de una pregunta. La pregunta: "¿Por qué no vas a cortarte el pelo?", puede ser fácilmente interpretada por un adolescente como una exigencia o un ataque a menos de que los padres primero revelen sus propios sentimientos y necesidades: "Estamos preocupados de que tu pelo esté tan largo que te impida ver cosas, especialmente cuando vas en la bicicleta. ¿Qué te parece de un corte de pelo?".

Sin embargo, es más común que la gente hable sin estar consciente de lo que pide. "No estoy pidiendo nada" pueden decir. "Simplemente me provocó decir lo que dije".

Creo que siempre que le hablamos a otra persona, le estamos pidiendo algo de vuelta. Puede ser simplemente una conexión empática —un reconocimiento verbal o no verbal de que nuestras palabras han sido comprendidas, así como el hombre

> Mientras más claros estemos sobre lo que queremos, más posible es que lo consigamos.

del tren. O podemos estar pidiendo honestidad: queremos saber con honestidad qué reacción estimulan nuestras palabras en quien nos escucha. O podemos estar pidiendo una acción que esperamos que satisfaga nuestras necesidades. Mientras más claros estemos sobre lo que queremos de parte de otros, más probabilidad tenemos de que nuestras necesidades sean satisfechas.

Pedir un reflejo

Como ya sabemos, mensaje enviado no es mensaje recibido. Generalmente confiamos en las señales verbales que recibimos para determinar si nuestro mensaje ha sido comprendido de forma satisfactoria. Sin embargo, si no estamos seguros de que ha sido recibido como aspirábamos, necesitamos ser capaces de pedir claramente una respuesta que nos diga cómo el mensaje fue escuchado

> Para asegurarnos de que el mensaje que enviamos fue el mensaje recibido, pedimos un reflejo a nuestro escucha.

para corregir cualquier malentendido. En algunas ocasiones, una simple pregunta como "¿está claro?", es suficiente. En otras, necesitamos más que un "sí, te entendí" para confiar que hemos sido realmente comprendidos. En dichos casos, podemos pedir a los otros que reflejen en sus palabras lo que nos escucharon decir. Esto nos da la oportunidad de reformular partes de nuestro mensaje a fin de abordar cualquier discrepancia u omisión que hayamos notado en su mensaje.

Por ejemplo, una maestra se acerca a un estudiante y le dice: "Pedro, me preocupé ayer cuando revisé mi cuaderno de registro. Me gustaría estar segura que estás consciente de que tienes tareas sin entregar. ¿Puedes pasar por mi oficina después de clases?".

Pedro responde entre dientes: "Ok, ya sé" y se voltea para irse, dejando a la maestra con la inquietud de no estar segura de que su mensaje fue recibido como pretendía. Le pide un reflejo —"¿Podrías decirme lo que me escuchaste decir?"— a lo cual Pedro responde: "Usted dijo que tengo que quedarme después de clases y perderme el fútbol, porque no le gustó mi tarea". Una vez la maestra confirma su sospecha de que Pedro no escuchó el mensaje como ella quería, trata de reformularlo, pero primero se asegura de ser cuidadosa con lo próximo que dice.

Una afirmación como "no me escuchaste", "eso no fue lo que dije" o "me estás malinterpretando" puede hacer que Pedro piense que está siendo regañado. Ya que la maestra percibe que Pedro respondió con sinceridad a su petición de darle un reflejo, ella podría decir: "Muchas gracias por decirme lo que escuchaste. Ahora veo que no fui tan clara como me hubiera gustado, déjame intentarlo de nuevo".

> Expresemos apreciación cuando nuestro escucha trata de satisfacer nuestra petición de darnos un reflejo.

La primera vez que le pedimos a otros que reflejen lo que dijimos, podemos sentirnos incómodos y extraños porque esas peticiones son inusuales. Cuando hago énfasis en la importancia de nuestra habilidad para pedir un reflejo, las personas con frecuencia expresan reservas. Les preocupa recibir respuestas como "¿crees que estoy sorda?" o "déjate de tus jueguitos psicológicos conmigo". Para prevenir este tipo de respuestas, podemos explicarles a las personas con anticipación por qué algunas veces les pediremos que reflejen nuestras palabras. Nos aseguramos de que no estamos examinando su habilidad para escuchar, sino comprobando que nos expresamos con claridad. De cualquier forma, si quien nos escucha responde: "Escuché lo que dijiste, ¡no soy estúpido!" tenemos la opción de enfocarnos en los sentimientos y necesidades de quien nos escucha y preguntar —en voz alta o en silencio— "¿Te sientes molesto porque quieres respeto hacia tu capacidad de comprensión?".

> Empaticemos con el escucha que no quiere darnos un reflejo.

Pedir honestidad

Después de expresarnos abiertamente y recibir la comprensión que deseamos, con frecuencia nos sentimos ansiosos por conocer la reacción de la otra persona a lo que dijimos. Usualmente la honestidad que nos gustaría recibir toma una de tres direcciones:

- A veces nos gustaría saber cuáles sentimientos fueron estimulados por lo que dijimos y las razones para dichos sentimientos. Podemos pedir esto

> Después de que nos expresamos vulnerablemente con frecuencia queremos saber (1) lo que nuestro escucha está sintiendo;

diciendo: "Me gustaría que me digas cómo te sientes acerca de lo que dije y las razones por las cuales te sientes así".

- A veces nos gustaría saber algo sobre los pensamientos de la otra persona en relación a lo que nos escucharon decir. En este caso, es importante que especifiquemos qué pensamientos nos gustaría que compartan con nosotros. Por ejemplo,

> (2) lo que nuestra escucha está pensando; o

podemos decir: "Me gustaría que me digas si piensas que mi propuesta puede tener éxito, y si no, qué crees que puede prevenir dicho éxito", en vez de simplemente decir: "Me gustaría que me digas qué piensas sobre lo que dije". Cuando no especificamos los pensamientos que nos gustaría recibir, la otra persona puede explayarse respondiendo con pensamientos que no son los que estamos buscando.

- A veces, nos gustaría saber si la persona está dispuesta a tomar ciertas acciones que hemos recomendado. Este tipo de petición puede sonar así:

> (3) si nuestro escucha estaría dispuesto a realizar una acción específica.

"Me gustaría que me dijeras si estás dispuesta a posponer nuestra reunión una semana".

El uso de la CNV requiere que estemos conscientes de la forma específica de honestidad que queremos recibir y emitir esa petición de honestidad en un lenguaje concreto.

Hacer peticiones a un grupo

Cuando nos dirigimos a un grupo es especialmente importante estar claros sobre el tipo de comprensión y honestidad que deseamos recibir después de que nos hemos expresado. Cuando no estamos claros sobre el tipo de respuesta que deseamos, podemos iniciar conversaciones improductivas que terminan por no satisfacer las necesidades de nadie.

De vez en cuando he sido invitado a trabajar con grupos de ciudadanos preocupados por el racismo en sus comunidades. Un problema que surge con frecuencia en estos grupos es que sus reuniones son tediosas e improductivas. Esta falta de productividad resulta altamente costosa para los miembros de dichos grupos quienes invierten sus limitados recursos en cuidado infantil y transporte para poder asistir a las reuniones. Frustrados por las prolongadas discusiones que resultan en pocos avances, muchos miembros de estos grupos los abandonan, declarando que las reuniones son una pérdida de tiempo. Adicionalmente, los cambios institucionales que estos grupos luchan por conseguir no ocurren rápida ni fácilmente. Por todas estas razones cuando estos grupos se reúnen es importante que hagan buen uso de su tiempo juntos.

Yo conocía a los miembros de un grupo organizado para efectuar cambios en el sistema escolar local. Éstos tenían la creencia de que varios elementos en el sistema escolar discriminaban en contra de estudiantes por motivos de raza. Como sus reuniones eran improductivas y el grupo estaba perdiendo miembros, me invitaron a observar sus discusiones. Les sugerí que realizaran su reunión como de costumbre y que yo les haría saber si observaba algunas formas en las que la CNV pudiera ayudarlos.

Un hombre inició la discusión dirigiendo la atención del grupo hacia un artículo de periódico donde una madre de raza minoritaria relataba sus quejas y preocupaciones en torno al trato que el director daba a su hija. Una mujer respondió compartiendo otra situación que le había ocurrido a ella cuando había sido estudiante en la misma escuela. Luego, cada miembro, uno a uno relató una experiencia personal similar. Después de 20 minutos pregunté al grupo si la discusión actual estaba satisfaciendo sus necesidades. Ni una sola persona levantó la mano. "¡Esto es lo que pasa siempre en estas reuniones!" se quejó un hombre. "Tengo mejores cosas que hacer con mi tiempo que estar aquí escuchando la misma mierda de siempre".

En ese momento me dirigí al hombre que había iniciado la discusión: "¿Puede decirme qué respuesta esperaba del grupo cuando mencionó el artículo de periódico?".

"Me pareció interesante", respondió el hombre. Le expliqué que le estaba preguntando qué respuesta deseaba del grupo y no qué pensaba sobre el artículo. Lo pensó por un momento y luego respondió: "No estoy seguro de que deseaba".

Y esa es la razón por la cual, pienso yo, veinte valiosos minutos del grupo se desperdiciaron en un discurso infructuoso. Cuando nos dirigimos a un grupo sin estar claros sobre qué queremos recibir, es probable que se generen discusiones improductivas. No obstante, si al menos un miembro del grupo está consciente de la importancia de pedir claramente la respuesta que desea, dicha

> En los grupos se pierde mucho tiempo cuando los hablantes no están seguros de qué tipo de respuesta quieren recibir de sus escuchas.

persona puede extender esta consciencia al grupo. Por ejemplo cuando la persona que intervino no definió qué respuesta quería del grupo, este miembro pudo haber dicho: "No tengo claridad sobre cómo te gustaría que respondamos a tu historia. ¿Podrías decirnos qué tipo de respuesta te gustaría recibir de parte de nosotros?". Este tipo de intervenciones pueden prevenir el desperdicio de un preciado tiempo grupal.

Con frecuencia las conversaciones pueden extenderse indeseablemente, sin satisfacer las necesidades de nadie, porque no está claro si quien inició la conversación obtuvo lo que deseaba. En la India, cuando las personas han recibido la respuesta que desean en las conversaciones que han iniciado, dicen "*bas*". Esto significa: "No necesitas decir más. Estoy satisfecho y listo para pasar a lo siguiente". A pesar de que no tenemos esa palabra en nuestro idioma, podemos beneficiarnos de desarrollar y promover la "consciencia bas" en todas nuestras interacciones.

Peticiones vs exigencias

> Cuando la otra persona escucha una exigencia de parte de nosotros, ven dos opciones: someterse o rebelarse.

Nuestras peticiones pueden ser recibidas como exigencias cuando los otros piensan que serán culpados o castigados si no nos obedecen. Cuando las personas escuchan una exigencia, ven solo dos opciones: someterse o rebelarse. En cualquiera de estos dos casos, cuando la petición de quien habla es percibida como coerciva, la capacidad de responder compasivamente de quien escucha disminuye.

Mientras más hayamos culpado, castigado o instigado un sentimiento de culpa en aquellos que no han respondido a nuestras peticiones, más alta es la probabilidad de que nuestras peticiones sean escuchadas como exigencias. También pagamos el precio de que otras personas hayan usado estas tácticas sobre nuestros escuchas. Mientras más una persona haya sido culpada, castigada o instigada a sentirse culpable por no cumplir con las peticiones de otros, más probable es que arrastre ese bagaje a todas sus relaciones y

> Para saber si nos están haciendo una petición o una exigencia, observemos qué hace el hablante si no accedemos a su petición.

escuche cualquier petición como una exigencia.

Observemos dos variaciones de una misma situación. Jacobo

le dice a su amiga Juana: "Me siento solo y me gustaría que pasaras la tarde conmigo". ¿Es ésta una petición o una exigencia? La respuesta es que

> Si el hablante critica o juzga, se trata de una exigencia.

no lo sabemos hasta que observemos cómo Jacobo trata a Juana si no accede. Supongamos que ella responde: "Jacobo, estoy muy cansada. Si quieres compañía, ¿qué tal si buscas a otra persona para que te acompañe esta tarde?". Si Jacobo responde: "¡Típico de ti siempre tan egoísta!", su petición era en realidad una exigencia. En lugar de empatizar con su necesidad de descanso, la culpabilizó.

Ahora consideremos un segundo escenario:

Jacobo: Me siento solo y me gustaría que pasaras la tarde conmigo.

Juana: Jacobo, estoy muy cansada. Si quieres compañía, ¿qué tal si buscas a otra persona para que te acompañe esta tarde?

Jacobo: (se va sin pronunciar palabra).

Juana: (percibiendo que está molesto) ¿Estás molesto?

Jacobo: No.

Juana: Anda, Jacobo. Percibo que te pasa algo. ¿Qué te pasa?

Jacobo: Ya sabes lo solo que me siento. Si me quisieras de verdad, pasarías la tarde conmigo.

Nuevamente, en vez de empatizar, Jacobo interpreta que Juana no lo quiere y lo está rechazando. Mientras más interpretemos el "no" de otros como un rechazo, más probable es que nuestras peticiones se escuchen como exigencias. Esto conlleva a una profecía autorrealizada: mientras más escuchen exigencias, menos disfrutarán de estar con nosotros.

> Si el hablante instiga un sentimiento de culpa, se trata de una exigencia.

Por otra parte, sabríamos que la petición de Jacobo era una petición genuina, y no una exigencia, si su respuesta hacia Juana hubiese expresado un reconocimiento respetuoso de sus sentimientos y necesidades. Por ejemplo: "Oye, Juana ¿estás

> **Si el hablante muestra empatía hacia las necesidades de su escucha, se trata de una petición.**

cansada y necesitas descansar esta tarde?".

Podemos ayudar a que los otros confíen en que les estamos haciendo una petición y no una exigencia, cuando les indicamos que solo nos gustaría que accedan si están realmente dispuestos. Podríamos entonces preguntar: "¿Estarías dispuesto a poner la mesa?", en lugar de, "Quiero que pongas la mesa". En cualquier caso, la manera más poderosa de comunicar que estamos haciendo una petición genuina es empatizar con las personas cuando no acceden a nuestra petición.

Demostramos que estamos haciendo una petición en vez de una exigencia por la forma como respondemos cuando los otros no acceden a lo que les pedimos. Si estamos preparados para mostrar una comprensión empática ante lo que evita que alguien haga lo que le pedimos, entonces, según mi definición, hemos hecho una petición y no una exigencia. Elegir una petición en vez de una exigencia no significa que vamos a rendirnos cuando alguien dice que "no" a nuestra petición. Significa que no tratamos de persuadir a la persona hasta después de que hayamos empatizado con aquello que le impide decir que "sí".

Definir nuestro objetivo al hacer peticiones

Expresar peticiones genuinas requiere que tengamos consciencia sobre nuestro objetivo. Si nuestro objetivo es solamente cambiar a las personas, su comportamiento, o hacer nuestra voluntad, entonces la CNV no es una herramienta apropiada. El proceso está diseñado para quienes queremos que los otros cambien y respondan, pero solamente si eligen hacerlo de forma voluntaria y compasiva. El objetivo de la CNV es establecer una relación basada

> **Nuestro objetivo es una relación basada en la honestidad y la empatía.**

en la honestidad y la empatía. Cuando los otros confían en que nuestro compromiso principal es la calidad de la relación, y que esperamos que este proceso satisfaga las necesidades de todos, entonces ellos podrán confiar en que nuestras peticiones son genuinas y no exigencias camuflageadas.

Mantener la consciencia de este objetivo, es especialmente difícil para padres, maestros, gerentes y otros cuyo trabajo se centra en influenciar personas y obtener resultados de comportamiento. Una madre regresó a un taller después del receso del almuerzo y expresó: "Marshall, fui a casa y lo probé. No funciona". Le pedí que describiera lo que había hecho.

Ella explicó: "Fui a casa y expresé mis sentimientos y necesidades, tal como lo practicamos. No hice ninguna crítica, ni emití juicios acerca de mi hijo. Solo le dije: 'Oye, cuando veo que no has hecho el trabajo que dijiste que harías, me siento muy decepcionada. Quería volver a casa y encontrar la casa en orden y las tareas terminadas'. Después le hice una petición: le dije que quería que limpiara inmediatamente".

"Según escucho, expresaste claramente todos los componentes", comenté. "¿Qué pasó después?".

"No hizo lo que le pedí", respondió ella.

"Y entonces ¿qué hiciste?", le pregunté.

"Le dije que no podía pasarse la vida siendo un flojo irresponsable".

En ese instante pude ver que esta mujer no era aún capaz de distinguir entre expresar peticiones y exigencias. Ella estaba definiendo el éxito de su proceso según su hijo cumpliera con sus "peticiones". Durante las fases iniciales de aprendizaje de este proceso, podemos encontrarnos aplicando los componentes de la CNV de forma mecánica, sin consciencia de su propósito más profundo.

A veces, incluso cuando somos conscientes de nuestra intención y expresamos nuestra petición con cuidado, las personas pueden seguir escuchando una exigencia.

Una vez, el administrador de una escuela secundaria me invitó a mostrarles a los maestros como la CNV podía ayudarlos a comunicarse con los estudiantes que no estaban cooperando como los maestros deseaban.

Me pidieron que me reuniera con cuarenta estudiantes

que habían sido catalogados como "social y emocionalmente desadaptados". Me sorprendió la forma como este tipo de etiquetas se convierten en profecías autorrealizadas. Si fueras un estudiante que hubiese sido catalogado de esta forma ¿no te darías el permiso para divertirte en la escuela resistiendo todo aquello que te pidieran?. Cuando les ponemos etiquetas a las personas, tendemos a actuar en formas que contribuyen al comportamiento que nos afecta y que sirve como confirmación de nuestro diagnóstico. Ya que estos estudiantes habían sido clasificados como "social y emocionalmente desadaptados", no me sorprendió que cuando entré al salón muchos estuvieran asomados por la ventana gritando obscenidades a sus amigos en el patio de abajo.

Comencé haciendo una petición: "Me gustaría que todos vengan y se sienten para poder decirles quién soy y lo que me gustaría que hagamos hoy". Aproximadamente la mitad de los estudiantes se acercaron. Como no tenía certeza de que todos me hubieran escuchado, repetí mi petición. Con esto, el resto de los estudiantes se acercaron, menos dos jóvenes que continuaron pegados a la ventana. Desafortunadamente para mí, eran los estudiantes más grandes de la clase.

"Disculpen", me dirigí a ellos, "¿podría alguno de ustedes decirme qué me escuchó decir?". Uno de ellos volteó la cabeza y dijo con un bufido: "Sí, dijo que teníamos que acercarnos y sentarnos". Al escucharlo, pensé para mis adentros: "Oh no, escuchó mi petición como una exigencia".

Entonces, le dije: "Señor" —he aprendido a decir siempre "señor" a cualquier hombre con bíceps de ese tamaño, especialmente si alguno de los bíceps tiene un tatuaje. "¿Podría decirme cómo le hubiera podido decir lo que quería sin que sonara a que le estaba dando órdenes?".

"¿Ah?", respondió el chico, quien estaba tan condicionado a esperar exigencias de parte de las autoridades, que no estaba acostumbrado a mi diferente enfoque. "¿Cómo podría hacerle saber lo que quiero sin que suene a que no me importa lo que usted quiere?", repetí. Dudó por un instante y luego respondió encogiendo los hombros: "No sé".

"Lo que está sucediendo entre usted y yo en este momento, es un buen ejemplo de lo que quería hablarles a ustedes hoy. Creo que las personas pueden disfrutar mucho más de sus interacciones si se dicen lo que quieren sin darle órdenes a los demás. Cuando le digo lo que quiero, no le estoy diciendo que usted tiene que hacerlo y que si no lo hace, le haré la vida difícil. No sé cómo decirle esto en una forma que usted pueda confiar". Para mi alivio, esto pareció tener sentido para los jóvenes, quienes se acercaron al resto del grupo. En ciertas situaciones, como ésta, puede tomarnos un tiempo para hacer que nuestras peticiones sean vistas claramente por lo que son.

Cuando hacemos una petición, es útil escanear nuestras mentes buscando el tipo de pensamientos que transforman automáticamente cualquier petición en exigencia:

- Él *debería* limpiar al terminar.
- Ella *tendría* que hacer lo que le pido.
- *Merezco* que me aumenten el sueldo.
- *Se justifica* que les haga quedarse hasta tarde.
- *Tengo derecho* a más tiempo libre.

Cuando enmarcamos nuestras necesidades usando estos pensamientos, tendemos a juzgar a otros cuando no hacen lo que les pedimos. Una vez tuve este tipo de pensamientos moralistas en mi cabeza cuando mi hijo menor no quería sacar la basura. Cuando nos dividimos las tareas del hogar, él estuvo de acuerdo con hacer esta tarea, sin embargo, cada día era una lucha. Cada día yo le recordaba, "ésta es tu tarea" y "todos tenemos tareas" — solo con el objetivo de que sacara la basura.

Finalmente, una noche escuché con más atención lo que él me había estado diciendo todo este tiempo, el por qué de no sacar la basura. Compuse esta canción esa noche después de nuestra discusión. Una vez mi hijo sintió que yo empatizaba con su posición, empezó a sacar la basura sin que yo se lo recordara.

Si entiendo claramente
que no vienes con intenciones de exigirme

responderé cuando me llames.
Pero si te apareces
con pretensiones de gran jefe
sentirás que te estrellas con una pared.
Y si me recuerdas piadosamente
todo lo que has hecho por mí,
mejor prepárate para un segundo golpe
Y por más que grites, escupas,
te quejes, refunfuñes y hagas un berrinche
no sacaré la basura.
Y aunque cambies tu estilo
va a tomarme un tiempito
que olvide y perdone
Porque creo que tú
no me viste como un ser humano
sino hasta que cumplí con todos tus estándares.

—"Canción de Brett" de Marshall Rosenberg

Resumen

El cuarto componente de la CNV aborda la pregunta: *¿qué queremos pedir para enriquecer nuestras vidas?*.

Al hacerlo, evitamos el lenguaje vago, abstracto, o la formulación ambigua de frases y recordamos el uso de lenguaje de acción positiva expresando lo que *sí* pedimos en vez de lo que *no* pedimos.

Al hablar, mientras más claros seamos acerca de lo que queremos recibir, más probabilidades tendremos de conseguirlo. Como mensaje enviado no es siempre mensaje recibido, necesitamos aprender a averiguar si nuestro mensaje ha sido escuchado correctamente. Especialmente si nos expresamos frente a un grupo, necesitamos tener claridad sobre la naturaleza de la respuesta que deseamos. De lo contrario, podemos estar iniciando una serie de conversaciones improductivas que desperdicien tiempo considerable para el resto del grupo.

Las peticiones son recibidas como exigencias cuando quienes nos escuchan creen que serán culpados o castigados si no acceden a realizarlas. Podemos ayudar a otros a confiar en que estamos haciendo peticiones, y no exigencias, cuando les indicamos nuestro deseo de que solamente accedan a nuestras peticiones si están genuinamente dispuestos a hacerlo. El objetivo de la CNV no es cambiar a las personas, ni su comportamiento, ni salirnos con la nuestra. Su objetivo es establecer relaciones basadas en la honestidad y la empatía, lo cual eventualmente satisfacerá las necesidades de todos.

La CNV en acción

"Compartirle nuestros miedos a un mejor amigo sobre su hábito de fumar"

Jorge y Beto han sido mejores amigos desde hace treinta años. Jorge no fuma y ha hecho todo lo posible por persuadir a Beto de dejar el hábito de fumar dos cajetillas de cigarrillos al día. En el pasado, cuando Jorge trataba de hacer que Beto dejara de fumar, éste lo acusaba de haberlo juzgado.

Jorge, consciente que la tos de su amigo había aumentado severamente durante el último año, explotó un día con toda la vida y energía que encerraba su ira y miedo no expresados.

Jorge: Beto, sé que hemos hablado muchas veces de esto, pero escúchame. ¡Tengo miedo de que te maten tus malditos cigarrillos! Eres mi mejor amigo y quiero que vivas el mayor tiempo posible. Por favor, no pienses que te estoy juzgando. No lo estoy haciendo. Solo estoy realmente preocupado.

Beto: No, escucho tu preocupación. Hemos sido amigos durante mucho tiempo...

Jorge: ¿Estarías dispuesto a dejar el cigarrillo?

Beto: Ya quisiera yo.

Jorge: (tratando de intuir los sentimientos y necesidades que *impiden que Beto acceda a su petición*) ¿Tienes miedo de intentarlo porque no quieres fallar?

Beto: Sí..., sabes cuántas veces lo he intentado... Sé que la gente piensa menos de mí por no poder dejarlo.

Jorge: (*imaginando lo que Beto podría querer pedir*) No pienso menos de ti. Incluso si lo intentaras y fallaras de nuevo, no lo pensaría. Solo me gustaría que lo intentaras.

Beto: Gracias. Pero no eres el único... Son todos: puedo verlo en sus ojos —piensan que soy un fracasado.

Jorge: (*Empatizando con los sentimientos de Beto*) ¿Te agobia preocuparte por lo que piensen los demás cuando ya dejar el cigarrillo es bastante difícil?

Beto: En serio, odio la idea de ser un adicto, de que hay algo que no puedo controlar.

Jorge: (*Los ojos de ambos se encuentran; Jorge asiente. Su interés y atención por los sentimientos y necesidades profundas de Beto se revelan a través de sus ojos y en el silencio que le sigue*).

Beto: De hecho, ya ni me gusta fumar. Me miran como si fuera un paria cuando lo hago en público. Me da vergüenza.

Jorge: (*continúa empatizando*) Escucho que realmente te gustaría dejarlo, pero que tienes miedo de fracasar —y que tiene un impacto sobre tu imagen personal y tu confianza en ti mismo.

Beto: Sí, supongo que es eso... Sabes, no creo que haya hablado sobre esto antes. Por lo general, cuando la gente me dice que deje el cigarrillo, les digo que me dejen en paz. Me gustaría dejarlo, pero no quiero toda esa presión de parte de la gente.

Jorge: Yo no quisiera presionarte. No sé si puedo darte confianza sobre tus miedos de fracasar, pero estoy seguro de que me gustaría apoyarte de cualquier forma que pueda. Claro..., si tú quieres que te ayude.

Beto: Sí quiero. Me siento muy conmovido por tu preocupación y disposición. Pero... supongo que no estoy listo aún para intentarlo. ¿Eso también está bien para ti?

Jorge: Por supuesto, Beto. Te voy a querer exactamente igual. Solo quiero poder disfrutar de tu amistad por mucho tiempo más.

Ya que la petición de Jorge fue una petición genuina, y no una exigencia, él mantuvo la consciencia de su compromiso hacia la calidad de la relación, independientemente de la respuesta de Beto. Jorge expresó su consciencia y su respeto por la necesidad de autonomía de Beto a través de sus palabras, "te voy a querer exactamente igual" y expresó simultáneamente su necesidad "quiero poder disfrutar de tu amistad por mucho tiempo más".

Beto: Bueno, tal vez voy a intentarlo de nuevo... pero no se lo cuentes a nadie ¿OK?

Jorge: Claro, tú decides cuando estés listo. No se lo mencionaré a nadie.

Ejercicio 4

Expresar Peticiones

Para revisar si estamos de acuerdo acerca de la expresión clara de peticiones, por favor marca con un círculo el número de la frase donde el hablante expresa claramente una acción específica a realizar.

1. "Quiero que me entiendas".

2. "Quiero que me digas una cosa que hice que apreciaste".

3. "Quiero que sientas más confianza en ti misma".

4. "Quiero que dejes de tomar".

5. "Quiero que me dejes ser yo misma".

6. "Quiero que seas honesto conmigo acerca de la reunión de ayer".

7. "Me gustaría que conduzcas en el límite o por debajo del límite de velocidad".

8. "Me gustaría conocerte mejor".

9. "Me gustaría que muestres respeto por mi privacidad".

10. "Me gustaría que prepares la cena con más frecuencia".

Aquí están mis respuestas para el ejercicio 4:

1. Si marcaste este número, no estamos de acuerdo. Para mí, la palabra *"entender"* no expresa con claridad una petición de acción específica. Una petición para una acción específica podría ser: "Quiero que me digas lo que me escuchaste decir".

2. Si marcaste este número estamos de acuerdo con que quien habla expresó con claridad una petición específica y de acción positiva.

3. Si marcaste este número, no estamos de acuerdo. Para mí, las palabras "*sentir más confianza*" no expresan con claridad una petición de acción específica. Una petición de acción específica podría ser: "Me gustaría que hagas una capacitación en asertividad, creo que eso te ayudaría a aumentar tu confianza en ti misma".

4. Si marcaste este número, no estamos de acuerdo. Para mí, las palabras *dejar de tomar* no expresan lo que el hablante desea, sino lo que no desea. Una petición de acción específica podría ser: "Quiero que me digas qué necesidades estás satisfaciendo al tomar y que hablemos sobre otras formas de satisfacer esas necesidades".

5. Si marcaste este número, no estamos de acuerdo. Para mí, las palabras "*dejarme ser yo misma*" no expresan una petición de acción específica. Una petición de acción específica podría ser: "Quiero que me digas que no te irás de esta relación — incluso si hago cosas que no te gustan".

6. Si marcaste este número, no estamos de acuerdo. Para mí, las palabras *ser honesto conmigo* no expresan una petición de acción específica. Una petición de acción específica podría ser: "Quiero que me digas cómo te sientes acerca de lo que hice y que te gustaría que haga diferente".

7. Si marcaste este número estamos de acuerdo con que quien habla expresó con claridad una petición de acción específica.

8. Si marcaste este número, no estamos de acuerdo. Para mí, las palabras *conocerte mejor* no expresan una petición de acción específica. Una petición de acción específica podría ser: "Quiero que me digas si estarías dispuesta a encontrarnos para almorzar una vez a la semana".

9. Si marcaste este número, no estamos de acuerdo. Para mí, las palabras *mostrar respeto por mi privacidad* no expresan una petición de acción específica. Una petición de acción específica podría ser: "Me gustaría que estuvieras de acuerdo con tocar la puerta antes de entrar a mi oficina".

10. Si marcaste este número, no estamos de acuerdo. Para mí, las palabras *con más frecuencia* no expresan una petición de acción específica. Una petición de acción específica podría ser: "Me gustaría saber si estás dispuesto a preparar la cena todos los lunes".

Recibir con empatía

Los cuatro capítulos anteriores describieron los componentes de la CNV: lo que observamos, sentimos, necesitamos y lo que nos gustaría pedir para enriquecer nuestra vida. Ahora, nos dirigiremos de la autoexpresión de estos cuatro componentes a la escucha de lo que otros están observando, sintiendo, necesitando y pidiendo. Denominamos la siguiente parte del proceso de comunicación: *recibir con empatía.*

> **Las dos partes de la CNV:**
> **1. Expresar con honestidad**
> **2. Recibir con empatía**

La presencia: No te limites a hacer algo, quédate presente

La empatía es una comprensión respetuosa de lo que otros están experimentando. El filósofo chino Chuang-Tzu declaró que la verdadera empatía requiere escuchar con todo nuestro ser: "La escucha con los oídos es una cosa. La escucha con el entendimiento es otra. Pero la escucha con el espíritu no está

> **La empatía: vaciar nuestra mente y escuchar con todo nuestro ser.**

limitada a una facultad, ni al oído ni a la mente. Exige vaciar todas las facultades. Y cuando todas las facultades están vacías, todo el ser escucha. Hay entonces una comprensión directa de lo que está ahí frente a uno. Eso jamás podrá ser escuchado con el oído ni entendido con la mente".

La empatía con los demás ocurre solamente cuando nos hemos desprendido con éxito de todas nuestras ideas y juicios preconcebidos sobre ellos. Martin Buber, filósofo austríaco nacido en Israel, describe esta cualidad de presencia que la vida nos exige de la siguiente forma: "A pesar de todas las semejanzas, cada situación tiene, cual bebé recién nacido, un rostro nuevo que nunca hemos visto y jamás volveremos a ver. Nos exige una reacción que no podemos preparar con antelación. No exige nada del pasado. Exige presencia, responsabilidad. Te exige a ti".

La presencia que la empatía requiere no es fácil de mantener. "La capacidad de darle nuestra atención a quien sufre es rara y difícil, es casi un milagro; es un milagro", asegura la filósofa francesa Simone Weil. "Casi todos los que piensan que tienen esta capacidad, no la poseen". En vez de ofrecer empatía, tenemos la tendencia a dar consejos, tranquilizar, explicar nuestra posición o cómo nos sentimos. La empatía, por el contrario, requiere que enfoquemos toda nuestra atención en el mensaje de la otra persona. Que les demos el tiempo y el espacio que necesitan para expresarse plenamente y sentirse comprendidos. Hay un dicho budista que describe aptamente esta habilidad: "No te limites a hacer algo, quédate presente".

> Pide permiso antes de aconsejar o reconfortar a otros.

Con frecuencia es frustrante para alguien que necesita empatía que supongamos que necesita que lo tranquilicemos o que le demos consejos para "arreglar" la situación. Mi hija me dio una lección que me enseñó a, antes de dar consejos o tranquilizar a otros, cerciorarme de que eso es lo que las personas quieren. Un día, mi hija se estaba mirando en el espejo y dijo: "Soy más fea que un sapo".

Y yo le respondí: "Eres la criatura más hermosa que Dios puso sobre la tierra". Ella entonces me lanzó una mirada de irritación, exclamó "¡ay, papi!" y salió del cuarto tirando la puerta. Después, descubrí que lo que quería era empatía. En vez de haber tratado de tranquilizarla inoportunamente, le pude haber preguntado: "¿Te sientes decepcionada con tu apariencia hoy?".

Mi amiga Holley Humphrey identificó algunos comportamientos comunes que nos previenen de estar suficientemente presentes para conectar empáticamente con otros. A continuación algunos ejemplos:

- Aconsejar: "Creo que deberías..." "¿Cómo es posible que no hayas...?".
- Competir: "Eso no es nada, espera que te cuente lo que me pasó a mí".
- Educar: "Esto podría convertirse en una experiencia muy positiva para ti, si solamente...".
- Consolar: "No fue tu culpa, hiciste lo mejor que pudiste".
- Contar anécdotas: "Eso me recuerda a una vez que...".
- Cerrarse a escuchar: "Ánimo, no te sientas mal por eso".
- Conmiseración: "Ay, pobrecito".
- Interrogar: "¿Cuándo comenzó todo esto?".
- Explicar: "Te hubiese llamado pero...".
- Corregir: "No sucedió así".

En el libro *Cuando a la gente buena le pasan cosas malas* el rabino Harold Kushner describe cuán doloroso fue para él, mientras su hijo estaba muriendo, escuchar las palabras que la gente le ofrecía para hacerlo sentir mejor. Fue incluso más doloroso para él reconocer que durante veinte años ¡le había estado diciendo las mismas cosas a personas en situaciones similares!.

Creer que tenemos que "arreglar" las situaciones y hacer sentir mejor a las personas, nos impide estar presentes. Aquellos de nosotros que estamos en roles de consejeros o psicoterapéutas estamos particularmente susceptibles a esta creencia. Una vez, estaba trabajando con veintitrés profesionales de la salud mental. Les pedí que escribieran palabra por palabra cómo le responderían a un cliente que les dijera: "Estoy muy deprimido. No tengo ninguna razón para vivir". Recolecté sus respuestas y les anuncié: "Voy a leer en voz alta las respuestas que cada uno escribió. Pónganse en el rol de la persona deprimida y levanten la mano cuando una respuesta los haga sentir escuchados". De las veintitrés

> La comprensión intelectual bloquea la empatía.

respuestas que leí, solo en tres levantaron la mano. Preguntas como: "¿Cuándo comenzó todo esto?" fueron las respuestas más comunes. Estas respuestas dan la apariencia de que el profesional está obteniendo la información que necesita para diagnosticar y tratar el problema. De hecho, este tipo de comprensión intelectual de un problema bloquea la presencia que la empatía requiere. Cuando pensamos en las palabras que las personas emiten y las escuchamos para entender cómo se conectan con nuestras teorías, estamos mirando a las personas —no estamos con ellas. El ingrediente principal de la empatía es la presencia: estamos plenamente presentes con la otra persona y su experiencia. Esta calidad de presencia distingue a la empatía de la comprensión mental o de la *condolencia**. Aunque a veces elijamos condolernos con otros al sentir lo que sienten, nos ayuda estar conscientes de que cuando estamos sintiendo *con* otros, no estamos empatizando con ellos.*

*Nota de los traductores: El Dr. Rosenberg usaba una palabra en inglés que no solo no tiene traducción exacta al español, sino que su uso en inglés es específico y especializado. El Dr. Rosenberg usaba la palabra en inglés "sympathy" para referirse a una necesidad humana universal que nos deja saber que no estamos solos en nuestra experiencia. Se diferencia de la empatía en que en la empatía estamos totalmente presentes con la otra persona; en otras palabras, "no estoy en casa" como decía el Dr. Rosenberg. Con lo que él llamaba en inglés "sympathy" yo siento algo — tu experiencia reverbera o tiene resonancia en mí y por eso es diferente a la empatía. Cuando yo "siento tu dolor" o "sé como te sientes" porque yo he pasado por lo mismo o por algo muy similar, eso es lo que él en inglés llamaba "sympathy". Sin embargo, en español la palabra "simpatía" tiene diferentes connotaciones que representan un reto para traducirse. No obstante, algunos colegas, formadores y formadoras certificadas, usan "simpatía" en el sentido de "sympathy" en inglés. Para evitar mayor confusión, aquí lo hemos traducido como "condolencia" en el sentido de "dolor con", tomando en cuenta los diferentes usos existentes y posibles. ~MDD y ARSLL

Escuchar sentimientos y necesidades

En la CNV, independientemente de las palabras que las personas usen para expresarse, nos enfocamos en escuchar observaciones, sentimientos, necesidades y peticiones. Imagínate que le prestaste tu auto a un vecino recién mudado que tuvo una emergencia personal. Cuando tu familia se entera, reaccionan con intensidad: "Eres un tonto por haber confiado en un completo extraño". Puedes usar los componentes de la CNV para sintonizarte

con los sentimientos y necesidades
de dichos familiares en vez de (1)
culparte a ti mismo tomándote el
mensaje personalmente, o (2) culpar
y juzgarlos a ellos.

> Sin importar lo que digan los demás, solo escuchamos lo que (1) observan, (2) sienten (3) necesitan y (4) piden.

En esta situación, lo que la familia
está observando y a lo que está reaccionando es obvio: que le
hayas prestado el carro a una persona relativamente desconocida.
En otras situaciones puede no estar tan claro. Si un colega nos
dice: "No sabes trabajar en equipo", puede que no sepamos lo
que está observando, aunque generalmente podemos adivinar el
comportamiento que pueda haber desatado dicha afirmación.

El intercambio a continuación, sucedido durante un taller,
ilustra la dificultad que tenemos para enfocarnos en los sentimientos
y necesidades de otros cuando estamos acostumbrados a asumir
la responsabilidad de sus sentimientos y a tomarnos los mensajes
personalmente. La mujer de este diálogo quería escuchar los
sentimientos y necesidades detrás de ciertas afirmaciones de
su esposo. Le sugerí que primero intuyera sus sentimientos y
necesidades y luego confirmara con él.

Afirmación del esposo: "¿De qué sirve hablar contigo? Nunca
escuchas".

Mujer: ¿Te sientes mal conmigo?

MBR: Cuando dices "conmigo" implicas que sus sentimientos
son el resultado de lo que tú hiciste. Preferiría
que dijeras: "¿No te sientes feliz porque estabas
necesitando...?" en vez de "¿No eres feliz conmigo?".
Esto pondría tu atención en lo que está sucediendo
dentro de él y disminuiría la posibilidad de que te
tomes el mensaje personalmente.

Mujer: ¿Pero entonces que digo?:
"¿Te sientes mal porque tú...?
¿Porque tú qué?".

> Escuchemos lo que las personas necesitan en lugar de lo que piensan.

MBR: El contenido del mensaje de
tu esposo te da una pista:

"¿De qué sirve hablar contigo? Nunca escuchas". ¿Qué crees que está necesitando y no recibiendo tu esposo cuando dice eso?.

Mujer: (*tratando de empatizar con las necesidades expresadas a través del mensaje de su esposo*) ¿Te sientes mal porque sientes que no te comprendo?

MBR: Nota que te estás enfocando en lo que él está pensando y no en lo que él está necesitando. Creo que notarás que las personas son menos amenazantes si escuchas lo que necesitan en vez de lo que piensan sobre ti. En vez de escuchar que no está feliz porque piensa que tú no lo escuchas, enfócate en lo que él está necesitando, diciendo: "Te sientes mal porque necesitas...".

Mujer: (*intentándolo de nuevo*) ¿Te sientes mal porque necesitas ser escuchado?.

MBR: Eso es lo que tenía en mente. ¿Es diferente para ti escucharlo de esta forma?.

Mujer: Totalmente —es muy diferente. Ahora veo lo que le sucede sin escuchar que yo hice algo mal.

Parafrasear

Después de que enfocamos nuestra atención en escuchar lo que otros observan, sienten, necesitan y piden para enriquecer sus vidas, puede que deseemos ofrecerles un reflejo parafraseando lo que hemos entendido. En el capítulo anterior vimos cómo pedir un reflejo; ahora veremos cómo ofrecerlo a otros.

Si hemos recibido correctamente el mensaje de la otra persona, nuestro parafraseo va a confirmárselo. Si por el contrario, nuestro parafraseo es incorrecto, le damos a la otra persona la oportunidad de corregirnos. Otra de las ventajas de ofrecer un reflejo, es que le da a la otra persona tiempo para reflexionar sobre lo que ha dicho y le ofrece una oportunidad de profundizar en sí misma.

La CNV sugiere que parafraseemos en forma de pregunta, a fin de revelar que hemos entendido y de obtener de el hablante cualquier corrección que considere necesaria. Las preguntas pueden enfocarse en estos componentes:

1. Lo que otros observan: "¿Estás reaccionando al número de noches que estuve ausente durante la semana pasada?"

2. Lo que los otros sienten y las necesidades que generan dichos sentimientos: "¿Te sientes dolido porque te gustaría recibir más apreciación por tus esfuerzos de la que recibiste?"

3. Lo que los otros están pidiendo: "¿Quieres que te diga mis razones para decir lo que dije?"

Estas preguntas requieren que sintamos lo que está sucediendo en los otros, y los invita a que nos corrijan si no hemos acertado. Nota la diferencia entre las preguntas anteriores y las preguntas a continuación:

1. "¿Qué hice, a qué te refieres?"

2. "¿Cómo te sientes?", "¿Por qué te sientes así?"

3. "¿Qué quieres que yo haga al respecto?"

Esta segunda serie de preguntas pide información sin primero sentir la realidad del interlocutor. Aunque parecieran ser la forma más directa de conectar con lo que está sucediendo en la otra persona, he descubierto que preguntas como éstas no son la ruta más segura para obtener la información que buscamos. Muchas de estas preguntas pueden dar a nuestro interlocutor la impresión de que somos profesores haciendo un examen o psicoterapéutas resolviendo un caso. Si de todas formas decidiéramos pedirles información de esta manera, he descubierto que las personas se sienten más seguras cuando les revelamos nuestros sentimientos

> Cuando pidamos información, expresemos primero nuestros sentimientos y necesidades.

y necesidades antes de hacerles preguntas. Entonces, en vez de preguntarle a alguien: "¿Qué hice?", podemos decir, "Me siento frustrada porque me gustaría tener más claridad sobre a qué te refieres. ¿Estarías dispuesta a decirme qué hice que te lleva a percibirme de esta forma?". Aunque este paso no sea necesario —o no ayude— en situaciones en las que nuestros sentimientos y necesidades se transmiten claramente por el contexto o el tono de voz, recomiendo particularmente este paso en momentos en los que las preguntas que hacemos están acompañadas de emociones fuertes.

¿Cómo determinamos si la ocasión amerita que reflejemos el mensaje de nuestro interlocutor? Si no estamos seguros de haber entendido el mensaje correctamente, podemos parafrasearlo para elicitar una corrección a nuestra suposición. Incluso, si estamos seguros de haber entendido, podemos percibir que el otro quiere confirmar que su mensaje fue recibido correctamente. Puede que el otro exprese este deseo abiertamente preguntando: "¿Está claro lo que dije?" o "¿Entiendes lo que digo?". En dichos momentos, escuchar un parafraseo claro puede dar más tranquilidad al interlocutor que simplemente escuchar: "Sí, entiendo".

Por ejemplo, al poco tiempo de participar en una formación de CNV, a una voluntaria en un hospital le pidieron que hablara con una paciente anciana: "Le hemos dicho a esta mujer que no está tan enferma como piensa y que se sentiría mejor si tomara su medicina, pero lo único que hace es quedarse sentada en su cuarto repitiendo todo el día: 'Me quiero morir, me quiero morir'". La voluntaria se acercó a la anciana y tal como las enfermeras habían predecido, la encontró sentada, sola, susurrando: "Me quiero morir, me quiero morir".

"Así que te quieres morir" enfatizó la voluntaria. Sorprendida, la mujer detuvo su cantinela, aparentemente aliviada. La mujer empezó a contarle cómo nadie entendía cuán terrible se sentía. La voluntaria continuó reflejando los sentimientos de la mujer. Al cabo de poco tiempo, el diálogo se había vuelto tan cálido que estaban sentadas con los brazos entrelazados. Posteriormente ese día, las enfermeras le preguntaron a la voluntaria cuál era su fórmula mágica: la anciana había empezado a comer, tomaba su medicina y estaba de mejor ánimo. A pesar de que las enfermeras habían tratado de ayudarla dándole consejos y reconfortándola, no fue sino hasta que interactuó con la voluntaria que la mujer recibió lo que realmente estaba necesitando: una conexión con otro ser humano que pudiese escuchar su profunda desesperanza.

No hay lineamientos infalibles sobre cuándo parafrasear, pero como regla general, es seguro suponer que cuando nuestros interlocutores expresan mensajes con intensidad emocional, aprecian que los reflejemos. Cuando estamos hablando, podemos facilitarle la tarea a quien nos escucha, si le expresamos con claridad cuándo queremos o no queremos que nos den un reflejo.

> Reflejemos los mensajes con mucha carga emotiva.

Hay ocasiones en las que, por respeto a ciertas normas culturales, podemos elegir no reflejar verbalmente el mensaje de la otra persona. Por ejemplo, una vez un hombre chino asistió a un taller para aprender a escuchar los sentimientos y necesidades detrás de los comentarios de su padre. Dicho hombre no soportaba las críticas y los ataques que escuchaba continuamente en las palabras de su padre, por lo cual, le aterraba visitarlo y en ocasiones lo evitaba por meses. Volví a ver a este hombre diez años después y me contó como su habilidad para escuchar sentimientos y necesidades había transformado radicalmente la relación con su padre, al punto que ahora disfrutaban de una relación cercana y amorosa. A pesar de que ahora escucha los sentimientos y

> Parafraseemos solamente cuando promueva la compasión y el entendimiento.

necesidades de su padre, no parafrasea lo que escucha. "Nunca lo digo en voz alta", explica. "En nuestra cultura, hablarle directamente a una persona acerca de sus sentimientos es algo a lo que no están acostumbrados. Pero gracias a que ya no escucho lo que me dice como un ataque, sino como sus sentimientos y necesidades, nuestra relación se ha vuelto inmensamente maravillosa".

"¿Así que nunca le vas a hablar directamente a tu padre sobre sentimientos, pero te ayuda poderlos escuchar?", le pregunté.

"No, creo que ya estoy listo", respondió. "Ahora que tenemos una relación bien sólida, si yo le dijera: 'Papá, me gustaría poderte hablar directamente sobre lo que sentimos', creo que él estaría listo para escucharlo".

Cuando parafraseamos, nuestro tono de voz es muy importante. Cuando las personas se escuchan reflejadas, tienden a estar sensibles al menor indicio de crítica o sarcasmo. De igual forma, se sienten afectados negativamente ante cualquier tono declarativo que indica que les estamos diciendo lo que les pasa. Si estamos escuchando conscientemente los sentimientos y necesidades de otros, nuestro tono comunicará que les estamos preguntando si entendimos —no alegando que hemos entendido.

También necesitamos estar preparados ante la posibilidad de que la intención detrás de nuestro parafraseo sea malinterpretada. "No me vengas con esa psicología de mierda", puede que nos digan. Si esto ocurre, continuemos esforzándonos para sentir los sentimientos y necesidades de nuestro interlocutor. Tal vez veamos que, en este caso, el interlocutor no confía en nuestros motivos y necesita entender nuestras intenciones antes de poder apreciar nuestro parafraseo. Tal y como hemos visto, toda la crítica, ataques, insultos y juicios se desvanecen cuando enfocamos nuestra atención en escuchar los sentimientos y necesidades detrás de un mensaje. Mientras más practiquemos de esta forma, más seremos conscientes de una sencilla verdad: detrás de todos aquellos mensajes que hemos permitido que nos intimiden, solo hay individuos con necesidades no satisfechas acudiendo a nosotros para que contribuyamos a su bienestar. Cuando recibimos mensajes con esta consciencia, nunca nos sentimos deshumanizados por lo que otros digan de nosotros. Solo nos sentimos deshumanizados cuando nos quedamos atrapados en imágenes despectivas de otros o en pensamientos negativos sobre nosotros mismos. Como sugirió el autor y mitólogo Joseph Campbell, "'¿Qué pensarán de mí?' es una pregunta que debemos abandonar

> Detrás de un mensaje intimidante no hay más que una persona pidiendo que satisfagamos sus necesidades.

si queremos ser felices". Comenzamos a sentir esta felicidad cuando empezamos a ver los mensajes que antes experimentábamos como críticas o acusaciones, por los regalos que son: oportunidades para contribuir al bienestar de personas que sienten dolor.

> **Un mensaje difícil es una oportunidad de enriquecer la vida de alguien.**

Si nos pasa con regularidad que al parafrasear las personas no confían en nuestros motivos y sinceridad, tal vez necesitemos examinar más de cerca nuestras propias intenciones. A lo mejor estamos parafraseando y empleando los componentes de la CNV de forma mecánica sin mantener una clara intención de nuestro propósito. Podemos preguntarnos, por ejemplo, si estamos intentando más aplicar el proceso "correctamente" que conectar con el ser humano en frente de nosotros. O tal vez, a pesar de que estemos utilizando la forma de la CNV, nuestro único interés es en cambiar el comportamiento de la otra persona.

Algunas personas se resisten al parafraseo porque lo consideran una pérdida de tiempo. Un administrador municipal expresó en una sesión: "A mí me pagan por aportar hechos y soluciones, no para hacerle psicoterapia a todo el que pase por mi oficina". Sin embargo, el mismo administrador estaba siendo confrontado por ciudadanos molestos que venían a él con sus preocupaciones apasionadas y salían de su oficina insatisfechos por no haber sido escuchados. Uno de estos ciudadanos me confesó: "Cuando estás en su oficina te da un montón de datos, pero no sabes si te ha escuchado. Entonces, empiezas a desconfiar de sus datos". Parafrasear tiende a ahorrar

> **Parafrasear ahorra tiempo.**

tiempo, más que a desperdiciarlo. Estudios realizados sobre negociaciones entre empresas y sindicatos revelan que el tiempo requerido para resolver un conflicto se reduce a la mitad cuando cada negociador accede a repetir con precisión lo que dice su interlocutor antes de responderle.

Me acuerdo de un hombre que estaba inicialmente escéptico sobre el valor del parafraseo. Él y su esposa asistían a un taller de CNV en una época en la cual su matrimonio estaba pasando por serias dificultades. Durante el taller, su esposa le dijo: "Nunca me escuchas".

"Sí te escucho", respondió él.

"No, no me escuchas", alegó ella.

Entonces me dirigí al esposo diciendo: "Me temo que acaba de confirmar lo que afirmó su esposa. No le respondió en una forma que le demuestre que la está escuchando".

El esposo se quedó perplejo ante la afirmación que hice, así que le pedí permiso para representar su rol —a lo cual accedió felizmente, ya que no estaba teniendo mucho éxito. Su esposa y él tuvieron entonces el siguiente intercambio:

Esposa: "Nunca me escuchas".

MBR en el rol del esposo: "Percibo que te sientes terriblemente frustrada porque te gustaría sentir más conexión entre nosotros cuando hablamos".

La esposa se conmovió al punto de estallar en llanto cuando recibió esta confirmación de haber sido entendida. Me dirigí al esposo y le expliqué: "Creo que ésto es lo que ella le está diciendo que necesita —un reflejo de sus sentimientos y necesidades como confirmación de que ha sido escuchada". El esposo se quedó atónito. "¿Eso es todo lo que quería?" preguntó, incrédulo de que un acto tan sencillo pudiera tener un impacto tan fuerte en su esposa.

Poco tiempo después, dicho hombre disfrutó la satisfacción de primera mano de que su esposa le reflejara una afirmación de gran intensidad emocional que él acababa de hacer. Saboreando su parafraseo, me miró y declaró: "Es válido". Es una experiencia muy conmovedora recibir evidencia concreta de que alguien está empáticamente conectado con nosotros.

Sostener la empatía

Recomiendo permitirle a otros la oportunidad de expresarse plenamente antes de que enfoquemos nuestra atención en encontrar soluciones o satisfacer sus peticiones. Cuando procedemos muy rápidamente a hacer lo que la gente nos pide, puede que no transmitamos nuestro genuino interés por su sentimientos y necesidades, por el contrario, puede que tengan la impresión de que estamos apurados por deshacernos de ellos o por resolver su problema. Un mensaje inicial es con frecuencia la punta del iceberg: puede estar seguido de sentimientos relacionados, no expresados —y con frecuencia poderosos. Al mantener nuestra atención en lo que sucede para otros, les ofrecemos la oportunidad de explorar y expresar plenamente su ser interior. Detendríamos este flujo si desplazamos la atención muy rápidamente a su petición o a nuestro deseo de expresarnos.

Supongamos que una madre llega a nosotros diciendo: "Mi hijo es imposible. No importa lo que le pida, no me escucha". Podríamos reflejar sus sentimientos y necesidades diciendo: "Percibo que estás desesperada por encontrar una forma de conectar con tu hijo". Un parafraseo de este estilo puede animar a una persona a mirar hacia adentro. Si hemos reflejado correctamente su afirmación la madre puede tocar otros sentimientos: "Tal vez sea mi culpa, siempre le estoy gritando". Como escuchas, podemos mantenernos con los sentimientos y necesidades expresadas y podemos decir, por ejemplo: "¿Te sientes culpable porque te gustaría haber sido más comprensiva con él de lo que has sido algunas veces?". Si la madre siente comprensión en nuestro reflejo, puede movilizarse hacia sus sentimientos y

> Cuando sostenemos la empatía, permitimos que el otro profundice en lo que pasa en su interior.

declarar: "Soy un fracaso como madre". Continuamos atentos a los sentimientos y necesidades expresados: "¿Así que te sientes decepcionada y quieres relacionarte de forma diferente con él?". Permanecemos de esta manera hasta que la persona haya agotado todo sus sentimientos en torno a este asunto.

¿Qué evidencia tenemos de que hemos empatizado adecuadamente con la otra persona? En primer lugar, cuando la persona nota que ha recibido una comprensión empática plena hacia todo lo que le sucede por dentro ha recibido plena comprensión empática, experimentará una sensación de alivio. Podemos hacernos conscientes de este fenómeno al percibir una correspondiente liberación de tensión en nuestro propio cuerpo. Un

> **Sabemos que el otro ha recibido la empatía que necesita cuando percibimos que (1) se libera la tensión, o (2) se produce un silencio.**

segundo signo, incluso más evidente, es que la persona dejará de hablar. Si no estamos seguros de haber dedicado suficiente tiempo al proceso podemos preguntar: "¿Quieres agregar algo más?".

Cuando el dolor bloquea nuestra capacidad de empatizar

Es imposible dar algo que no tenemos. De igual forma, cuando no tenemos la capacidad o disposición de empatizar a pesar de nuestros esfuerzos, es con frecuencia señal de que estamos demasiado hambrientos de empatía como para poder ofrecerla a otros.

En algunas ocasiones, cuando admitimos abiertamente que nuestra propia aflicción nos está impidiendo responder empáticamente, la otra persona nos ofrece la empatía que necesitamos. En otras ocasiones, puede que necesitemos proveernos de una autoempatía de "primeros auxilios",

> **Necesitamos recibir empatía para dar empatía**

escuchando lo que nos está sucediendo por dentro con la misma calidad de presencia y atención que le ofrecemos a otros. El ex-secretario de las Naciones Unidas, Dag Hammarskjold, dijo en una ocasión: "Mientras más fielmente escuches la voz dentro de ti, mejor escucharas lo que sucede afuera". Si desarrollamos la habilidad de darnos empatía a nosotros mismos, con frecuencia experimentaremos en solo un par de segundos una liberación natural de energía que nos permitirá estar presentes con la otra persona. Aunque esto no ocurriese tenemos otro par de opciones.

Podemos gritar – de forma no violenta. Recuerdo en una ocasión haber pasado tres días mediando entre dos pandillas que habían estado matándose. Una pandilla se autodenominaba Los Egipcios Negros, y la otra, El Departamento de Policía de Saint Louis del Este. El marcador iba dos a uno —con un total de tres muertos en un mes. Después de tres días intensos tratando de hacer que estos grupos se escucharan y resolvieran sus diferencias, iba conduciendo a casa pensando que no quería estar en medio de un conflicto nunca más en mi vida.

Al llegar a casa, lo primero que me topé fue a mis hijos agarrados en una pelea. No tenía energía para empatizar con ellos así que grité no violentamente: "¡Oigan, siento mucho dolor. De verdad, *no* quiero lidiar con su pelea en este momento! Solo quiero un poco de paz y tranquilidad". En ese instante, mi hijo mayor que tenía nueve años en esa época, se paró en seco, me miró y me preguntó: "¿Quieres hablar al respecto?".

Pienso que cuando podemos expresar nuestro dolor de forma franca, directa y sin echar la culpa, incluso una persona angustiada puede escuchar nuestra necesidad. Por supuesto, yo no hubiera querido gritar: "¿Qué les pasa? ¿No se pueden comportar? ¡Acabo de llegar a casa después de un día muy duro!" o insinuar de alguna forma que su comportamiento estaba errado. Yo grito no violentamente centrando la atención en el dolor y mis necesidades desesperadas de ese momento.

De cualquier forma, si la otra parte está experimentando una intensidad emocional tal que no puede escucharnos ni dejarnos en paz, y no nos ha servido ni la autoempatía de emergencia ni gritar no violentamente, nuestro tercer recurso es alejarnos físicamente de la situación. Darnos el tiempo y la oportunidad de recibir la empatía que necesitamos para regresar a la conversación en un estado mental diferente.

Resumen

La empatía es una comprensión respetuosa de lo que otros están experimentando. Con frecuencia tenemos la fuerte urgencia de aconsejar, tranquilizar, explicar nuestra posición o expresar cómo nos sentimos al respecto. La empatía, sin embargo, nos llama a vaciar nuestra mente y a escuchar con todo nuestro ser.

En la CNV, no importa cuáles palabras usen los otros para expresarse, simplemente escuchamos sus observaciones, sentimientos, necesidades y peticiones. Es posible que después deseemos reflejar o parafrasear lo que hemos entendido. Permanecemos en empatía y le permitimos a los otros la oportunidad de expresarse plenamente antes de dirigir nuestra atención hacia encontrar soluciones o satisfacer peticiones.

Necesitamos empatía para dar empatía. Cuando sentimos que estamos a la defensiva necesitamos (1) Detenernos, respirar, darnos empatía; (2) Gritar no violentamente; o (3) Darnos un tiempo.

CNV en Acción

Una esposa conecta con su esposo moribundo

En esta historia, un paciente había sido recientemente diagnosticado con un estado avanzado de cáncer de pulmón. La siguiente escena ocurre en su casa e involucra al paciente, a su esposa y a una enfermera, la cual representa la última oportunidad del paciente para conectar emocionalmente con su esposa y hablar sobre su muerte antes de ser admitido en el hospital. La esposa comienza la conversación quejándose de la fisioterapéuta que formaba parte del equipo de atención médica domiciliaria que le fue asignada para el cuidado de su esposo.

Esposa: Es una pésima fisioterapéuta.

Enfermera: *(escuchando empáticamente lo que la esposa está necesitando y deseando)*¿Está molesta porque quisiera una calidad diferente de cuidado?

Esposa: No hace nada. Lo hizo dejar de caminar cuando se le aceleró el pulso.

Enfermera: *(continúa escuchando lo que la esposa siente y necesita)* ¿Desea que su esposo se mejore y teme que si la fisioterapéuta no lo presiona, él se debilite?

Esposa: *(empieza a llorar)* Sí, ¡tengo mucho miedo!

Enfermera: ¿Tiene miedo de perderlo?

Esposa: Sí, hemos estado juntos por tanto tiempo.

Enfermera: *(escuchando los sentimientos detrás del miedo)*

¿Está preocupada de cómo se va a sentir si él se muere?

Esposa: No puedo imaginar cómo voy a vivir sin él. Siempre ha estado allí para mí. Siempre.

Enfermera: ¿Se siente triste cuando piensa cómo sería la vida sin él?

Esposa: No tengo a nadie más. Él es todo lo que tengo. Mi hija ni siquiera me habla.

Enfermera: Percibo que cuando piensa en su hija, se siente frustrada porque desearía tener una relación diferente con ella.

Esposa: Sí, me gustaría, pero ella es tan egoísta. No sé ni para qué me molesté en tener hijos. ¡Para lo que me sirve en este momento!

Enfermera: Escucho que está un poco molesta y decepcionada porque le gustaría recibir más apoyo de su familia en relación a la enfermedad de su esposo.

Esposa: Sí, está tan enfermo; no sé cómo voy a salir adelante sola con esto. No tengo a nadie... Nadie con quien hablar excepto usted... en este momento. Ni siquiera él quiere hablar... ¡Mírelo! *(el esposo permanece imperturbable y en silencio).* No dice nada.

Enfermera: ¿Se siente triste, le gustaría que ustedes dos pudieran apoyarse mutuamente y sentirse más conectados?

Esposa: Sí. *(Hace una pausa y le hace una petición).* Háblele como me habla a mí.

Enfermera: *(deseando entender claramente la necesidad detrás de la petición de la esposa)* ¿Desea que su esposo sea escuchado en una forma que lo ayude a expresar lo que siente?

Esposa: Sí, sí, ¡es exactamente eso! Quiero que se sienta cómodo hablando y quiero saber qué está sintiendo.

Apoyándose en la suposición de la enfermera, la esposa tuvo la capacidad, en primer lugar, de conscientizar lo que deseaba y, en segundo lugar, de encontrar las palabras para articularlo. Este fue un momento clave: con frecuencia es difícil para las personas identificar lo que desean en una situación particular, a pesar de que puedan saber lo que no desean. Vemos aquí como una petición clara —"Háblele como me habla a mí"— es un regalo que empodera a la otra persona. La enfermera pudo entonces actuar en una forma que ella sabía que estaba en armonía con los deseos de la esposa. Eso alteró la atmósfera de la habitación, ya que ahora la enfermera y la esposa podían "trabajar juntas" de forma compasiva.

Enfermera: *(dirigiéndose al esposo)* ¿cómo se siente cuando escucha lo que su esposa ha compartido?

Esposo: ¡La amo tanto!.

Enfermera: ¿Le contenta tener la oportunidad de hablar sobre esto con ella?

Esposo: Sí, necesitamos hablar de esto.

Enfermera: ¿Estaría dispuesto a decir cómo se siente en relación al cáncer?

Esposo: *(después de un corto silencio)* No muy bien.

Las palabras *bien* y *mal* son con frecuencia usadas para describir sentimientos cuando las personas no identifican la emoción específica que están experimentando. A este paciente le ayudaría expresar sus sentimientos de forma más precisa para lograr la conexión emocional que está buscando con su esposa.

Enfermera: *(motivándolo a ser más preciso)* ¿Tiene miedo de morir?

Esposo: No, no tengo miedo *(La suposición incorrecta de la enfermera no impide que continúe el flujo del diálogo)*.

Enfermera: *(ya que el paciente no es capaz de verbalizar su experiencia interna, la enfermera continúa apoyándolo en el proceso)* ¿Siente ira de morir?

Esposo: No, no siento ira.

Enfermera: *(en este punto, después de hacer dos suposiciones incorrectas, la enfermera decide expresar sus propios sentimientos).* Bueno, ahora me siento intrigada y me gustaría saber cómo se siente. Me pregunto si usted me puede decir.

Esposo: Estoy preguntándome cómo ella va a vivir sin mí.

Enfermera: ¿Le preocupa cómo ella vaya a lidiar con su vida si usted no está?

Esposo: Sí, me preocupa que me extrañe.

Enfermera: *(ella está consciente de que los pacientes que están a punto de morir, con frecuencia se aferran a la vida porque les preocupa los que se quedan y a veces necesitan asegurarse de que sus seres queridos pueden aceptar su muerte antes de permitirse partir).* ¿Quiere saber cómo se siente su esposa cuando lo escucha decir eso?

Esposo: Sí.

En este punto la esposa se une a la conversación y gracias a la continua presencia de la enfermera, la pareja empieza a expresarse abiertamente.

En este diálogo, la esposa comenzó quejándose de la fisioterapéuta. Sin embargo, después de una serie de intercambios durante los cuales se sintió recibida con empatía, pudo determinar que lo que realmente quería era una conexión más profunda con su esposo durante este momento crítico de sus vidas.

Ejercicio 5

Recibir con empatía vs recibir sin empatía

Para ver si estamos de acuerdo en torno a la expresión verbal de la empatía, por favor marca con un círculo el número de aquella afirmación en la que la Persona B responde empáticamente a lo que dice la Persona A.

1. Persona A: ¿Cómo pude hacer algo tan estúpido?
   Persona B: Nadie es perfecto. Eres demasiado duro contigo mismo.

2. Persona A: Si es por mí, que manden a todos esos inmigrantes de vuelta para su país.
   Persona B: ¿De verdad crees que eso solucionaría algo?

3. Persona A: ¡No eres Dios!
   Persona B: ¿Estás frustrado porque te gustaría que admita que hay otras formas de interpretar este asunto?

4. Persona A: Pienso que no me valoras y que das por sentado que siempre estaré allí. Me pregunto cómo te las arreglarías sin mí.
   Persona B: ¡No es cierto! Yo sí te valoro.

5. Persona A: ¿Cómo te atreves a decir algo así?
   Persona B: ¿Te sientes dolida por lo que dije?

6. Persona A: Estoy furiosa con mi esposo. Nunca está cuando lo necesito.
   Persona B: ¿Piensas que él debería pasar más tiempo contigo del que pasa en este momento?

7. Persona A: Siento asco cuando veo lo que he engordado.
   Persona B: Tal vez salir a correr pueda ayudarte.

8. Persona A: Estoy vuelta un manojo de nervios con la planificación de la boda de mi hija. La familia de su prometido no ayuda. Todos los días cambian de opinión sobre el tipo de boda que les gustaría tener.

Persona B: ¿Te sientes nerviosa con la planificación de la boda y apreciarías que tus futuros consuegros fueran más conscientes de las complicaciones que su indecisión acarrea para ti?

9. Persona A: Cuando mis familiares llegan a casa sin avisarme, me siento invadida. Me recuerda cómo mis padres no consideraban mis necesidades y planificaban cosas para mí sin mi consentimiento.

Persona B: Sé como te sientes. Yo antes me sentía igual.

10. Persona A: Me siento decepcionada con tu desempeño. Yo quería que tu departamento duplicara su producción el mes pasado.

Persona B: Entiendo tu decepción, pero por motivos de salud tuvimos muchas ausencias de personal.

Aquí están mis respuestas para el Ejercicio 5:

1. No marqué esta afirmación con un círculo porque veo que la Persona B está reconfortando a la Persona A en lugar de recibir con empatía lo que la Persona A está expresando.

2. Veo que la Persona B está tratando de educar a la Persona A en lugar de recibir con empatía lo que la Persona A está expresando.

3. Si marcaste esta afirmación estamos de acuerdo. Veo que la Persona B está recibiendo con empatía lo que la Persona A está expresando.

4. No marqué esta afirmación con un círculo porque veo que la Persona B está en desacuerdo y a la defensiva en lugar de recibir con empatía lo que está sucediéndole a la Persona A.

5. Veo a la Persona B tomando responsabilidad por los sentimientos de la Persona A en vez de recibir empáticamente lo que le está sucediendo. Un ejemplo de respuesta empática podría ser: "¿Te sientes dolida porque te hubiese gustado que accediera a lo que me pediste?".

6. Si marcaste esta afirmación con un círculo estamos parcialmente de acuerdo. Veo que la Persona B está recibiendo los pensamientos de la Persona A. Sin embargo, pienso que nos conectamos con más profundidad cuando recibimos los sentimientos y necesidades expresadas que cuando recibimos pensamientos. Por ello, hubiese preferido que la Persona B hubiese dicho: "¿Así que te sientes furiosa porque te gustaría que él pasara más tiempo contigo del que pasa?".

7. No marqué esta afirmación con un círculo porque veo que la Persona B está aconsejando, en vez de recibir con empatía lo que está sucediéndole a la Persona A.

8. Si marcaste esta afirmación estamos de acuerdo. Veo que la Persona B está recibiendo con empatía lo que está sucediéndole a la Persona A.

9. No marqué esta afirmación con un círculo porque veo que la Persona B está suponiendo que entiende y está hablando de sus propios sentimientos en vez de recibir con empatía lo que está sucediéndole a la Persona A.

10. No marqué esta afirmación con un círculo porque veo que la Persona B empieza enfocada en los sentimientos de la Persona A pero luego sigue con una explicación.

El poder de la empatía

Empatía que sana

Carl Rogers describió el impacto de la empatía en sus receptores de la siguiente forma: "Cuando alguien realmente te escucha, sin juzgarte, sin tratar de responsabilizarse por ti, sin tratar de moldearte, ¡se siente increíble!... Cuando me han escuchado y cuando he escuchado, tengo la capacidad de percibir mi mundo de una nueva forma y seguir adelante. Cuando a uno lo escuchan, es sorprendente como elementos que aparentan ser indisolubles se vuelven solubles, como confusiones que aparentan ser irremediables se convierten en ríos de agua relativamente clara que fluye".

> La empatía nos permite percibir nuestro mundo de una forma nueva y seguir adelante.

Una de mis historias favoritas sobre la empatía proviene de la directora de una escuela innovadora. En una ocasión, esta directora volvió de almorzar y se encontró a Milena, una estudiante de primaria, abatida en una silla en su oficina esperando para verla. Al ver a Milena se sentó junto a ella, quien empezó a contarle: Sra. Anderson ¿alguna vez ha tenido una semana en la que todo lo que decía lastimaba a alguien, aunque usted en ningún momento quiso lastimar a nadie?".

"Sí", respondió la directora. "Creo que entiendo", con lo cual Milena procedió a contarle su semana. "Para ese momento", prosiguió la directora, "ya iba tarde para una reunión muy importante —aún tenía puesto mi abrigo— y me sentía ansiosa porque

> "No nos limitemos a hacer algo. . ."

tenía una sala llena de gente esperándome", así que le pregunté: "Milena, ¿qué puedo hacer por ti?". Milena se acercó, puso ambas manos sobre mis hombros, me miró directamente a los ojos y dijo con firmeza: "Sra. Anderson, no quiero que haga nada; solo quiero que escuche".

"Ésta fue una de las enseñanzas más significativas de mi vida —y mi maestra fue una niña— así que pensé: '¡Qué importa que haya una sala llena de adultos esperándome!'". Milena y yo nos pasamos a un banquito que nos daba más privacidad y nos sentamos con mi brazo sobre sus hombros, su cabeza recostada en mi pecho y su brazo alrededor de mi cintura, mientras ella habló hasta que terminó. Y sabes, no tomó tanto tiempo".

Uno de los aspectos más satisfactorios de mi trabajo es escuchar cómo las personas han usado la CNV para fortalecer su habilidad de conectar empáticamente con otros. Mi amiga Laurence, quien vive en Suiza, nos contó cuán molesta se sintió una vez que su hijo de seis años salió de la habitación furioso mientras ella le estaba hablando. Isabelle, su hija de diez años, quien la había acompañado recientemente a un taller de CNV le dijo: "Entonces estás muy molesta, mamá. Te gustaría que él te hablara cuando está molesto, en vez de salir corriendo". Laurence se quedó maravillada como, después de escuchar las palabras de Isabelle, sintió la tensión disminuir inmediatamente, y luego pudo ser más comprensiva con su hijo cuando éste volvió.

Un profesor universitario describió cuánto había cambiado la relación entre los estudiantes y el profesorado cuando varios profesores aprendieron a escuchar empáticamente y a expresarse más vulnerable y honestamente. "Los estudiantes se abrieron más y más, y nos contaron sobre problemas personales que estaban interfiriendo con sus estudios. Mientras más nos hablaban, más avanzaban en sus trabajos. Aunque este tipo de escucha nos tomó mucho tiempo, nos sentimos satisfechos de haberlo hecho. Desafortunadamente, el decano se molestó y nos dijo que no éramos consejeros y que teníamos que pasar más tiempo enseñando y menos tiempo hablando con los estudiantes".

Cuando le pregunté cómo los profesores habían respondido a

esto, el profesor respondió: "Empatizamos con las preocupaciones del decano. Escuchamos que estaba preocupado y que quería asegurarse de que no nos involucráramos en cosas que no pudiéramos manejar. También escuchamos que necesitaba asegurarse de que el tiempo que dedicábamos a conversar con los estudiantes no estaba afectando el cumplimiento de nuestras responsabilidades como profesores. El decano pareció sentirse aliviado por la forma como lo escuchamos. Continuamos hablando con los estudiantes porque vimos que mientras más los escuchábamos, mejor salían en sus estudios".

Cuando trabajamos en instituciones de estructura jerárquica, tendemos a escuchar órdenes y juicios por parte de aquellos con posición más alta en la jerarquía. Puede que empaticemos fácilmente con nuestros pares y con personas en posiciones más bajas, y que en presencia de aquellos que identificamos como "superiores" actuemos a la defensiva o

> Es más difícil empatizar con aquellos que parecen tener más poder, estatus o recursos que nosotros.

pidiendo disculpas, en vez ser empáticos. Ésta es la razón por la cual me sentí particularmente complacido cuando los profesores se acordaron de empatizar tanto con el decano como con los estudiantes.

Empatía y la capacidad de ser vulnerable

Ya que tenemos esta invitación a revelar nuestros sentimientos y necesidades más profundas, a veces puede ser un reto expresarnos usando la CNV. No obstante, la autoexpresión se vuelve más fácil después de que empatizamos con otros, porque tocamos su humanidad y nos damos cuenta de las cualidades comunes que compartimos. Mientras más nos conectemos con los sentimientos y necesidades detrás de sus palabras, menos amenazante será para nosotros abrirnos a otros. Las situaciones en las que somos más renuentes a expresar

> Mientras más empaticemos con los otros, más seguros nos sentiremos.

vulnerabilidad son con frecuencia aquellas donde queremos mantener una "imagen fuerte" por miedo a perder la autoridad o el control.

En una ocasión mostré mi vulnerabilidad ante los integrantes de una pandilla de Cleveland, admitiéndoles que me sentía dolido y que deseaba ser tratado con más respeto. "Ay, miren" remarcó uno, "se siente dolido, ¡pobrecito!", a lo cual sus amigos estallaron en risas. En este caso, hubiese podido interpretar que se estaban aprovechando de mi vulnerabilidad (Opción 2: culpar a otros) o podía empatizar con los sentimientos y necesidades detrás de su comportamiento (Opción 4: intuir los sentimientos y necesidades de los otros).

Sin embargo, si tengo la imagen de que estoy siendo humillado y de que se están aprovechando de mí, puedo sentirme demasiado herido, molesto o temeroso como para tener la capacidad de empatizar. En ese momento, necesitaría retirarme físicamente para darme empatía o pedirla de alguna fuente confiable. Después de descubrir las necesidades que habían sido tan poderosamente estimuladas en mí y de recibir una empatía adecuada, estaría listo para regresar y empatizar con la otra parte. En situaciones de dolor, recomiendo primero recibir la empatía necesaria para ir más allá de los pensamientos que ocupan nuestras cabezas y reconocer nuestras necesidades más profundas.

Cuando escuché de cerca al miembro de la pandilla que dijo: "Ay, miren, se siente dolido, ¡pobrecito!" seguido de las risas, sentí que él y sus amigos estaban molestos y no querían ser manipulados con un sentido de culpa. A lo mejor estaban reaccionando a personas de su pasado que utilizaron frases como "eso duele" para expresar desaprobación. Ya que no verifiqué con ellos en voz alta, no tengo forma de saber si mi suposición era acertada. Sin embargo, mantener mi atención allí evitó que me lo tomara personalmente o que me enojara. En vez de juzgarlos por ridiculizarme o tratarme sin respeto, me concentré en escuchar el dolor y las necesidades detrás de ese comportamiento.

"Oiga", explotó uno de ellos, "¡esto que nos ofrece es una mierda!. Suponga que llegan aquí los integrantes de otra pandilla, que están armados y nosotros no. ¿Dice que tenemos que pararnos ahí y ponernos a *hablar* con ellos? ¡Qué idiotez!".

En ese punto todos empezaron a reír otra vez, y de nuevo dirigí mi atención hacia sus sentimientos y necesidades: "¿Estás realmente harto de aprender cosas que no son relevantes en esas situaciones?".

"Sí y si usted viviera en este vecindario, sabría que todo lo que dice es una mierda".

"Tiene razón, ¡algunos de esos tipos le volarían los cesos antes de que pudiera pronunciar dos palabras!".

"¿Y ustedes necesitan confiar que quien les trate de enseñar algo comprenda los peligros que se viven aquí?". Continué escuchando de esa forma, a veces verbalizando lo que escuchaba, otras veces no. Esto continuó por cuarenta y cinco minutos, hasta que sentí un cambio: ellos sintieron que realmente los entendía. Un consejero del programa también sintió el cambio y les preguntó en voz alta: "¿Qué piensan de este hombre?".

El señor que me había estado haciendo la vida más dura respondió: "Que es el mejor instructor que hemos tenido".

Sorprendido, el consejero se volteó hacia mí y me dijo en voz baja: "¡Pero si no has dicho nada!". De hecho, había dicho mucho al demostrarles que no había nada que pudieran arrojarme que no pudiera ser traducido en sentimientos y necesidades universales humanas.

> Decimos mucho cuando escuchamos los sentimientos y necesidades de los demás.

El uso de la empatía para neutralizar el peligro

La capacidad de ofrecer empatía a personas en situaciones estresantes puede neutralizar la violencia potencial.

Una maestra de un barrio empobrecido de Saint Louis nos relató este incidente que le ocurrió una tarde después de clases en la que se quedó ayudando a un estudiante —a pesar de que le habían advertido a los maestros, que por su propia seguridad, salieran del edificio tan pronto terminaran las clases.

Un extraño entró al salón y ocurrió el siguiente intercambio:

Joven: Quítate la ropa.

Maestra: (Notando que el joven estaba temblando). Tengo la impresión de que te da mucho miedo hacer esto.

Joven: ¿No me escuchaste? ¡Quítate la ropa, maldita sea!

Maestra: Tengo la impresión de que estás muy molesto y quieres que yo haga lo que me dices.

Joven: Obvio que sí y te va a doler si no lo haces.

Maestra: Me gustaría que me dijeras si hay alguna otra forma de satisfacer tus necesidades que no involucre hacerme daño.

Joven: Dije que te quites la ropa.

Maestra: Puedo escuchar cuánto quieres que yo haga esto y a la vez quiero que sepas que estoy aterrorizada y que te agradecería mucho que te fueras sin hacerme daño.

Joven: Dame la billetera.

La maestra le entregó su billetera, con alivio de no haber sido violada. Ésta misma describió posteriormente como, a medida que empatizaba con el joven, percibía como su intención de violarla se desvanecía.

En una ocasión, un policía que estaba asistiendo a una formación de seguimiento en CNV, me saludó contándome:

Me alegra que en la última formación nos hayas puesto a practicar la empatía con gente enfadada. Justo después de nuestra sesión, fui a arrestar a una persona en un edificio de vivienda pública. Cuando salimos de su vivienda, mi carro estaba rodeado de al menos sesenta personas gritando cosas como: "¡Déjalo ir! ¡No hizo nada! ¡Ustedes los policías son una bandada de cerdos racistas!. A pesar de mi escepticismo de que la empatía funcionara en este caso, no tenía muchas otras opciones. Así que les refleje los sentimientos que escuchaba y dije cosas como: "¿Así que no confían en mis razones para arrestar a este hombre? ¿Piensan que tiene que ver con su raza?". Después de varios minutos de continuar reflejando sus sentimientos, el grupo se volvió menos hostil. Al final, me abrieron paso para llegar a mi carro.

Me gustaría ilustrar cómo una joven usó la empatía para desviar la violencia durante su guardia nocturna en un centro de desintoxicación de drogas de Toronto. Esta joven nos contó su historia durante el segundo taller de CNV al que asistió. En una ocasión, a las once de la noche, después de varias semanas de su primera formación de CNV, un hombre que evidentemente había estado consumiendo drogas, llegó de la calle y exigió una habitación. La joven empezó a explicarle que todas las habitaciones estaban ocupadas por esa noche. La joven estaba a punto de darle al hombre la dirección de otro centro de desintoxicación cuando éste la lanzó al piso. Cuenta la joven: "Lo siguiente que supe era que el hombre estaba sentado sobre mi pecho, apuntando a mi cuello con un cuchillo y gritando: '¡Puta, no me mientas! ¡Tú tienes habitaciones!'".

En ese punto, ella procedió a aplicar su entrenamiento y escuchó sus sentimientos y necesidades.

"¿Recordaste qué hacer bajo esas circunstancias?", le pregunté impresionado. "¿Qué otra opción tenía? Sabes Marshall, ¡la desesperación a veces nos convierte en buenos comunicadores!", y agregó, "ese chiste que dijiste en el taller pasado, realmente me ayudó. De hecho, creo que me salvó la vida".

"¿Qué chiste?".

> Cuando una persona está furiosa, no le digamos "pero", sino empaticemos con ella.

"¿Recuerdas cuando dijiste que nunca le digamos 'pero' a una persona furiosa? Yo estaba lista para empezar a discutir con él; estaba a punto de decirle: 'Pero no tengo ninguna habitación' cuando recordé tu chiste. Realmente me quedó sonando porque la semana anterior estaba peleando con mi mamá y ella me dijo: '¡Podría matarte cada vez que respondes *pero* a todo lo que digo!'. Imagínate, si mi propia madre estaba lo suficientemente furiosa como para matarme por usar esa palabra, ¿qué hubiera hecho este hombre? Si le hubiese dicho: '¡Pero no tengo ninguna habitación!' cuando me estaba gritando, no tengo dudas de que me hubiera degollado".

Por el contrario, tomé una respiración profunda y le dije: "Tengo la impresión de que estás realmente furioso y quieres una habitación para pasar la noche". El hombre respondió: "Puedo ser un adicto, pero por Dios, merezco respeto. Estoy cansado de que nadie me respete. Mis padres no me respetan. ¡Voy a hacer que me respeten!". Me enfoqué en sus sentimientos y necesidades y le dije: "¿Estás harto de no recibir el respeto que deseas?".

"¿Cuánto tiempo duró todo esto?", le pregunté.

"Mmm, unos treinta y cinco minutos", respondió ella.

"Debió haber sido aterrador".

"En realidad no, después de intercambiar un par de frases dejó de serlo y algo que habíamos aprendido en el taller anterior se volvió aparente. Cuando me concentré en escuchar sus sentimientos y necesidades, dejé de verlo como un monstruo. Pude ver, tal como dijiste, que las personas que parecen monstruos son simplemente

> Cuando escuchamos los sentimientos y necesidades de los demás dejamos de verlos como monstruos.

seres humanos cuyo lenguaje y comportamiento a veces nos impide ver su humanidad. Mientras más pude enfocar mi atención en sus sentimientos y necesidades, más lo vi como una persona desesperada cuyas necesidades no estaban satisfechas. Sentí confianza en que si mantenía mi atención allí, él no me haría daño. Después de que recibió la empatía que necesitaba, me soltó, guardó el cuchillo y lo ayudé a encontrar una habitación en otro centro".

Deleitado de que ella hubiera aprendido a responder empáticamente en una situación tan extrema, bromeé: "¿Y qué haces aquí? Parece que ya dominas la CNV y deberías estar más bien enseñando a otros".

"Ahora necesito que me ayudes con algo bien difícil", respondió ella.

"Casi tengo miedo de preguntar. ¿Qué puede ser más difícil que eso?".

"Ahora necesito que me ayudes con mi mamá. A pesar de toda la comprensión que obtuve sobre el fenómeno del '*pero*' ¿sabes qué pasó?, a la noche siguiente durante la cena le conté a mi madre lo que había sucedido. Ella me respondió: 'Vas a darnos un infarto a tu papá y a mí si sigues en ese trabajo. Simplemente ¡tienes que conseguirte otro!'. ¿Y sabes lo que le dije?: 'Pero madre, ¡es mi vida!'".

> Puede ser más difícil empatizar con las personas más cercanas.

No creo que exista un ejemplo más revelador para ilustrar ¡cuán difícil es responder empáticamente a los miembros de nuestra propia familia!

Empatía ante el "no" de otra persona

Debido a nuestra tendencia a escuchar el "no" y el "no quiero" de otra persona como una rechazo, es importante que podamos empatizar con este tipo de mensajes. Si nos lo tomamos personalmente, podemos sentirnos dolidos y no entender lo que le está realmente sucediendo al otro. Cuando irradiamos la luz de nuestra consciencia sobre los sentimientos y necesidades detrás del "no" de otra persona, nos volvemos conscientes de aquello que desean y que a su vez les impide responder de la forma como nos gustaría.

> Empatizar con el "no" de otra persona evita que nos tomemos las cosas de forma personal.

En un taller, le pregunté a una mujer si quería venir conmigo y con otros participantes a comer un helado en un lugar cercano. "¡No!", respondió bruscamente. El tono de su voz me llevó a interpretar su respuesta como un rechazo, hasta que me acordé de sintonizar con los sentimientos y necesidades detrás de su "no". "Tengo la impresión de que estás enfadada", le dije. "¿Es así?".

"No", respondió, "solo que no quiero que me corrijan cada vez que abro la boca".

Entonces percibí que estaba temerosa más que enfadada. Lo revisé preguntándole: "¿Tienes temor y quieres protegerte de una situación en la que puedas ser juzgada por la forma como te comunicas?".

"Sí", afirmó, "me imagino sentada en la heladería contigo y tú pendiente de cada palabra que digo".

Entonces descubrí que la forma como había estado ofreciendo retroalimentación en el taller, la había asustado. Mi empatía al escuchar su mensaje le había quitado el aguijón a su "no": escuché su deseo de evitar recibir un tipo de retroalimentación similar en público. Así que le aseguré que no evaluaría su comunicación en público y acordamos formas de darle retroalimentación que la hicieran sentir segura. Y sí, se unió al grupo para ir a comer helado.

Empatía para reavivar una conversación sin vida

Todos hemos estado en medio de una conversación sin vida. Tal vez estemos en un evento social, escuchando palabras sin sentir ninguna conexión con quien está hablando. O estamos escuchando a alguien a quien mi amigo Kelly Bryson llamaría "bla-bla-riano" —alguien que estimula en sus escuchas el miedo a una conversación interminable. La vitalidad se escapa de las conversaciones cuando perdemos la conexión con los sentimientos y necesidades de nuestro interlocutor, y con las peticiones asociadas a dichas necesidades. Este efecto es común cuando las personas hablan sin consciencia de lo que sienten, necesitan, o piden. En vez de fluir en un intercambio de energía vital con otros seres humanos, nos vemos como un basurero para sus palabras.

¿Cómo y cuándo interrumpimos una conversación muerta para traerla de vuelta a la vida? Sugiero que el mejor momento para interrumpir es cuando hayamos escuchado una palabra más de lo que deseamos escuchar. Mientras más esperemos, más difícil será ser civilizados a la hora de intervenir en la conversación. Nuestra intención al interrumpir no es robarnos el escenario, sino ayudar a nuestro interlocutor a conectarse con la energía vital detrás de sus palabras.

Logramos esto sintonizándonos con posibles sentimientos y necesidades. De esa forma, si una tía está repitiendo la historia sobre cómo hace veinte años la abandonó su esposo con sus dos hijos pequeños, podemos interrumpir diciendo: "Oye tía, parece que aún te duele mucho y que te gustaría haber recibido un trato más justo". Las personas no siempre están conscientes de que necesitan empatía. Tampoco se dan cuenta de que es más probable que reciban empatía si expresan los sentimientos y necesidades que están vivos en ellos, que si cuentan su retahíla de injusticias y sufrimientos del pasado.

> Para reavivar una conversación, interrumpamos con empatía.

Otra forma de traer una conversación de vuelta a la vida es expresar abiertamente nuestro deseo de estar más conectados y pedir información que nos ayude a establecer esa conexión. En una ocasión, durante un cóctel, me encontraba en medio de un abundante flujo de palabras que para mí no tenían vida. "Disculpen", interrumpí en el grupo de nueve personas en el que me encontraba, "me siento impaciente porque me gustaría conectar más con ustedes, pero nuestra conversación no está creando el tipo de conección que deseo. Me gustaría saber si la conversación que hemos tenido está satisfaciendo sus necesidades, y si es así, qué necesidades suyas están siendo satisfechas".

> Lo que aburre al que escucha también aburre al que habla.

Las nueve personas me miraron como si hubiera tirado una rata en el ponche. Afortunadamente, me acordé de sintonizar con los sentimientos y necesidades expresadas a través del silencio. "¿Están molestos de que haya interrumpido porque les hubiese gustado continuar con la conversación tal y como estaba?", pregunté.

Después de otro silencio, uno de los hombres contestó: "No, no estoy molesto. Estaba pensando sobre lo que preguntaste. Y no, no estaba disfrutando de la conversación, de hecho, estaba completamente aburrido".

Los hablantes prefieren que los interrumpan a que finjan que los escuchan.

En el momento, me sorprendí al escuchar su respuesta, ¡porque era quien más había estado hablando! Ahora, ya no me sorprendo: he descubierto que las conversaciones sin vida para el que escucha, son igualmente aburridas para el que habla.

Puede que te preguntes cómo hacer para reunir el valor de interrumpir a alguien en seco en medio de una frase. Una vez hice una encuesta informal con la pregunta: "Si estás usando más palabras de las que alguien quiere escuchar, ¿prefieres que finjan escucharte o que te interrumpan?". Según el puntaje de las personas que encuesté, todas menos una expresó la preferencia de ser interrumpida. Sus respuestas me dieron el valor al convencerme de que es más considerado interrumpir a las personas que fingir escucharlas. Todos queremos que nuestras palabras enriquezcan a otros, no que los sobrecarguen.

Empatía por el silencio

Uno de los mensajes con los que encontramos más dificultad para empatizar es el silencio. Esto es especialmente cierto cuando nos hemos expresado vulnerablemente y necesitamos saber cómo los otros han reaccionado ante nuestras palabras. En ocasiones, es fácil proyectar nuestros peores miedos sobre la ausencia de respuesta y nos olvidamos de conectarnos con los sentimientos y necesidades expresados a través del silencio.

En una ocasión, estaba trabajando con el personal de una empresa. Estaba hablando de algo profundamente emocional y empecé a llorar. En ese momento, levanté la mirada y recibí una respuesta del director de la empresa que no fue fácil para mí recibir:

Empaticemos con el silencio escuchando los sentimientos y necesidades que se encuentran detrás.

silencio. El director volteó el rostro, lo cual interpreté como una expresión de desagrado. Afortunadamente, me acordé de colocar mi atención sobre lo que podía estar sucediendo para él y le dije: "Por su respuesta percibo que le desagrada mi llanto y que preferiría que una persona con más control sobre sus emociones capacitara a su personal".

Si hubiese dicho que sí, yo hubiese aceptado que teníamos valores diferentes en torno a la expresión de emociones, sin sentir que me había equivocado por expresar mis emociones de la forma como lo hice. Pero en vez de decir "sí", el director respondió: "No, en absoluto. Solo estaba pensando en cuánto mi esposa desea que yo pudiese llorar". Entonces, reveló que su esposa, quien lo estaba divorciando, se había quejado de que vivir con él era como vivir con una piedra.

Durante mi práctica como psicoterapeuta, me contactaron una vez los padres de una joven de veinte años en cuidados psiquiátricos. La joven había recibido medicación, hospitalización y tratamiento de shock durante varios meses y había enmudecido tres meses antes de que sus padres me contactaran. Cuando la trajeron a mi oficina, tenía que ser asistida, ya que por sí misma, no podía moverse.

En mi oficina, se encogía en su silla, temblando, los ojos mirando al piso. Traté de conectar empáticamente con los sentimientos y necesidades expresados a través de su lenguaje no verbal diciendo: "Percibo que te sientes asustada y que te gustaría estar segura de que éste es un lugar seguro para hablar. ¿Es así?".

Ella no mostró ninguna reacción, así que expresé mis propios sentimientos diciendo: "Me siento muy preocupado por ti y me gustaría que me dijeras si hay algo que puedo hacer o decir para que te sientas más segura". Ninguna respuesta. Durante los cuarenta minutos que siguieron, continué reflejando sus sentimientos y necesidades, o expresando los míos. No había ninguna respuesta visible, ni siquiera el más mínimo reconocimiento de que estaba tratando de comunicarme con ella. Finalmente, expresé que me sentía cansado y que quería que regresara al día siguiente.

Los días que siguieron fueron como el primero. Yo continué enfocando mi atención en sus necesidades y sentimientos, algunas veces reflejando lo que yo entendía y otras veces haciéndolo en silencio. De vez en cuando, le expresaba lo que estaba sucediendo dentro de mí. Ella continuaba sentada en su silla, en silencio.

Al cuarto día, cuando aún no había respondido me acerqué y sostuve su mano. Como no sabía si mis palabras comunicaban mi preocupación, esperé que el contacto físico lo comunicara con más efectividad. Sus músculos se tensaron y ella se encogió más que de costumbre en su silla. Estaba a punto de soltar su mano cuando percibí en ella una pequeña relajación, así que continué sosteniéndola. Después de unos instantes noté en ella una progresiva relajación. Sostuve su mano por algunos minutos más mientras hablaba con ella, como en los primeros días. Continuó sin decir nada.

Cuando llegó al día siguiente, aparentaba estar más tensa que nunca, pero algo diferente sucedió: me extendió el puño volteando el rostro. Al principio me sentí confundido por el gesto, pero después percibí que tenía en su mano algo que quería entregarme. Tomando mi mano, abrí sus dedos uno a uno. En la palma de su mano tenía una nota arrugada con el siguiente mensaje: "Por favor ayúdeme a decir lo que tengo por dentro".

Me regocijé al recibir esta señal de su deseo de comunicarse. Después de animarla por una hora, finalmente expresó una frase, lenta y temerosamente. Cuando le reflejé lo que le había escuchado decir, se mostró aliviada y continuó hablando, lenta y temerosamente. Un año después me envió el siguiente extracto de su diario:

Salí del hospital, se acabaron los tratamientos de shock y la medicación fuerte. Eso fue en abril. Los tres meses anteriores están completamente borrados de mi mente, al igual que los tres años y medio antes de abril.

Dicen que después de salir del hospital, pasé por una temporada en la que no comía, no hablaba y quería estar en la cama todo el día. Y que después me refirieron a consulta con el Dr. Rosenberg. No recuerdo mucho de esos dos o tres meses, excepto que estaba en el consultorio del Dr. Rosenberg y que estaba hablando con él.

Empecé a 'despertarme' desde esa primera sesión con él. Había empezado a contarle cosas que me molestaban —cosas que jamás hubiera soñado contarle a nadie. Y recuerdo cuánto significaba eso para mí. Era tan difícil para mi hablar. Pero el Dr. Rosenberg se interesaba por mí y lo demostraba, y yo quería hablar con él. Sentí alivio la primera vez que pude decir algo. Recordaba que contaba los días, incluso las horas para mi próxima cita con él.

He aprendido que enfrentar la realidad no es del todo malo. Cada vez soy más consciente de las cosas que necesito encarar, decir y hacer por mí misma.

Me da miedo y es muy duro. Y es muy desmotivante cuando me esfuerzo un montón y aún así fracaso terriblemente. Pero la parte buena de la realidad es que he visto que incluye las cosas maravillosas también.

En el último año he aprendido cuán maravilloso puede ser compartir con otras personas. Hay una cosa especial que descubrí, y es la emoción de hablar con otras personas y que me escuchen —y que a veces hasta me entiendan.

Continúo sintiéndome maravillado con el poder sanador de la empatía. Una y otra vez, he presenciado a las personas trascender el paralizante efecto del dolor psicológico cuando han recibido suficiente

> La empatía radica en nuestra capacidad de estar presentes.

contacto con una persona que puede escucharlos empáticamente. Como escuchas, no necesitamos tener comprensión acerca de dinámicas psicológicas y ni entrenamiento en psicoterapia. Lo que es esencial es nuestra habilidad de estar presentes para lo que está realmente sucediendo adentro —presente para los sentimientos y necesidades únicas que una persona está experimentando en ese momento.

Resumen

Nuestra habilidad para ofrecer empatía puede permitirnos mostrarnos vulnerables, neutralizar la violencia potencial, escuchar la palabra "no" sin tomarla como un rechazo, revivir una conversación sin vida e incluso escuchar los sentimientos y necesidades expresados a través del silencio. Una y otra vez, las personas trascienden los efectos paralizantes del dolor psicológico cuando tienen suficiente contacto con alguien que puede escucharlos empáticamente.

Conectar compasivamente con nosotros mismos

Convirtámonos en el cambio que queremos ver en el mundo.

–Mahatma Gandhi

Ya vimos cómo la CNV puede contribuir a mejorar las relaciones entre familiares y amigos, en el trabajo y en el ámbito político. No obstante, su aplicación más crucial puede estar en la forma como nos tratamos a nosotros mismos. Cuando somos violentos internamente, es difícil que seamos genuinamente compasivos hacia los demás.

> La aplicación más importante de la CNV puede ser el desarrollo de la autocompasión.

Recordar lo especiales que somos

En la obra de teatro *Miles de payasos* de Herb Gardner, el protagonista se niega a entregar a su sobrino de doce años a las autoridades de bienestar infantil declarando: "Quiero que él sepa lo especial que es, de lo contrario, lo olvidará sin darse cuenta. Quiero que se mantenga despierto... Quiero estar seguro de que vea todas las posibilidades, hasta las inimaginables. Quiero que sepa que vale bien la pena despeinar al mundo cuando tenga la oportunidad. Y quiero que conozca la sutil, furtiva e importante razón por la cual nació ser humano y no silla".

Me preocupa que muchos de nosotros hayamos perdido la consciencia de que somos "algo especial" y de que hayamos olvidado "la sutil, furtiva e importante razón" que tanto quería el tío que su sobrino conociera. Cuando la autocrítica nos impide ver nuestra propia belleza, perdemos la conexión con la energía divina que es nuestro origen. Condicionados a vernos a nosotros mismos como objetos llenos de defectos ¿es acaso sorprendente que muchos terminemos relacionándonos violentamente con nosotros mismos?

Un área importante en la que podemos reemplazar la violencia por la compasión es en la forma como nos evaluamos regularmente a nosotros mismos. Ya que queremos que todo lo que hagamos enriquezca la vida, es crucial saber cómo evaluar eventos y condiciones de manera que nos ayuden a aprender y a, conforme pasa el tiempo, realizar elecciones que estén a nuestro servicio. Desafortunadamente, la forma como hemos sido entrenados para autoevaluarnos, con frecuencia promueve más el odio hacia nosotros mismos que el aprendizaje.

> La CNV nos sirve para auto-evaluarnos de maneras que generen crecimiento en vez de odio hacia nosotros mismos.

Evaluarnos cuando distamos de ser perfectos

En una actividad usual de mis talleres, pido a los participantes que recuerden una ocasión reciente en la que hicieron algo de lo cual se arrepienten. Después observamos cómo se hablaron a sí mismos tras haber cometido lo que en el lenguaje común denominamos: un "error". Las afirmaciones típicas fueron: "¡Qué idiotez!", "¿Cómo pudiste hacer algo tan estúpido?", "¿Qué te pasa?", "¡Siempre lo arruinas todo!", "¡Qué egoísta!".

Estas personas aprendieron a juzgarse a sí mismas en formas que implican que lo que hicieron está mal; su forma de autoflagelarse supone implícitamente que merecen sufrir por lo que han hecho. Es trágico que tantos de nosotros nos enredemos en un odio hacia nosotros mismos en vez de beneficiarnos de nuestros errores, los cuales nos muestran nuestras limitaciones y nos guían hacia el crecimiento.

Incluso cuando "aprendemos la lección" tras haber cometido un error por el cual nos juzgamos duramente, me preocupa la naturaleza de la energía que hay detrás de este cambio y aprendizaje. Me gustaría que el cambio fuera estimulado por un deseo claro de enriquecer nuestra vida o la vida de otros, y no por energías destructivas como la vergüenza o la culpa.

Si la forma como nos autoevaluamos nos lleva a sentir vergüenza y en consecuencia a cambiar nuestro comportamiento, estamos permitiendo que nuestro crecimiento y aprendizaje sea guiado por el odio hacia nosotros mismos. La vergüenza es una forma de odio hacia nosotros mismos y las acciones que tomamos en reacción a la vergüenza no son actos libres ni gozosos. Incluso cuando nuestra intención sea comportarnos con más amabilidad o sensibilidad, si las personas perciben vergüenza o culpa detrás de nuestras acciones, es probable que aprecien menos lo que hacemos que si estamos motivados puramente por el deseo de contribuir a la vida.

En nuestro idioma hay una palabra que tiene el enorme poder de generar vergüenza y culpa. Esta palabra violenta que usamos comúnmente para evaluarnos a nosotros mismos, está tan arraigada en nuestra consciencia que muchos de nosotros tendríamos dificultad para imaginar cómo sería vivir sin ella. Esta palabra es 'debería', como en la frase: "Debería haber sabido" o "No debí haber hecho eso". La mayor parte del tiempo cuando usamos esta palabra para con nosotros mismos, nos resistimos a aprender, porque 'debería' implica que no tenemos elección. Los seres humanos, cuando escuchamos cualquier tipo de exigencia, tendemos a resistirnos porque amenaza nuestra autonomía —nuestra fuerte necesidad de escoger. Tenemos esta reacción a la tiranía, incluso cuando la tiranía es interna y se expresa en la forma de un 'debería'.

> ¡Evita decirte a ti mismo: 'yo debería'!

Una expresión similar de exigencia interna ocurre en la siguiente autoevaluación: "Lo que estoy haciendo es terrible. ¡Realmente tengo que hacer algo al respecto!". Piensa por un instante en las personas que has escuchado diciendo: "Realmente debo dejar el cigarrillo" o "Realmente tengo que hacer más ejercicio". Siguen diciendo lo que "tienen que" hacer y siguen resistiendo hacerlo, porque los seres humanos no estamos hechos para ser esclavos. No estamos hechos para someternos a las imposiciones del *debería* y el *tengo que*, así vengan de afuera o de adentro de nosotros mismos. Y si nos entregamos o nos sometemos a estas exigencias, nuestras acciones provienen de una energía que está desprovista de alegría vital.

Traducir los autojuicios y las exigencias internas

Si nos comunicamos regularmente con nosotros mismos a través de juicios, culpas y exigencias internas, no es sorprendente que la visión que tenemos de nosotros mismos nos haga sentir más sillas que seres humanos. La premisa básica de la CNV es que siempre que insinuamos que alguien es malo o está haciendo las cosas mal, lo que estamos realmente diciendo es que no está actuando en armonía con nuestras necesidades. Si la persona que estamos juzgando somos nosotros mismos, lo que estamos diciendo es: "No estoy actuando en armonía con mis propias necesidades". Estoy convencido de que si aprendemos a evaluarnos en términos de cuán satisfechas están nuestras necesidades, tendremos mayores probabilidades de aprender de esa evaluación.

> Los autojuicios, al igual que todos los juicios, son expresiones trágicas de necesidades no satisfechas.

Por consiguiente, el reto es que cuando estemos haciendo algo que no enriquece nuestra vida, nos evaluemos momento a momento de una forma que nos inspire a cambiar (1) en la dirección hacia donde queremos ir y (2) desde el respeto y la compasión hacia nosotros mismos y no desde el odio, la culpa o la vergüenza.

El duelo CNV

Después de toda una vida de escolarización y socialización, es probable que sea demasiado tarde para entrenar nuestras mentes a pensar exclusivamente en términos de lo que necesitamos y valoramos momento a momento. Sin embargo, así como hemos aprendido a traducir juicios al conversar con otros, podemos entrenarnos para reconocer nuestra conversación interna de autojuicio e inmediatamente enfocar nuestra atención en las necesidades subyacentes.

Por ejemplo, si estamos reaccionando con reproches hacia algo que hicimos ("Viste, lo arruinaste todo otra vez"), podemos rápidamente detenernos y preguntarnos: "¿Qué necesidades mías no satisfechas están siendo expresadas a través de este juicio moralista?". Cuando nos conectamos con la necesidad —y pueden haber varias capas de necesidades— notaremos un cambio extraordinario en nuestro cuerpo. En vez de sentir la vergüenza, culpa o depresión que probablemente sentimos cuando nos criticamos a nosotros mismos por "haberlo arruinado todo otra vez", experimentamos otros sentimientos. Ya sea que sintamos tristeza, frustración, decepción, miedo, duelo o algún otro sentimiento, la naturaleza nos ha dotado para un propósito: el de movernos a buscar y satisfacer lo que necesitamos o valoramos. El impacto de estos sentimientos en nuestro espíritu y en nuestros cuerpos es sustancialmente diferente de la desconexión que nos trae la culpa, la vergüenza o la depresión.

El duelo en la CNV es el proceso de conectar plenamente con las necesidades insatisfechas y los sentimientos que se generan cuando distamos de ser perfectos. Es una experiencia de arrepentimiento, pero es un arrepentimiento que nos ayuda a aprender de lo que hemos hecho, sin culparnos ni odiarnos a nosotros mismos. Vemos cómo nuestro comportamiento va en contra de nuestras propias necesidades y valores y nos abrimos a los sentimientos que emergen de esta consciencia.

> El duelo en la CNV: conectar con los sentimientos y necesidades insatisfechas que fueron estimuladas por las acciones pasadas que ahora lamentamos.

Cuando nuestra consciencia está enfocada en lo que necesitamos, nos sentimos naturalmente estimulados hacia las posibilidades creativas que nos permiten satisfacer necesidades. En contraste, los juicios moralistas que usamos cuando nos culpamos, tienden a oscurecer estas posibilidades y a perpetuar un estado de autocastigo.

El autoperdón

Continuamos el proceso de duelo con el autoperdón. Dirigimos nuestra atención hacia la parte de nuestro ser que eligió actuar de la forma que condujo a la situación presente y nos preguntamos a nosotros mismos: "Cuando me comporté de la forma que ahora lamento, ¿qué necesidad estaba tratando de satisfacer?". Pienso que los seres humanos siempre estamos actuando al servicio de necesidades y valores. Ésta es nuestra intención así la acción que realicemos satisfaga o no la necesidad, tenga un resultado que celebremos o lamentemos.

Cuando nos escuchamos empáticamente a nosotros mismos, podemos escuchar la necesidad subyacente. El autoperdón ocurre en el momento en el que establecemos esta conexión empática. En ese momento podemos reconocer cómo nuestra elección fue un intento por servir la vida, incluso cuando el proceso de duelo nos muestra que no logramos satisfacer nuestras necesidades.

> El autoperdón en la CNV: conectar con la necesidad que estábamos tratando de satisfacer cuando hicimos la acción que ahora lamentamos.

Un aspecto importante de la autocompasión es poder sostener empáticamente ambas partes de nosotros —la parte que lamenta una acción pasada y la parte que realizó la acción. El proceso de duelo y autoperdón nos libera en la dirección del aprendizaje y el crecimiento. Cuando conectamos momento a momento con nuestras necesidades, incrementamos nuestra capacidad creativa de actuar en armonía con ellas.

La lección del traje de puntos

Quiero ilustrar el proceso del duelo y el autoperdón con una anécdota personal. El día antes de un taller importante, me compré un traje veraniego gris claro para el evento. Al final del concurrido taller, me llovieron participantes a pedirme autógrafos, mi dirección y otras informaciones. Como se acercaba la hora de mi siguiente compromiso, me apresuré por atender los pedidos de los participantes, firmando y garabateando en todos los papeles que me ponían al frente. Cuando salí corriendo por la puerta, coloqué mi pluma —sin tapa— en el bolsillo de mi traje nuevo. Afuera, descubrí horrorizado que en vez de un lindo traje gris claro, ¡tenía un traje de puntos!.

Durante veinte minutos me traté de forma brutal: "¿Cómo pude ser tan descuidado? ¿Cómo pude hacer algo tan estúpido?". Acababa de arruinar mi traje recién estrenado: si en algún momento he necesitado compasión y comprensión fue en ese instante, y sin embargo, allí estaba yo respondiéndome en una forma que me hacía sentir peor que nunca.

Afortunadamente —después de veinte minutos— noté lo que estaba haciendo. Me detuve, busqué las necesidades que no estaban siendo satisfechas cuando guardé la pluma sin la tapa, y me pregunté: "¿Qué necesidades se esconden detrás de juzgarme como 'descuidado' y 'estúpido'?".

Inmediatamente, me di cuenta de que tenía la necesidad de cuidar mejor de mí mismo: hubiese querido prestar más atención a mis necesidades en aquel momento en el que me apresuré por atender las necesidades de todos los demás. Tan pronto entré en contacto con esa parte de mí mismo y me conecté con el profundo anhelo de estar más conectado y de cuidar de mis propias necesidades, cambiaron mis sentimientos. Sentí una liberación de tensión en mi cuerpo cuando se disipó la rabia, la vergüenza y la culpa que había estado alimentando. Hice plenamente el duelo del traje arruinado por la pluma sin tapa, y me abrí a los sentimientos de tristeza que emergieron junto al anhelo de cuidar mejor de mí mismo.

Después, dirigí mi atención a la necesidad que intentaba satisfacer en el momento en el que me metí la

> Somos autocompasivos cuando somos capaces de abrazar todas las partes de nosotros mismos y reconocer las necesidades y valores que expresa cada parte.

pluma sin tapa en el bolsillo. Reconocí cuánto valoro el cuidado y consideración por las necesidades de otros. Por supuesto, al prestar tanta atención a las necesidades de otros, no tomé el tiempo para prestarme la misma atención a mí mismo. Pero en vez de culpar a otros, sentí una ola de compasión hacia mí mismo en el momento en el que caí en cuenta de que apurarme y guardar la pluma sin pensar ¡surgió desde una necesidad de cuidar de otros!

Desde ese lugar de compasión, puedo sostener ambas necesidades: por una parte, responder con cuidado a las necesidades de otros, y por otra parte, estar consciente de cuidar de mis propias necesidades. Al ser consciente de ambas necesidades, puedo imaginarme otras formas de comportarme en situaciones similares y encontrar soluciones más ingeniosas que si pierdo esa consciencia en un mar de autojuicios.

¡No hagas nada que no sea jugar!

Además del proceso de duelo y de autoperdón, otro aspecto de la autocompasión que enfatizo es la energía detrás de las acciones que hacemos. Cuando recomiendo: "¡No hagas nada que no sea jugar!" algunas personas pueden pensar que soy radical, incluso que estoy loco. Yo sinceramente creo que una forma importante de autocompasión es hacer elecciones motivadas puramente por el deseo de contribuir a la vida y no por miedo, culpa, vergüenza, deber u obligación. Cuando somos conscientes del propósito de enriquecer la vida detrás de cada acción que tomamos, cuando la única energía que nos motiva es simplemente hacer la vida más maravillosa para otros y para nosotros mismos, incluso el trabajo duro tiene un elemento de juego. Igualmente, una actividad que disfrutamos realizada desde la obligación, el miedo, la culpa o la vergüenza dejará de producirnos disfrute y generará resistencia.

> Queremos tomar acciones desde el deseo de contribuir a la vida y no por miedo, culpa, vergüenza u obligación.

En el capítulo 2 consideramos reemplazar el lenguaje que

sugiere que no tenemos elección por un lenguaje que reconoce que sí la tenemos. Hace algunos años empecé a hacer un ejercicio que aumentó significativamente la alegría y la felicidad disponible en mi vida, al tiempo que disminuyó la depresión, la culpa y la vergüenza. Lo ofrezco aquí como una posible manera de profundizar en la autocompasión y de ayudarnos a vivir nuestras vidas desde el disfrute del juego, permaneciendo enraizados en una consciencia clara de la necesidad que busca enriquecer la vida detrás de cada cosa que hacemos.

Traducir los "tengo que" por "yo elijo"

Paso 1

¿Qué estás haciendo en tu vida que no vives como un juego? Escribe en un papel todas aquellas cosas que te dices que tienes que hacer. Escribe cualquier actividad que detestes pero que haces de todas formas porque percibes que no tienes elección.

La primera vez que revisé mi propia lista, tan solo de ver cuán larga era me hizo comprender que pasaba mucho tiempo sin disfrutar la vida. Noté cuántas cosas ordinarias, cotidianas, hacía por haber caído en mi propia trampa de creer que tenía que hacerlas.

El primer punto en mi lista era "Escribir reportes clínicos". Odiaba escribir esos reportes y sin embargo pasaba al menos una hora de agonía al día escribiéndolos. Mi segundo punto era "llevar los niños a la escuela".

Paso 2

Después de completar la lista, reconoce claramente que estás haciendo estas cosas porque eliges hacerlas, no porque tienes que hacerlas. Inserta palabras como "yo elijo" en frente de cada afirmación de tu lista.

Recuerdo mi propia resistencia a este paso. "Escribir reportes clínicos", insistía para mis adentros "¡no es algo que elijo hacer! Lo tengo que hacer. Soy un psicólogo clínico. Tengo que escribir esos reportes".

Paso 3

Después de admitir que elegiste hacer esa actividad particular, conéctate con la intención detrás de tu elección completando la afirmación: elijo..., porque quiero...

Al principio, me costó identificar lo que quería en relación a los reportes clínicos. Ya hace meses había caído en cuenta de que los reportes no ayudaban a mis clientes lo suficiente como para justificar el tiempo que yo me tomaba escribiéndolos, entonces ¿por qué seguía invirtiendo tanta energía en su preparación?. Finalmente, caí en cuenta de que estaba eligiendo escribir reportes solamente por los ingresos que me garantizaban. Tan pronto reconocí esto, nunca más volví a escribir otro reporte clínico. ¡No puedo expresar lo feliz que me siento solo de pensar en todos los reportes clínicos que no he escrito desde ese momento hace treinta y cinco años! Cuando conscienticé que el dinero era mi principal motivación, inmediatamente me di cuenta de que podía encontrar otras formas de cuidar de mí mismo económicamente, y que de hecho, prefería escarbar comida en la basura que escribir otro reporte clínico.

El siguiente punto en mi lista de tareas no placenteras era llevar los niños a la escuela. Cuando examiné mi razón detrás de esa tarea sentí apreciación por los beneficios que mis hijos recibían asistiendo a esa escuela. Ellos podían perfectamente ir a pie a la escuela del vecindario, sin embargo, la escuela a la que iban estaba mucho más en armonía con mis valores educativos. Continué llevándolos, pero con una energía diferente. En vez de decir: "Maldición, hoy me toca llevar a los niños", estaba consciente de mi propósito, el cual era que mis hijos recibieran la calidad de educación que yo anhelaba. Aún así, en ocasiones necesitaba repetírmelo dos o tres veces de camino a la escuela, y así redirigir mi atención hacia el propósito que mi acción estaba sirviendo.

> Con cada elección que haces, sé consciente de la necesidad que estás satisfaciendo.

Cultivar la consciencia de la energía detrás de nuestras acciones

A medida que exploramos la premisa "yo elijo..., porque yo quiero..." puede que descubramos —así como yo descubrí con la tarea de llevar los niños a la escuela— los valores importantes detrás de las elecciones que hacemos. Estoy convencido de que después de que tenemos claridad en relación a las necesidades que sirven nuestras acciones, podemos experimentar esas acciones como un juego incluso cuando vengan acompañadas de trabajo duro, retos o frustraciones.

En algunos puntos de tu lista, sin embargo, es posible que encuentres una o más de las siguientes motivaciones:

(1) DINERO

El dinero es la principal forma de recompensa extrínseca que existe en nuestra sociedad. Las elecciones que realizamos por una recompensa son costosas: nos privan de la alegría vital que surge cuando realizamos acciones basadas en la intención clara de contribuir a una necesidad humana. El dinero no es una "necesidad" tal y como lo definimos en la CNV sino una de las incontables estrategias que podemos elegir para atender necesidades.

(2) APROBACIÓN

Al igual que el dinero, la aprobación de otros es una forma extrínseca de recompensa. Nuestra cultura nos ha educado para que ansiemos la recompensa. Asistimos a escuelas que usaron motivos extrínsecos para motivarnos a estudiar; crecimos en casas donde quienes nos cuidaban nos recompensaban por ser buenos niños y buenas niñas, y nos castigaban si no lo éramos. Por esa razón, de adultos, con facilidad nos engañamos a nosotros mismos creyendo que la vida consiste de hacer cosas para recibir recompensas; nos volvemos adictos a una sonrisa, a una palmada en la espalda, a los juicios verbales de las personas de que somos una "buena persona", "buena madre" o "buen padre", "buen ciudadano", "buen trabajador", "buen amigo", y así sucesivamente. Hacemos cosas para que la gente nos quiera y evitamos hacer cosas que lleven a que las personas no nos quieran o nos castiguen.

Me parece trágico que trabajemos tan duro para comprar amor y supongamos que debemos negarnos a nosotros mismos y hacer cosas para otros a fin de que nos quieran. De hecho, cuando hacemos cosas solamente con el espíritu de enriquecer la vida, nos daremos cuenta que otros nos aprecian. Su apreciación, sin embargo, es solo un mecanismo de retroalimentación que nos confirma que nuestros esfuerzos tuvieron el efecto deseado. Recibir el reconocimiento de que hemos elegido usar nuestro poder para servir la vida y de que lo hemos logrado con éxito, nos trae la genuina alegría de celebrarnos a nosotros mismos en una forma que la aprobación de parte de otros jamás nos podrá ofrecer.

(3) ESCAPAR DE UN CASTIGO

Algunos de nosotros pagamos impuestos principalmente para evitar ser castigados. En consecuencia, es probable que hagamos ese ritual anual con un cierto grado de resistencia. Yo, sin embargo, recuerdo en mi niñez cómo mi padre y mi abuelo se sentían en torno al pago de los impuestos. Habían emigrado de Rusia a Estados Unidos y deseaban apoyar un gobierno que creían que protegía a la gente en una forma que el czar no lo hacía. Cuando se imaginaban toda la gente cuyo bienestar dependía del dinero de los impuestos, sentían genuino placer de enviar sus cheques al gobierno de los Estados Unidos.

(4) EVITAR LA VERGÜENZA

Puede que hagamos ciertas tareas solamente para evitar la vergüenza. Sabemos que si no las hacemos, terminaremos juzgándonos severamente a nosotros mismos, escuchando nuestra propia voz diciéndonos que somos malos o estúpidos. Si hacemos algo exclusivamente estimulado por la urgencia de evitar la vergüenza, generalmente terminaremos detestándolo.

(5) EVITAR LA CULPA

En otras ocasiones podemos pensar "Si no hago esto, las personas se decepcionarán de mí". Tenemos miedo de que terminaremos sintiéndonos culpables por no satisfacer las expectativas de otros sobre nosotros. Hay un mundo de diferencia entre hacer algo por otros para evitar la culpa y hacer algo desde la clara consciencia de nuestra necesidad de contribuir a la felicidad de otros seres humanos. La primera es un mundo lleno de miseria y la segunda un mundo lleno de juego.

> Sé consciente de las acciones motivadas por el deseo de dinero o aprobación, y por el miedo, la vergüenza o la culpa. Reconoce el precio que pagas por ellas.

(6) SATISFACER UN SENTIDO DE OBLIGACIÓN

Cuando utilizamos un lenguaje que niega la posibilidad de elegir (por ejemplo, palabras como *debería, tengo que, debo, no puedo, se supone que tengo que, etc.)* nuestro comportamiento surge de un vago sentido de culpa, deber u obligación. Considero que ésta es la forma personal y social más desafortunada de todas formas en las que actuamos cuando estamos desconectados de nuestras necesidades.

En el Capítulo 2, vimos cómo el concepto de *Amtssprache* le permitió a Adolf Eichmann y a sus colegas enviar a miles de personas a la muerte sin sentirse emocionalmente afectados ni personalmente responsables. Cuando hablamos un lenguaje que niega la posibilidad de elegir, nos cambiamos la vida que fluye a través de nosotros por una mentalidad de robot que nos desconecta de nuestro propio centro.

Después de examinar la lista que escribiste, puede que decidas dejar de hacer ciertas cosas en el mismo espíritu en el que yo escogí dejar de escribir reportes clínicos. Por más radical que parezca, sí es posible hacer cosas solamente desde el juego. Creo que en el grado en el que nos involucremos momento a momento con el juego de enriquecer la

> El más peligroso de los comportamientos puede consistir en hacer cosas "porque tenemos que hacerlas".

vida —motivados exclusivamente por el deseo de enriquecer la vida— a ese grado podremos ser compasivos con nosotros mismos.

Resumen

La aplicación más crucial de la CNV puede ser en la forma como nos tratamos a nosotros mismos. Cuando cometemos errores, en vez de quedarnos enredados en juicios moralistas, podemos usar el proceso de duelo y autoperdón de la CNV para mostrarnos dónde podemos crecer. Al evaluar nuestros comportamientos en términos de nuestras propias necesidades insatisfechas, el ímpetu de cambio no viene de la vergüenza, culpa, ira o depresión, sino del genuino deseo de contribuir a nuestro bienestar y al de los demás.

También necesitamos cultivar la autocompasión escogiendo conscientemente en nuestro día a día solo actuar al servicio de nuestras propias necesidades y valores, en vez de por obligación, recompensas extrínsecas, o para evitar culpa, vergüenza y castigo. Si revisamos los actos desprovistos de gozo a los que nos sometemos en este momento y los traducimos del "tengo que" al "yo elijo", viviremos nuestras vidas con más juego e integridad.

Expresar plenamente la ira

El tema de la ira nos ofrece la oportunidad única de sumergirnos más plenamente dentro de la CNV. La expresión de la ira resalta de forma contundente muchos aspectos del proceso de la CNV y por ende demuestra claramente la diferencia entre la CNV y otras formas de comunicación.

Deseo señalar que golpear, culpar, lastimar a otros —física o emocionalmente— son expresiones superficiales de lo que

Lastimar a otros es demasiado superficial.

sucede dentro de nosotros cuando estamos enfadados. Si estamos realmente enfadados, queremos disponer de una forma mucho más poderosa para expresarnos plenamente.

Entender esto es un alivio para muchos grupos con los cuales trabajo que experimentan opresión y discriminación, y desean incrementar su poder para efectuar cambios. Estos grupos se sienten incómodos cuando escuchan los términos comunicación *no violenta* o *compasiva* porque con frecuencia han sido instados a reprimir su ira, calmarse y aceptar el *status quo*. A estas personas les preocupan las propuestas que ven la ira como una cualidad no deseable que necesita ser eliminada. El proceso que estamos describiendo no nos anima a ignorar, aplastar o tragarnos la ira, sino a expresar la esencia de nuestra ira plenamente y con todo nuestro ser.

Distinguir entre estímulo y causa

El primer paso para expresar la ira en la CNV es divorciar a la otra persona de cualquier responsabilidad por nuestra ira. Nos

Nunca nos ponemos furiosos por lo que otros dicen o hacen.

liberamos de pensamientos tales como: "Él (ella o ellos) me hicieron enfadar cuando hicieron eso". Este tipo de pensamientos que culpan o castigan a la otra persona solo nos llevan a expresar nuestra ira superficialmente.

Anteriormente vimos cómo el comportamiento de otros puede ser el estímulo, mas no la causa de nuestros sentimientos. Nunca nos ponemos furiosos por lo que otra persona haya hecho. Podemos identificar el comportamiento de la otra persona como el estímulo, pero también es importante que tengamos clara la separación entre estímulo y causa.

Me gustaría ilustrar esta diferenciación con un ejemplo de mi trabajo en una cárcel sueca. Mi trabajo allí era mostrarle a los internos formas de expresar plenamente su ira en lugar de matar, golpear o violar a otros. Durante un ejercicio donde les pedía a los participantes que identificaran el estímulo de su ira, uno de los participantes escribió: "Hace tres semanas hice una solicitud a los funcionarios de la cárcel y no han respondido aún". Su premisa contenía la clara observación de un estímulo, ya que describía lo que otras personas habían hecho.

Después le pregunté cuál era la causa de su ira: "Cuando esto sucedió, te enfadaste *¿por qué?*".

"Ya te dije", exclamó. "¡Me enfadé porque ellos no respondieron a mi solicitud!". Esta persona, al igualar estímulo y causa, se había engañado a sí misma creyendo que el comportamiento de los funcionarios de la cárcel era la causa de su ira. Este hábito es fácil de adquirir en una cultura que usa la culpa como mecanismo para controlar a las personas. En dichas culturas, es importante engañar a las personas para que crean que pueden hacer *sentir* a otros de una forma determinada.

Cuando la culpa es usada como una táctica de manipulación y coerción, es útil confundir el estímulo con la causa. Como mencioné anteriormente, los niños que escuchan: "A mami y a papi les duele que saques malas notas" tienden a creer que su comportamiento es

Para motivar usando la culpa, mezcla el estímulo con la causa.

la causa del dolor de sus padres. Observamos la misma dinámica en parejas íntimas: "Me decepciona cuando no estás aquí para mi cumpleaños". Nuestro idioma facilita el uso de esta táctica de inducción de culpa.

Decimos: "Tú me haces enojar". "Me hieres cuando haces eso". "Me siento triste porque hiciste eso". Usamos nuestro lenguaje para engañarnos a nosotros mismos creyendo que nuestros sentimientos son causados por lo que los otros hacen. El primer paso en el proceso de expresar plenamente nuestra ira consiste en darnos cuenta que lo que otras personas hacen nunca es la causa de cómo nos sentimos.

> La causa de la ira está en nuestro pensamiento —en nuestros pensamientos de culpa y juicio.

Y entonces ¿cuál es la causa de la ira?. En el Capítulo 5, revisamos las cuatro opciones que tenemos cuando somos confrontados con un mensaje o un comportamiento que no nos gusta. La ira se genera cuando elegimos la segunda opción: cuando estamos enfadados, cuando buscamos las fallas —elegimos jugar a ser Dios, juzgando o culpando a la otra persona por hacer algo incorrecto y merecer un castigo. Quiero argumentar que ésta es la causa de la ira. Incluso, cuando no estamos inicialmente conscientes, la ira se origina en nuestro pensamiento.

La tercera opción descrita en el Capítulo 5 es hacer brillar la luz de la consciencia sobre nuestros sentimientos y necesidades. En vez de subirnos a la cabeza y hacer un análisis mental de lo que está mal con el otro, elegimos conectarnos con la vida dentro de nosotros. Esta energía de vida es más palpable y accesible cuando nos enfocamos en lo que necesitamos momento a momento.

Por ejemplo, si alguien llega tarde a una cita y necesitamos estar seguros de que le importamos, podemos sentirnos dolidos. Si, por el contrario, nuestra necesidad es utilizar nuestro tiempo productiva y constructivamente, podemos sentirnos frustrados. Pero si nuestra necesidad es tener media hora de silencio y quietud, podemos sentirnos contentos y agradecidos de que la persona haya llegado tarde. Esto nos demuestra que no es el comportamiento de la otra persona, sino nuestra propia necesidad lo que causa nuestro sentimiento. Cuando estamos conectados con lo que necesitamos, ya sea seguridad, productividad o silencio, estamos en conexión con nuestra energía vital. Podemos tener sentimientos fuertes, pero nunca sentimos ira. La ira es el resultado de un pensamiento alienado de la vida y desconectado de las necesidades. Nos indica que estamos en nuestra cabeza analizando y juzgando a alguien en vez de enfocarnos en las necesidades que no estamos satisfaciendo.

Además de la tercera opción que es enfocarnos en nuestras propias necesidades y sentimientos, en cualquier momento tenemos también la posibilidad de elegir irradiar la luz de la consciencia sobre los sentimientos y necesidades de la otra persona. Cuando elegimos esta cuarta opción, tampoco sentimos ira. No estamos reprimiendo la ira; la ira está simplemente ausente en cada momento que estamos plenamente presentes con los sentimientos y necesidades de la otra persona.

En su esencia, toda ira está al servicio de la vida

"Pero", me preguntan, "¿no hay acaso circunstancias en las que se justifica la ira? ¿No estamos acaso llamados a sentir 'indignación justa', por ejemplo, ante la contaminación negligente e inconsciente del ambiente?". Mi respuesta es que creo firmemente en que si apoyo la consciencia de que existe algo tal como una "acción inconsciente",

> Cuando juzgamos a otros, contribuimos a la violencia.

o una "acción consciente", o una "persona ambiciosa" o una "persona moral", estoy contribuyendo a la violencia del planeta. Creo que en vez de estar de acuerdo o en desacuerdo con lo que *son* las personas cuando matan, violan o contaminan el ambiente, estoy más al servicio de la vida cuando enfoco mi atención en lo que están necesitando.

Veo toda ira como el resultado del pensamiento alienado de la vida que provoca la violencia. En el centro de esa ira hay una necesidad no satisfecha. De esta forma, la ira puede ser valiosa si la usamos como una señal de alarma —para darnos cuenta de que tenemos una necesidad que no está siendo satisfecha y de que estamos pensando en una manera que hace improbable que podamos satisfacerla. Expresar la ira plenamente

requiere que tengamos consciencia plena de nuestra necesidad. Adicionalmente, satisfacer una necesidad requiere de energía. La ira acapara nuestra energía y la dirige hacia castigar a otros, en lugar de satisfacer nuestras necesidades. En vez de ocuparnos con la "indignación justa", recomiendo que nos conectemos empáticamente con nuestras necesidades y las necesidades de otros. Esto puede tomar una práctica extensiva, en la cual reemplazamos conscientemente, una y otra vez, la frase: "Estoy enfadado porque ellos..." por "estoy enfadado *porque necesito...*"

En una ocasión aprendí una lección importante mientras trabajaba con los estudiantes de una escuela correccional infantil de Wisconsin. En dos días consecutivos me golpearon en la nariz

en formas similares. La primera vez, recibí un codazo fuerte en la nariz mientras intervenía en una pelea entre dos estudiantes. Sentí tanta furia que lo máximo que pude hacer fue aguantarme las ganas de golpear de vuelta. (En las calles de Detroit donde crecí, me enfurecía con cosas mucho menores que un codazo en la nariz). El segundo día: misma situación, misma nariz —y por ende, más dolor físico— ¡pero ni un poco de ira!

Reflexionando a profundidad esa noche sobre la experiencia, me di cuenta de que en mi mente había fichado al primer niño como "grosero y malcriado". Yo tenía esta imagen en mi cabeza incluso antes de que su codo golpeara mi nariz, así que cuando lo hizo, no era simplemente un codo golpeando mi nariz. Era: "Niño grosero y malcriado ¿cómo se atreve?". Al día siguiente, tenía un juicio diferente para el segundo niño; lo veía como una "criatura patética". Ya que tuve la tendencia de preocuparme por este niño, a pesar de que me estaba doliendo y sangrando copiosamente la nariz, el segundo día no sentí ninguna furia. No podía haber recibido una lección más poderosa para ayudarme a ver que no es lo que la otra persona hace, sino las imágenes e interpretaciones que tengo en mi cabeza las que producen mi ira.

Estímulo vs causa: implicaciones prácticas

Yo enfatizo en la diferenciación entre causa y estímulo tanto desde el punto de vista práctico y táctico como filosófico. Me gustaría ilustrar este punto volviendo a mi diálogo con Juan, el preso sueco.

Juan: Hace tres semanas hice una solicitud a los funcionarios de la cárcel y aún no me han respondido.

MBR: Y cuando esto sucedió, te sentiste enfadado *¿por qué?*

Juan: Ya te dije ¡Me molesté porque ellos no respondieron a mi solicitud!".

MBR: Espera un momento. En vez de decir "me molesté porque ellos..." detente y conscientiza lo que te estás diciendo que te hace sentir tan enfadado.

Juan: No me estoy diciendo nada a mí mismo.

MBR: Detente, baja la velocidad y escucha lo que está sucediendo dentro de ti.

Juan: *(después de reflexionar silenciosamente)* Me estoy diciendo a mí mismo, que no tienen respeto por los seres humanos, que son un montón de burócratas fríos e insensibles a los que no les importa nada ni nadie ¡solo piensan en sí mismos! De verdad, son una banda de...

MBR: Muchas gracias, eso es suficiente. Ahora ya sabes por qué estás enfadado —es porque piensas así.

Juan: ¿Y qué tiene de malo que piense así?

MBR: No estoy diciendo que haya nada malo con que pienses así. Si yo dijera que hay algo malo contigo por pensar así, estaría pensando lo mismo de *ti*. No digo que haya nada de *malo* con juzgar a la gente, ni llamarlos burócratas insensibles ni etiquetar sus acciones como desconsideradas o egoístas. Lo que estoy diciendo es que pensar de esa forma hace que sientas mucha ira. Enfoca tu atención en tus necesidades: ¿Cuáles son tus necesidades en esta situación?

Juan: *(después de un largo silencio)* Marshall, necesito la capacitación que estoy solicitando. Si no recibo esa capacitación, estoy seguro de que voy a reincidir y parar de nuevo en la cárcel tan pronto salga.

MBR: Ahora que tu atención está en tus necesidades ¿cómo te sientes?

Juan: Asustado.

MBR: Ahora colócate en los zapatos de un funcionario de la cárcel. Si yo soy un preso, ¿tengo más probabilidades de satisfacer mis necesidades si llego diciéndote: "Oiga, realmente necesito esa capacitación y me asusta lo que puede pasarme si no la recibo"?, ¿O si me acerco a ti pensando que eres un burócrata insensible? Incluso si no digo esas palabras en voz alta, mis ojos van a revelar lo que estoy pensando. ¿De qué forma tengo más probabilidad de satisfacer mis necesidades?

> Cuando nos volvemos conscientes de nuestras necesidades, la ira da paso a sentimientos al servicio de la vida.

(Juan se queda en silencio mirando al piso)

MBR: Oye amigo, ¿qué te pasa?

Juan: No puedo hablar de eso.

Tres horas después, Juan se me acercó y me dijo: "Marshall, hubiese querido que hace dos años me hubieses enseñado lo que me enseñaste esta mañana. No hubiera tenido que matar a mi mejor amigo".

> La violencia proviene de la creencia que otras personas causan nuestro dolor y por ende merecen ser castigadas.

Toda la violencia es el resultado de que las personas se engañen a sí mismas, así como lo hizo este joven, pensando que su dolor derivaba de las otras personas y que en consecuencia esas personas merecían ser castigadas.

Una vez vi a mi hijo menor sacar una moneda de cincuenta centavos del cuarto de su hermana. Le dije: "Brett, ¿le preguntaste a tu hermana si podías tomar esa moneda?" "Yo no tomé nada", respondió. En ese punto me enfrenté a cuatro opciones: Podía llamarlo mentiroso, lo cual hubiera actuado en contra de mis necesidades ya que cualquier juicio que hagamos de otra persona disminuye la posibilidad de que satisfagamos nuestras necesidades. En ese momento, era crítico decidir dónde iba a enfocar mi atención. Si lo llamaba mentiroso, iba a apuntar en una dirección. Si pensaba que no me respetaba lo suficiente como para decirme la verdad, iba a apuntar en otra dirección. Si, por el contrario, decidía empatizar con él o expresar transparentemente lo que yo estaba sintiendo y necesitando, incrementaría potencialmente las posibilidades de satisfacer mis necesidades.

> Recordemos que tenemos cuatro opciones al escuchar un mensaje difícil:
> 1. Culparnos a nosotros mismos
> 2. Culpar a los otros
> 3. Percibir nuestros sentimientos y necesidades
> 4. Intuir los sentimientos y necesidades de los otros

La forma como expresé mi elección —la cual funcionó en esta situación— no fue tanto lo que dije, sino lo que hice. En vez de juzgarlo como mentiroso, traté de empatizar con sus sentimientos: tenía miedo y necesitaba protegerse de ser castigado. Al empatizar con él, tuve la oportunidad de hacer una conexión emocional a partir de la cual ambos pudimos satisfacer nuestras necesidades. Sin embargo, si me hubiera acercado a él con la convicción de que estaba mintiendo —incluso si no lo hubiese dicho en voz alta— es menos probable que él se hubiese sentido seguro como para decirme la verdad de lo que había sucedido. Yo hubiera pasado a ser parte del proceso: a través del acto de juzgar a otra persona como mentirosa, hubiese contribuido a satisfacer una profecía autocumplida. ¿Por qué querrían las personas decir la verdad si van a ser juzgados y castigados por decirla?

Quiero señalar que cuando nuestras cabezas están llenas de juicios y análisis de que los otros son malos, ambiciosos, irresponsables, mentirosos, tramposos, que están contaminando el ambiente, valorando más las ganancias que la vida, o comportándose en formas que no deberían, muy pocos de ellos van a interesarse por nuestras necesidades.

> Los juicios hacia otros contribuyen a satisfacer profecías autocumplidas.

Si queremos proteger el ambiente y nos acercamos al director de una corporación diciéndole: "Usted sabe que está matando al planeta. No tiene derecho a abusar a la tierra de esta forma" hemos perjudicado severamente nuestras posibilidades de satisfacer nuestras necesidades. Es raro el ser humano que puede mantener el enfoque en nuestras necesidades cuando las expresamos a través de imágenes de lo que está mal con ellos. Por supuesto, podemos tener éxito usando dichos juicios para intimidar a las personas a satisfacer nuestras necesidades. Si se sienten tan asustados, culpables o avergonzados que cambian su comportamiento, es probable que pensemos que es posible "ganar" diciéndole a las personas todo lo que está mal con ellos.

Sin embargo, si lo vemos desde una perspectiva más amplia, nos damos cuenta que cada vez que satisfacemos necesidades de esta forma, no solo perdemos sino que contribuimos tangiblemente a incrementar la violencia en el planeta. Tal vez solucionamos un problema inmediato, pero creamos otro. Mientras más culpa y juicio escuchen las personas, más a la defensiva y más agresivos se pondrán y menos se interesarán por nuestras necesidades en el futuro. Así que incluso si satisfacemos nuestra necesidad actual, pagaremos por ello después.

Cuatro pasos para expresar la ira

Veamos de forma concreta lo que el proceso de expresar la ira plenamente requiere. El primer paso es parar y no hacer nada más que respirar. Evitamos hacer cualquier movimiento hacia culpar o castigar a la otra persona. Simplemente, nos quedamos en silencio. Después, identificamos los pensamientos que nos hacen sentirnos molestos. Por ejemplo, alguien dice algo que nos lleva a pensar que hemos sido excluidos de la conversación debido a nuestra raza. Sentimos la ira, nos detenemos y reconocemos los

Pasos para expresar la ira:
1. Detente. Respira.
2. Identifica los pensamientos que contienen juicios.
3. Conéctate con tus necesidades.
4. Expresa tus sentimientos y necesidades insatisfechas.

pensamientos que nos dan vuelta en la cabeza: "No es justo que actúe de esa forma. Está siendo racista". Sabemos que todos los juicios son expresiones trágicas de necesidades insatisfechas, así que tomamos el siguiente paso y nos conectamos con las necesidades detrás de esos pensamientos. Si juzgamos a alguien de ser racista, la necesidad puede ser de inclusión, igualdad, respeto o conexión.

Para expresarnos plenamente, abrimos nuestra boca y hablamos de nuestra ira — la ira que se ha transformado en necesidades y sentimientos conectados con necesidades. Expresar estos sentimientos puede requerir mucha valentía. Para mí, es fácil molestarme y decirle a la gente: "¡Eso es racismo!". De hecho, puede que disfrute decir este tipo de cosas, pero profundizar en mis sentimientos y necesidades detrás de dicha frase puede dar mucho miedo. Para expresar plenamente nuestra ira podemos decirle a la otra persona: "Cuando entraste en la habitación y empezaste hablar con los demás y no me hablaste a mí, y después hiciste un comentario acerca de los blancos, se me revolvió el estómago y me sentí muy asustado; estimuló todo tipo de necesidades dentro de mí de ser tratado con igualdad. Me gustaría saber cómo te sientes cuando te digo esto".

Ofrecer primero empatía

En la mayoría de los casos, se necesita dar un paso antes de esperar que la otra parte pueda conectar con lo que está sucediendo dentro de nosotros. Ya que con frecuencia será difícil escuchar nuestros sentimientos y necesidades en dichas situaciones, si queremos que nos escuchen necesitamos empatizar con ellos primero. Mientras más empatizamos con lo que los lleva a comportarse de formas que no satisfacen nuestras necesidades, más probable es que puedan ser recíprocos posteriormente.

En los últimos años he acumulado mucha experiencia hablando CNV con personas que tenían creencias arraigadas sobre determinadas razas y grupos étnicos. Un día temprano en la mañana me recogió un taxi en el aeropuerto

> Mientras más los escuchemos, más nos escucharán.

para llevarme al centro de la ciudad. Un mensaje sonó por el altoparlante del taxista: "Recoja al Señor Fishman en la sinagoga de la calle principal". El hombre sentado a mi lado en el taxi murmuró: "Esos judíos se paran temprano a robarle el dinero a la gente".

Durante aproximadamente veinte segundos sentí que me salía humo por los oídos. Años atrás, mi reacción hubiese sido querer lastimar físicamente a una persona tal. En este caso, tomé varias respiraciones y me di a mí mismo empatía por el dolor, el miedo y la ira que sentía dentro de mí. Atendí mis sentimientos. Permanecí consciente de que mi ira no venía del pasajero ni de la afirmación que acababa de hacer. Su comentario había estimulado en mí un volcán, pero yo sabía que mi ira y mi miedo venían de una fuente mucho más profunda que las palabras que éste acababa de pronunciar. Me senté y simplemente permití que los pensamientos violentos cobraran vida. Incluso disfruté imaginándome que agarraba su cabeza y la destrozaba.

Darme a mí mismo esta empatía me permitió enfocar mi atención en la humanidad detrás de su mensaje, después de lo cual las primeras palabras que salieron de mi boca fueron: "Se siente... ?". Traté de empatizar con él, de escuchar su dolor. ¿Por qué? Porque quería ver la belleza en él y quería que captara plenamente lo que yo había experimentado al escuchar su comentario. Yo sabía que no recibiría este tipo de comprensión si hubiese tenido una tormenta dentro de mí. Mi intención fue conectar con él y mostrarle una empatía respetuosa por la energía vital detrás de su comentario. Mi experiencia me ha hecho constatar que si yo podía empatizar con él, él podría a su vez empatizar conmigo. No sería fácil para él, pero lo lograría.

> Permanece consciente de los pensamientos violentos que surgen en tu mente, sin juzgarlos.

"¿Se siente frustrado?", le pregunté. "Parece que ha tenido malas experiencias con los judíos".

Me miró por un instante y luego respondió: "Sí, son gente asquerosa, hacen lo que sea por dinero".

"¿Siente desconfianza y necesita protegerse cuando se involucra en temas de dinero con ellos?".

"¡Así es!", exclamó y luego continuó expresando más juicios, mientras yo continué escuchando los sentimientos y necesidades detrás de cada uno. Cuando enfocamos nuestra atención en los sentimientos y necesidades de los otros podemos experimentar nuestra humanidad común. Cuando escucho que tiene miedo y que quiere protegerse, reconozco que yo también tengo la necesidad de protegerme y que también sé lo que es estar asustado. Tenía un conflicto enorme con lo que sucedía en su cabeza pero he aprendido a disfrutar más a los seres humanos si no escucho lo que piensan. Especialmente con personas que tienen este tipo de pensamientos. He aprendido a saborear más la vida escuchando lo que sucede en sus corazones y no enredándome con lo que sucede en sus cabezas.

> Cuando escuchamos los sentimientos y necesidades de la otra persona, reconocemos nuestra humanidad común.

Este hombre continuó liberando su tristeza y su frustración. De repente, terminó con los judíos y empezó a hablar de los negros. Este hombre sentía dolor por toda una serie de temas. Después de diez minutos de haberlo escuchado, se detuvo: se sintió comprendido.

En ese momento, le hice saber lo que estaba sucediendo dentro de mí.

MBR: Sabe, al principio cuando empezó a hablar, sentí mucha ira, frustración, tristeza y desaliento, porque he tenido experiencias muy diferentes con los judíos y me gustaría que usted hubiese tenido más experiencias como las mías. ¿Puede decirme lo que me escuchó decir?

Hombre: Bueno, no estoy diciendo que sean todos...

MBR: Disculpe, deténgase un momento. ¿Puede decirme lo que me escuchó decir?

Hombre: ¿De qué habla?

MBR: Déjeme repetir lo que dije. Quiero que usted realmente escuche el dolor que sentí cuando escuché sus palabras. Es importante para mí que lo escuche. Le estaba diciendo que sentí una verdadera tristeza porque mis experiencias con los judíos han sido muy diferentes de las que usted ha tenido. Estaba deseando que usted hubiese tenido experiencias diferentes a las que estaba describiendo. ¿Puede decirme lo que me escuchó decir?

> **Nuestra necesidad es que la otra persona realmente escuche nuestro dolor.**

Hombre: Está diciendo que no tengo derecho a hablar de la forma como hablé.

MBR: No, me gustaría que me escuchara de forma diferente. Realmente no quiero culparlo. No tengo nigún deseo de culparlo.

Traté de bajarle la velocidad a la conversación, porque en mi experiencia, si las personas escuchan culpa en algún grado, no han escuchado nuestro dolor. Si este hombre hubiese dicho: "Dije cosas terribles, mis comentarios fueron racistas", no habría escuchado mi dolor. Tan pronto como las personas piensen que han hecho algo mal, no podrán comprender nuestro dolor.

> **Las personas no escuchan nuestro dolor cuando creen que tienen la culpa.**

No quería que escuchara culpa porque quería que supiera lo que había sucedido en mi corazón cuando hizo su comentario. Culpar es fácil. Las personas están acostumbradas a escuchar culpa; a veces están de acuerdo y se odian a sí mismas —lo cual no hace que dejen de comportarse de su forma habitual— y a veces nos odian por llamarlos racistas o lo que sea —lo cual tampoco hace que detengan su comportamiento. Si percibimos que la culpa ha entrado en sus mentes, como lo sentí yo en el taxi, tal vez necesitemos bajar la velocidad, regresar y escuchar su dolor por un rato más.

Tomarnos nuestro tiempo

Probablemente, la parte más importante de aprender a vivir el proceso que estamos explorando sea tomarnos nuestro tiempo. Puede que nos sintamos incómodos al desviarnos de los comportamientos habituales que nuestro condicionamiento ha vuelto automáticos, pero si nuestra intención es vivir la vida conscientemente y en armonía con nuestros valores, necesitamos tomarnos nuestro tiempo.

Mi amigo Sam Williams, escribió los componentes básicos del proceso CNV en una tarjeta del tamaño de la palma de su mano, que usa como recordatorio cuando está en su trabajo. Cuando su jefe lo confronta, Sam se detiene, mira la tarjeta y se toma su tiempo para responder. Cuando le pregunté si a sus colegas les parecía un poco extraño que él mirara constantemente la palma de su mano y se tomara tanto tiempo para responder, Sam respondió: "No toma tanto tiempo, he incluso si lo tomara, vale la pena para mí. Es importante para mí saber que estoy respondiendo a la gente de la forma en que realmente quiero". En su casa, Sam era un poco más explícito y le explicó a su esposa e hijos por qué se estaba tomando el tiempo y el trabajo de consultar su tarjeta. Después de un mes, se sintió lo suficientemente cómodo como para soltarla. Una noche, Sam y su hijo Scottie de cuatro años estaban teniendo un conflicto en torno a la televisión y no les estaba yendo muy bien. "Papi", dijo Scottie con urgencia, "busca la tarjeta".

Para aquellos de ustedes que deseen aplicar la CNV, especialmente en situaciones retadoras con la ira, les propongo el siguiente ejercicio. Tal y como hemos visto, nuestra ira proviene de nuestros juicios, etiquetas y pensamientos de culpa, de lo que la gente "debería" hacer y de lo que se "merecen". El ejercicio consiste en enumerar los juicios que flotan en tu cabeza con más frecuencia, empezando con la frase: "No me gustan las personas que...". Recopila todos estos juicios negativos de la gente en tu cabeza y después pregúntate: "Cuando juzgo a una persona por esto ¿qué estoy necesitando

> Practica traducir cada juicio en una necesidad insatisfecha.

que no estoy obteniendo?". De esta forma, te entrenas para enmarcar tu pensamiento en torno a necesidades no satisfechas en vez de en términos de juicios de otras personas.

La práctica es esencial porque la mayoría de nosotros fuimos criados, si no en las calles de Detroit, en lugares un poquito menos violentos. Juzgar y culpar se han convertido en nuestra segunda naturaleza. Para practicar la CNV necesitamos proceder de forma lenta, **Tómate tu tiempo.** pensar cuidadosamente antes de hablar y con frecuencia tomar una respiración y no responder en absoluto. Tanto aprender el proceso como aplicarlo toma tiempo.

Resumen

Culpar y castigar a otros son expresiones superficiales de la ira. Si deseamos expresar plenamente nuestra ira, el primer paso es divorciar a la otra persona de cualquier responsabilidad por nuestra ira. Por el contrario, enfocamos la luz de nuestra consciencia sobre nuestros sentimientos y necesidades. Al expresar nuestras necesidades, tenemos muchas más probabilidades de satisfacerlas que si juzgamos, culpamos o castigamos a otros.

Los cuatro pasos para expresar la ira son (1) detenernos y respirar, (2) identificar los pensamientos que contienen juicios, (3) conectar con nuestras necesidades, (4) expresar nuestros sentimientos y necesidades insatisfechas. Algunas veces, entre los pasos 3 y 4, podemos elegir empatizar con la otra persona para que él o ella pueda escucharnos cuando expresamos el paso 4.

Necesitamos tomarnos nuestro tiempo para aprender y aplicar el proceso de la CNV.

La CNV en acción

Diálogo entre un padre y su hijo adolescente:
una cuestión de vida o muerte

En esta situación, Guillermo de quince años tomó sin permiso el carro de Jorge, un amigo de la familia. Guillermo salió a dar un paseo con dos amigos y regresó el carro intacto al garaje, sin que nadie se diera cuenta. Posteriormente, Eva, la hija de catorce años de Jorge, le contó a su padre lo que había sucedido. Jorge le informó al padre de Guillermo, quién habla con su hijo en el intercambio a continuación. El padre de Guillermo había empezado recientemente a practicar la CNV.

Padre: Me enteré de que Eva, David y tú tomaron el carro de Jorge sin pedirle permiso.

Guillermo: ¡No es cierto!

Padre: *(en una voz fuerte)* ¡No me mientas, solo va a empeorar las cosas!

En ese momento el padre recuerda conectarse con sus sentimientos y necesidades a fin de permanecer en conexión con su hijo.

Padre: Siéntate aquí un momento, necesito pensar.

Cuando el padre enfocó su atención hacia adentro notó cuán furioso y asustado se sentía. Furioso cuando se decía a sí mismo: "Guillermo debería saber que eso no se hace" y "se ha vuelto un mentiroso". Asustado cuando pensaba no solo en las consecuencias potenciales de las acciones de Guillermo y sino en cuánto subestimaba lo que su hijo era capaz de hacer.

Padre: *(en silencio para sus adentros) Fue estúpido de mi parte suponer que Guillermo sabe que eso no se hace. ¡Alguien pudo haber muerto! (luego notando sus juicios). ¡Ay! necesito traducir las etiquetas de "estúpido" y "mentiroso" en sentimientos y necesidades. Para "estúpido", creo que siento desilusión de mí mismo, me gustaría creer que conozco mejor a mi hijo. Y para "mentiroso", me siento muy asustado porque quiero contar con la información real para saber cómo lidiar con esta situación.*

Padre: *(en voz alta, después de meditar cómo decir lo que está pensando)* Guillermo, ¿estás preocupado de que te castigue si me das la información real?

Guillermo: Sí, eres siempre cruel conmigo cuando hago algo que no te gusta.

Padre: ¿Quisieras recibir más comprensión y un trato más justo por las cosas que haces?

Guillermo: Sí claro, ¡como si tú me fueras a dar comprensión y un trato justo!

Padre: *(silenciosamente para sus adentros) Uff, ¡cómo me da rabia cuando dice eso! ¿Acaso no se da cuenta del esfuerzo que estoy haciendo? Necesito un poco de respeto por lo difícil que es esto, y un poco de cuidado hacia mí mismo por lo asustado que me siento.*

Padre: *(en voz alta hacia Guillermo)* Percibo que te preocupa que independientemente de lo que digas, no recibirás un trato justo.

Guillermo: ¿Y acaso a ti te importa darme un trato justo?. Cuando algo sucede, solo quieres castigar a alguien. Además, ¿cuál es la gran cosa?. Tomamos el carro, nadie salió lastimado y lo devolvimos a su sitio. O sea, tampoco es un crimen mayor.

Padre:	¿Tienes miedo de admitir que tomaste el carro y quieres confiar que vas a ser tratado de forma justa?
Guillermo:	Sí.
Padre:	*(tomándose un tiempo en silencio para profundizar en la conexión)* ¿Qué puedo hacer para que tengas esa confianza?
Guillermo:	Prométeme que nunca me volverás a castigar.
Padre:	*(Consciente de que el castigo no va ayudar a Guillermo a desarrollar una consciencia en torno a las potenciales consecuencias de su comportamiento, sino que más bien generará mayor desconexión y resistencia, el padre expresa su disposición a acceder a la petición de Guillermo).* Estoy dispuesto a acceder a tu petición, si tú accedes a continuar dialogando conmigo. Eso significa que hablaremos hasta que yo esté convencido de que tú eres consciente de todas las consecuencias que pudo haber tenido el tomar ese carro. Sin embargo, si en el futuro no estoy seguro de que ves el peligro potencial de tus acciones, es posible que utilice la fuerza —pero solo para protegerte.
Guillermo:	¡Oh, genial!. Se siente genial saber que soy tan estúpido como para que tengas que usar la fuerza para protegerme de mí mismo.
Padre:	*(perdiendo el contacto con sus propias necesidades, en silencio piensa)* ¡Hombre, hay veces que quisiera matar a este...! ¡Me da tanta rabia cuando dice cosas así! Parece que no le importa... Maldición ¿qué estoy necesitando aquí? Cuando estoy haciendo tanto esfuerzo, necesito saber que al menos le importa).
Padre:	*(en una voz fuerte, furioso)* Sabes, Guillermo, cuando dices cosas así, me siento furioso. Estoy

haciendo tanto esfuerzo por mantenerme en diálogo contigo, que cuando te escucho decir esas cosas... Mira, necesito saber si tu quieres seguir conversando conmigo.

Guillermo: No me importa.

Padre: Guillermo, quiero escucharte de verdad y no caer en mis viejos hábitos de culparte y amenazarte cuando estoy molesto. Pero cuando te escucho decir cosas como: "Se siente genial saber que soy tan estúpido" en el tono de voz que acabas de usar, me es difícil controlarme. Me gustaría tu ayuda con esto. Claro, eso es si prefieres que te escuche en vez de que te culpe y te amenace. Si no, supongo que mi otra opción es lidiar con este asunto de la forma como normalmente lo haría.

Guillermo: ¿Y eso que sería?

Padre: Bueno, para este momento estaría diciendo cosas como: "Estás castigado por dos años: ¡sin televisión, ni dinero, ni citas, ni nada!".

Guillermo: Bueno, en ese caso prefiero que me trates de la forma nueva.

Padre: (*en tono jocoso*) me alegra ver que tu sentido de autopreservación sigue intacto. Ahora necesito que me digas si estás dispuesto a hablar con honestidad y vulnerabilidad.

Guillermo: ¿Qué quieres decir con la palabra vulnerabilidad?

Padre: Significa que tú me dices lo que realmente sientes acerca de las cosas que estamos hablando, y yo haré lo mismo. (*En una voz firme*) ¿Estás dispuesto?

Guillermo: Ok, puedo tratar.

Padre: (*exhala con alivio*) Gracias. Me siento agradecido por tu disposición a tratar. ¿Te conté que Jorge castigó a Eva por tres meses y ahora no tiene derecho a nada? ¿Cómo te sientes al respecto?

Guillermo: ¡Qué mal, es tan injusto!

Padre: Me gustaría que me digas realmente cómo te sientes al respecto.

Guillermo: ¡Ya te dije que es totalmente injusto!

Padre: *(Dándose cuenta que Guillermo no está conectado con lo que realmente siente, decide adivinar)* ¿Te sientes triste de que tenga que pagar tan caro por su error?

Guillermo: No, no es eso. Lo que pasa es que no fue su error.

Padre: ¿Estás molesto de que tenga que pagar por algo que fue tu idea?

Guillermo: Bueno, sí, ella solo hizo lo que yo le dije que hiciera.

Padre: Percibo que te duele un poco ver el efecto que tuvo tu decisión sobre Eva.

Guillermo: Sí, un poco.

Padre: Guille, necesito saber que tú puedes ver cómo tus acciones tienen consecuencias.

Guillermo: Bueno, no estaba pensando en que algo podría salir mal. Supongo que realmente metí la pata.

Padre: Preferiría que lo veas como algo que no salió como esperabas. Y aún así, necesito tener la seguridad de que estás consciente de las consecuencias. ¿Podrías decirme cómo te sientes en este momento en relación a lo que hiciste?

Guillermo: Papá, me siento estúpido... no quería hacerle daño a nadie.

Padre: *(traduciendo los autojuicios de Guillermo en sentimientos y necesidades)* ¿Así que te sientes triste y lamentas lo que hiciste porque te gustaría que confiaran en que no le harás daño a nadie?

Guillermo: Sí, no quería generar problemas. Simplemente no lo pensé.

Padre: ¿Estás diciendo que hubieses querido pensarlo mejor y tener más claridad antes de actuar?

Guillermo: *(reflexionando)* Sí...

Padre: Bueno, me da tranquilidad escuchar eso. Para arreglar las cosas con Jorge, me gustaría que vayas y le digas lo que me acabas de decir. ¿Estarías dispuesto?

Guillermo: Oh, guao, me da miedo ¡seguro que está furioso!

Padre: Sí, es probable que lo esté. Esa es una de las consecuencias. ¿Estás dispuesto a hacerte responsable por tus acciones? Aprecio a Jorge y quiero que sigamos siendo amigos, y me imagino que tú también quieres seguir siendo amigo de Eva. ¿Eso te gustaría?

Guillermo: Ella es una de mis mejores amigas.

Padre: ¿Entonces vamos a arreglar esto?

Guillermo: *(con miedo y resistencia)* Bueno, OK. Supongo.

Padre: ¿Tienes miedo y quieres saber que estarás seguro si vas para allá?

Guillermo: Sí.

Padre: Iremos juntos. Voy a estar ahí contigo y para ti. Estoy muy orgulloso de que estés dispuesto.

Resolución de conflictos y mediación

Ahora que ya conoces los pasos de la Comunicación No Violenta, quiero abordar su aplicación en la resolución de conflictos. Estos conflictos pueden ser entre otra persona y tú, y también puede que te pidan —o que tú elijas— involucrarte en un conflicto entre otras personas: familiares, parejas, colegas, o incluso extraños en conflicto. Independientemente de la situación, la resolución de conflictos aborda todos los principios que he enumerado en este libro: hacer observaciones claras, identificar y expresar sentimientos, conectar sentimientos con necesidades, y hacer peticiones viables a otra persona usando un lenguaje claro, concreto, y de acción positiva.

Durante décadas, he usado la Comunicación No Violenta para resolver conflictos alrededor del mundo. Me he reunido con parejas y familias infelices, empleados y empleadores, y grupos étnicos en guerra entre sí. Mi experiencia me ha enseñado que es posible resolver casi cualquier conflicto para la satisfacción de todos. Solo toma mucha paciencia, la disposición de establecer una conexión humana, la intención de seguir los principios de la CNV hasta encontrar una resolución y la confianza de que el proceso funcionará.

La conexión humana

El aspecto más importante de la resolución de conflictos usando la CNV es crear una conexión entre las personas en conflicto. Es

> **Crear una conexión entre las personas es lo más importante.**

gracias a esta conexión que los otros pasos de la CNV funcionan, porque solo cuando se forja esta conexión las personas quieren saber lo que el otro siente y necesita. Desde un principio, las partes necesitan saber que el objetivo *no* es hacer que el otro haga lo que ellos quieren que haga. Una vez las dos partes entienden esto, es posible —incluso fácil— que tengan una conversación acerca de cómo satisfacer sus necesidades.

Con la CNV, estamos tratando de vivir dentro de un sistema de valores diferente al tiempo que pedimos que las cosas cambien. Lo más importante es que cada conexión en el transcurso sea un reflejo del mundo que queremos crear. Cada paso necesita reflejar energéticamente lo que estamos buscando, lo cual es una imagen holográfica de la calidad de relaciones que estamos tratando de crear. En resumen, la forma como pedimos un cambio refleja el sistema de valores que estamos tratando de apoyar. Cuando vemos la diferencia entre estos dos objetivos, nos abstenemos conscientemente de tratar de hacer que la otra persona haga lo que queremos. Por el contrario, trabajamos para crear una calidad de interés y respeto mutuo en la que cada parte sabe que sus necesidades importan y es consciente de que sus necesidades y el bienestar de la otra persona son interdependientes. Cuando esto sucede, es sorprendente cómo los conflictos que antes parecían no tener solución, se resuelven con facilidad.

Cuando me piden que resuelva un conflicto, trabajo para guiar a las dos partes hacia este tipo de conexión cuidadosa y respetuosa. Con frecuencia, ésta es la parte más difícil. Una vez logrado esto, ayudo a ambas partes a crear estrategias para resolver el conflicto hasta que ambas queden satisfechas.

Nota que hablo de *satisfacción* y no de *concesiones*. La mayoría de las técnicas de resolución de conflictos buscan lograr concesiones, lo cual significa que todos ceden algo y nadie queda satisfecho. La CNV es diferente; nuestro objetivo es satisfacer plenamente las necesidades de todos.

La resolución de conflictos CNV vs la mediación tradicional

Consideremos nuevamente el aspecto de la conexión humana en la CNV, esta vez explorando la mediación a través de una tercera persona —una persona que entra a resolver un conflicto entre dos partes. Cuando estoy trabajando con dos personas o grupos que tienen un conflicto que no han podido resolver, me aproximo de forma muy diferente a lo que hacen los mediadores profesionales.

Por ejemplo, en una ocasión estaba en Austria reunido con un grupo de mediadores profesionales que trabajan con muchos tipos de conflictos internacionales, incluyendo conflictos entre sindicatos y gerencias. Les describí varios conflictos que había mediado, tal como uno en California entre terratenientes y trabajadores migrantes donde había una violencia considerable. También hablé sobre una mediación entre dos tribus africanas —la cual describo a fondo en mi libro *Speak Peace in a World of Conflict* (Hablar paz en un mundo de conflicto)— y otros conflictos atrincherados, peligrosos y de larga data.

Me preguntaron cuánto tiempo me tomaba estudiar la situación que iba a mediar. Esta pregunta hacía referencia al proceso que la mayoría de los mediadores utiliza: se documentan sobre los asuntos involucrados en el conflicto y luego se concentran en mediar entre *dichos asuntos*, en lugar de enfocarse en la creación de una conexión humana. De hecho, en la mediación tradicional con un tercero, las partes en conflicto a veces no están siquiera en el mismo salón. Una vez, como participante de una mediación, nuestro grupo estaba en un salón, el otro grupo en otro, y el mediador se desplazaba entre ambos salones. El mediador nos preguntaba: "¿Qué quieren que haga el otro grupo?", luego llevaba nuestra respuesta al otro lado y revisaba si ellos estaban dispuestos a hacerlo. Después volvía y decía: "No están dispuestos a hacer eso, pero ¿qué tal esto otro?".

Muchos mediadores definen su rol en términos de una "tercera cabeza" tratando pensar cómo lograr que todos lleguen a un acuerdo. No están preocupados en absoluto por crear una calidad de conexión, desconociendo la única herramienta de resolución de conflictos que he constatado que funciona. Cuando describí el método de la CNV y el rol de la conexión humana, uno de los participantes en Austria objetó que yo estaba hablando de psicoterapia y que los mediadores no eran psicoterapéutas.

En mi experiencia, conectar a las personas a este nivel no es psicoterapia; es de hecho el corazón de la mediación, porque cuando logras la conexión el problema se resuelve por sí mismo la mayor parte del tiempo. En vez de que una tercera cabeza pregunte: "¿Qué podemos acordar en este caso?", si tuviéramos una afirmación clara de las necesidades de cada persona —y lo que esas partes necesitan mutuamente en *este momento*— descubriríamos lo que podemos hacer para satisfacer las necesidades de todos. Éstas se convertirían en estrategias que las partes podrían estar de acuerdo en implementar después de la que la sesión de mediación terminara y las partes salieran del salón.

> Cuando logras la conexión, por lo general el problema se resuelve por sí mismo.

Pasos para la resolución de conflictos CNV — Un breve resumen

Antes de profundizar en la discusión sobre algunos elementos claves de la resolución de conflictos, permítanme ofrecer un pequeño esquema de los pasos necesarios para resolver un conflicto entre nosotros y otra persona. Hay cinco pasos en este proceso. Cualquiera de las partes puede ser la primera en expresar sus necesidades, pero para sencillez de este resumen, supongamos que empezamos con nuestras necesidades.

- Primero, expresamos nuestras propias necesidades.
- Segundo, buscamos las necesidades reales de la otra persona, sin importar como sean expresadas. Si no están expresando una necesidad, sino más bien una opinión, juicio o análisis y lo reconocemos, procedemos a buscar la

necesidad detrás de sus palabras, la necesidad debajo de lo que están diciendo.

- Tercero, verificamos que ambos reconocemos correctamente las necesidades de la otra persona, y si no, continuamos buscando la necesidad detrás de sus palabras.
- Cuarto, proporcionamos tanta empatía como sea requerida para escuchar mutua y acertadamente las necesidades de cada uno.
- Y quinto, una vez aclaramos las necesidades de cada parte en la situación, proponemos estrategias para resolver el conflicto, enmarcándolas en un lenguaje de acción positiva.

Durante todo el tiempo, nos estamos escuchando mutuamente con el mayor cuidado posible, evitando el uso de un lenguaje que implique maldad o defectuosidad de parte del otro.

> Evitemos el uso de un lenguaje que implique maldad o defectuosidad de parte del otro.

Sobre las necesidades, las estrategias y el análisis

Puesto que la comprensión y expresión de necesidades es esencial para resolver conflictos a través de la CNV, vamos a revisar este concepto vital que hemos enfatizado a lo largo del libro, particularmente en el Capítulo 5.

Fundamentalmente, las necesidades son los recursos que la vida requiere para sostenerse. Todos tenemos necesidades físicas: aire, agua, comida, descanso. Y tenemos necesidades psicológicas como la comprensión, el apoyo, la honestidad y el sentido. Yo creo que todas las personas tienen básicamente las mismas necesidades independientemente de su nacionalidad, religión, género, ingreso, educación, etc.

Ahora consideremos la diferencia entre las necesidades de una persona y su estrategia para satisfacerlas. Cuando resolvemos conflictos es importante que podamos reconocer claramente la diferencia entre necesidades y estrategias.

Muchos de nosotros tenemos grandes dificultades para expresar nuestras necesidades: la sociedad nos ha enseñado a criticarnos, insultarnos e incluso (mal)comunicarnos de formas que nos separan. En un conflicto, ambas partes con frecuencia se desgastan intentando demostrar que están en lo correcto y que la otra parte está equivocada, en vez de prestar atención a sus necesidades y a las necesidades del otro. Y esos conflictos verbales pueden fácilmente escalar hasta la violencia —e incluso la guerra.

A fin de no confundir necesidades con estrategias, es importante recordar que *las necesidades no contienen ninguna referencia de que alguien tome alguna acción específica*. Por otra parte, las estrategias, que pueden manifestarse en forma de peticiones, deseos y "soluciones", *se refieren a acciones específicas que personas específicas pueden realizar*.

Por ejemplo, una vez me reuní con una pareja a punto de terminar con su matrimonio. Le pregunté al esposo qué necesidades suyas estaban insatisfechas dentro del matrimonio. Él respondió: "Necesito irme de este matrimonio". Él estaba describiendo una persona específica (él mismo) tomando una acción específica (irse del matrimonio). No estaba expresando una necesidad, estaba identificando una estrategia.

Le señalé esto al esposo y le sugerí que aclarara sus necesidades y las necesidades de su esposa antes de utilizar la estrategia de "irse del matrimonio". Después de que cada uno conectó con las necesidades propias y del otro, descubrieron que podían satisfacer estas necesidades con estrategias diferentes a terminar el matrimonio. El esposo reconoció que necesitaba apreciación y comprensión por el estrés que le generaban las exigencias de su trabajo; la esposa reconoció que necesitaba cercanía y conexión pues experimentaba que el trabajo de su esposo ocupaba la mayor parte de su tiempo.

Una vez entendieron sus necesidades mutuas, esta pareja pudo llegar a una serie de acuerdos que satisficieron las necesidades de ambos, tomando en consideración las exigencias del trabajo del esposo.

En el caso de otra pareja, su desconocimiento del lenguaje de necesidades hizo que confundieran la expresión de necesidades con la expresión de análisis, e incluso los llevó a infligirse violencia física el uno al otro. Fui invitado a mediar este caso al terminar una capacitación laboral donde dicho hombre describió su situación entre lágrimas y me preguntó si estaba dispuesto a conversar con él y su esposa en privado.

Acepté encontrarme con ellos en su casa y empecé la sesión diciendo: "Soy consciente de que ambos de ustedes están muy dolidos. Comencemos porque cada uno exprese las necesidades que no están siendo satisfechas en su relación. Una vez comprendan las necesidades del otro, estoy seguro de que podremos encontrar estrategias para satisfacer esas necesidades".

El esposo, quien desconocía el lenguaje de las necesidades, empezó diciéndole a su esposa: "El problema es que tú eres completamente insensible a mis necesidades", a lo cual ella respondió: "¡Tan típico de ti decir cosas injustas, por el estilo!". En vez de expresar necesidades estaban emitiendo análisis, lo cual es fácilmente escuchado como crítica. Como mencioné anteriormente en este libro, los análisis que insinúan que alguien está en el error son esencialmente expresiones trágicas de necesidades insatisfechas. En el caso de esta pareja el esposo necesitaba apoyo y comprensión, pero lo expresó en términos de la "insensibilidad" de su esposa. La esposa también tenía la necesidad de ser entendida correctamente, pero lo expresó en términos de la "injusticia" de su esposo. Nos tomó un tiempo movernos a través de las capas de necesidades de ambas partes, pero fue solo una vez que reconocieron y apreciaron sus necesidades mutuas que pudieron finalmente comenzar el proceso de explorar estrategias para abordar sus conflictos de larga data.

En una ocasión trabajé con una empresa donde la moral y la productividad de los empleados se había ido a pique debido a un perturbador conflicto. Dos grupos de un mismo departamento estaban peleando acerca de un software, generando emociones fuertes en ambos lados. Un grupo había trabajado muy duro en el desarrollo del software que se usaba en ese entonces y abogaban porque se siguiera utilizando. El otro grupo tenía emociones fuertes en relación a crear un nuevo software.

Empecé por preguntarles a cada parte cuáles eran las necesidades que serían mejor satisfechas si se utilizara el software por el cual cada uno abogaba. Su respuesta fue ofrecer un análisis intelectual que el otro grupo recibió como una crítica. Uno de los miembros del grupo que favorecía el nuevo software expresó: "Podemos seguir siendo extremadamente conservadores, pero si lo hacemos, podemos quedarnos sin trabajo en el futuro. Progresar significa tomar riesgos y atrevernos a mostrar que estamos más allá de hacer cosas anticuadas". Un miembro del grupo oponente respondió: "Pero yo creo que agarrarnos impulsivamente de todo lo que sea nuevo, no es necesariamente lo que más nos conviene". Estos grupos reconocieron que habían estado repitiendo los mismos análisis durante meses y que no estaban avanzando hacia ningún lugar, si no más bien incrementando la tensión entre ellos.

> Con frecuencia, el análisis intelectual es recibido como crítica.

Cuando no sabemos expresar directa y claramente nuestra necesidad, y solo hacemos análisis sobre los otros, que suenan como críticas hacia ellos, las guerras están a la vuelta de la esquina —ya sea en forma verbal, psicológica o física.

Percibir las necesidades de otros independientemente de lo que estén diciendo

Para resolver conflictos usando la CNV, necesitamos entrenarnos para escuchar las necesidades de las personas independientemente de cómo se estén expresando. Si realmente queremos ayudar a otros, lo primero que necesitamos aprender es a traducir *cualquier* mensaje en la expresión de una necesidad. El mensaje puede llegar en la forma de silencio, negación, un comentario cargado de juicio, un gesto —o con suerte, una petición. Afinamos nuestra capacidad para escuchar la necesidad dentro de cada mensaje, incluso si inicialmente tenemos que confiar en suposiciones.

Por ejemplo, si en medio de una conversación le pregunto a una persona algo sobre lo que acaba de decir, y me responde: "Qué pregunta tan estúpida", escucho la necesidad que expresa a través de un juicio sobre mí y procedo a adivinar qué necesidad podría ser —tal vez la pregunta que hice no satisfizo la necesidad de comprensión de dicha persona. O si le pido a mi pareja que hablemos sobre la tensión en nuestra relación y ella responde: "No quiero hablar de eso", puedo percibir su necesidad de protegerse de lo que imagina puede pasar si nos

> **Aprendamos a escuchar necesidades, independientemente de cómo sean expresadas.**

comunicamos acerca de nuestra relación. Así que nuestro trabajo es: aprender a reconocer las necesidades en afirmaciones que no las expresan explícitamente. Toma práctica y siempre requiere hacer suposiciones. Una vez percibamos lo que la otra persona necesita, podemos chequear con ellos y después ayudarlos a colocar su necesidad en palabras. Si somos capaces de escuchar realmente su necesidad, forjaremos un nuevo nivel de conexión —una pieza clave para que el conflicto avance hacia la resolución exitosa.

En talleres para parejas casadas, con frecuencia busco la pareja con el conflicto irresuelto de más larga data para demostrar mi predicción de que, una vez cada parte expresa las necesidades del otro, no toma más de veinte minutos que el conflicto llegue a una resolución. Una vez había una pareja cuyo matrimonio había sufrido treinta y nueve años de conflicto en torno al dinero. Seis meses después de casarse, la esposa había sobrepasado dos veces el límite de su cuenta bancaria compartida, momento desde el cual el esposo había tomado el control de las finanzas y no le permitía manejar la chequera. No habían dejado de pelear desde entonces.

La esposa expresó que no creía en mi predicción diciendo que a pesar de que tenían un buen matrimonio y se comunicaban bien, no sería posible resolver rápidamente su arraigado conflicto histórico.

La invité a empezar diciéndome si sabía cuáles eran las necesidades de su esposo en este conflicto.

Ella respondió: "Obviamente no quiere que yo gaste nada de dinero".

A lo cual su esposo respondió: "¡Eso es ridículo!".

Al decir que su esposo no quería que ella gastara nada de dinero, la esposa había identificado lo que yo llamo una estrategia. Incluso si hubiese acertado correctamente la *estrategia* de su esposo, no había identificado su *necesidad*. Aquí nuevamente encontramos una diferenciación clave. Según mi definición, una necesidad no se refiere a una acción específica tal como gastar o no gastar dinero. Le dije a la esposa que todas las persona compartíamos las mismas necesidades y que si ella pudiese comprender las necesidades de su esposo, el problema se resolvería. Cuando la animé nuevamente a mencionar las necesidades de su esposo, respondió: "Es como su padre", describiendo cómo su padre había sido renuente a gastar su dinero. En este punto estaba haciendo un análisis.

La detuve y le pregunté de nuevo: "¿Cuál es su necesidad?".

Era claro que, incluso después de treinta y nueve años de "buena comunicación", aún no tenía idea cuáles eran las necesidades de su esposo.

> Las críticas y los diagnósticos se interponen en la vía de la resolución pacífica de conflictos.

Me dirigí entonces al esposo: "Ya que tu esposa no sabe cuáles son tus necesidades, ¿por qué no se las dices? ¿qué necesidades satisfaces cuando no la dejas usar la chequera?".

A esto, el esposo respondió: "Marshall, ella es una esposa maravillosa, una madre maravillosa, pero en lo que se refiere al dinero, es totalmente irresponsable". Su uso de un *diagnóstico* ("ella es irresponsable") refleja un lenguaje que se interpone en la vía de una resolución pacífica de conflictos. Cuando alguno de los dos lados escucha que lo están criticando, diagnosticando o interpretando, la energía de la situación posiblemente se convierta en autodefensa y acusaciones de un lado y otro, en vez de avanzar hacia la resolución.

Traté de escuchar el sentimiento y necesidad detrás de la afirmación de que su esposa era irresponsable: "¿Te sientes *asustado* porque tienes la necesidad de proteger a tu familia económicamente?". El esposo estuvo de acuerdo con mi suposición. En este caso adiviné correctamente, pero aún si no hubiera sido el caso, habría estado enfocado en sus necesidades —y éste es el meollo del asunto. De hecho, cuando reflejamos hipótesis incorrectas puede ayudar a nuestros interlocutores a conectarse con sus verdaderas necesidades. Los saca del análisis y los conecta más con la vida.

¿Han sido escuchadas las necesidades?

El esposo finalmente reconoció su necesidad: cuidar la seguridad de su familia. El siguiente paso fue asegurarnos de que la esposa había escuchado su necesidad. Ésta es una etapa crucial en la resolución de conflictos. No debemos suponer que cuando una parte se expresa con claridad, la otra parte ha escuchado correctamente. Le pregunté a la esposa: "¿Puede decirme qué necesidades de su esposo escuchó en esta situación?".

"Bueno... que yo haya sobrepasado el límite de nuestra cuenta un par de veces, no significa que voy a seguir haciéndolo".

Su respuesta no es inusual. Cuando tenemos dolor acumulado durante años, éste puede obstaculizar nuestra capacidad de escuchar claramente, incluso cuando lo que se exprese sea claro para los otros. Para continuar le dije a la esposa: "Quiero decirle lo que escuché a su esposo decir y me gustaría que usted lo repita. Escuché a su esposo decir que tiene una necesidad de proteger a la familia, que tiene miedo y quiere asegurarse que la familia esté protegida".

Empatía para aliviar el dolor que impide escuchar

La esposa tenía aún demasiado dolor como para poder escucharme. Esto resulta otra habilidad necesaria para llevar a cabo eficazmente el proceso CNV de resolución de conflictos. Cuando las personas están molestas, con frecuencia necesitan empatía antes de poder escuchar lo que otros están diciendo. Por ello, en esta ocasión cambié el rumbo: en vez de tratar de que ella repitiera lo que su esposo había dicho, traté de entender el dolor en el que ella se encontraba —el dolor que impedía que escuchara a su esposo. Especialmente cuando hay una larga historia de dolor, es importante ofrecer suficiente empatía para que las partes estén

> **Con frecuencia, las personas necesitan empatía antes de poder escuchar lo que los otros están diciendo.**

seguras de que su dolor es reconocido y comprendido.

Cuando me dirigí a la esposa con empatía diciendo: "Percibo que estás muy dolida y que necesitas que confíen en que puedes aprender de experiencias pasadas", la expresión en sus ojos me demostró cuánto necesitaba ella esa comprensión. "Sí, exactamente", respondió ella, pero cuando le pedí que repitiera lo que su esposo había dicho, respondió: "Él piensa que yo gasto demasiado dinero".

Así como no hemos sido entrenados para escuchar nuestras propias necesidades, la mayoría de nosotros no hemos sido entrenados para escuchar las necesidades de los otros. En este caso, lo único que la esposa podía escuchar era crítica y diagnóstico de parte de su esposo. Entonces, la animé simplemente a tratar de escuchar sus necesidades. Después de que repetí su necesidad —seguridad para su familia— finalmente la pudo escuchar. Luego, después de un par de rondas, ambos pudieron escuchar las necesidades del otro. Tal y como lo había anticipado, tan pronto entendieron —por primera vez en treinta y nueve años— las necesidades subyacentes al uso de la chequera, les tomó menos de veinte minutos encontrar formas prácticas para satisfacer las necesidades de ambos.

Mientras más experiencia acumulo año tras año mediando conflictos y mientras más veo lo que hace que las familias y las naciones vayan a la guerra, más convencido estoy de que casi cualquier estudiante de primaria podría resolver estos conflictos. Si solamente dijéramos: "Aquí están las necesidades de ambas partes. Aquí están los recursos. ¿Qué podemos hacer para satisfacer estas necesidades?" los conflictos se resolverían fácilmente. Sin embargo, nuestro pensamiento está enfocado en deshumanizarnos los unos a los otros con etiquetas y juicios, hasta que incluso el más simple de los conflictos se torna difícil de resolver. La CNV nos ayuda a evitar esta trampa, aumentando las posibilidades de lograr un resolución satisfactoria.

Usar un lenguaje presente y de acción positiva para resolver conflictos

A pesar de que hablo sobre el uso de un lenguaje presente y de acción positiva en el Capítulo 6, quiero ofrecer un par de ejemplos más para demostrar su importancia en la resolución de conflictos. Una vez que cada parte ha conectado con las necesidades de la otra, el siguiente paso es encontrar estrategias que satisfagan dichas necesidades. Es importante que evitemos apresurarnos a concretar estrategias, ya que hacerlo podría resultar en concesiones que carecen de la calidad profunda de auténtica resolución que es posible lograr. Si escuchamos plenamente las necesidades de cada parte antes de pasar a las soluciones, es mucho más probable que las partes en conflicto se acaten los acuerdos a los que llegan. El proceso de resolver conflictos debe terminar en acciones que satisfacen las necesidades de todos. Lo que hace que el conflicto avance hacia la resolución es la presentación de estrategias en un lenguaje claro, presente, y de acción positiva.

Una afirmación en *lenguaje presente* se refiere a lo que queremos en *este momento*. Por ejemplo, una de las partes puede decir: "Me gustaría que me digas si estarías dispuesto a..." y describe la acción que le gustaría que la otra parte realice. El uso de una petición en lenguaje presente que comienza con un "estarías dispuesto a..." ayuda a promover una discusión respetuosa. Si la otra parte responde que no está dispuesta, invita a dar un siguiente paso hacia la comprensión de lo que le impide estarlo.

Por otra parte, en ausencia de un lenguaje presente, una petición como "me gustaría que vengas conmigo al evento del sábado en la noche" no transmite lo que se está pidiendo del escucha en *ese momento*. A fin de apoyar la claridad y la conexión en el intercambio, afinamos esta petición usando un lenguaje presente diciendo, por ejemplo: "¿Estarías dispuesto a decirme si vas a venir conmigo al evento del sábado en la noche?". Podemos aclarar más la petición indicando lo que queremos de la otra persona en el momento presente: "¿Podrías decirme cómo te sientes acerca de ir al evento conmigo el sábado en la noche?".

Mientras más claros seamos en torno a la respuesta que deseamos en ese instante de parte de la otra persona, más eficazmente avanzamos hacia la resolución del conflicto.

Usar verbos de acción

En el Capítulo 6 exploramos brevemente el rol del lenguaje de acción en la realización de peticiones usando CNV. En situaciones de conflicto, es especialmente importante enfocarnos en lo que *sí queremos* en vez de lo que *no queremos*. Hablar sobre lo que *no queremos* puede fácilmente crear confusión y resistencia entre las partes en conflicto.

El lenguaje de acción requiere el uso de verbos de acción, así como evitar un lenguaje que oscurezca, o que pueda interpretarse como un ataque. Me gustaría ilustrar este punto con una situación en la cual una mujer expresó que necesitaba comprensión por parte de su pareja. Después de que su pareja pudo escuchar correctamente y reflejar la necesidad de comprensión, me dirigí a la mujer y le dije: "OK, ahora pasemos a las estrategias. ¿Qué te gustaría que hiciera tu pareja para satisfacer tu necesidad de comprensión?". La mujer miró a su pareja y le dijo: "Quiero que me escuches cuando te hablo". A lo cual su pareja respondió: "Pero si yo te escucho cuando tú hablas". No es inusual que cuando alguien nos diga que quiere que lo escuchemos cuando habla, escuchemos acusaciones y por ende sintamos un poco de resentimiento.

> El lenguaje de acción requiere el uso de verbos de acción.

Y así continuaron, repitiéndose en turnos, el hombre diciendo "sí te escucho" y la mujer respondiendo "no, no lo haces". Me dijeron que llevaban doce años teniendo esta conversación, lo cual es típico en conflictos en los que las partes utilizan palabras vagas como "escuchar" para expresar estrategias. Yo sugiero usar verbos de acción que capturen *algo que podamos ver o escuchar —algo que pueda ser grabado con un cámara de video*. "Escuchar" ocurre dentro de la cabeza de una persona; otra persona no puede ver si está sucediendo o no. Una forma de determinar si nos están escuchando es que nos reflejen lo que dijimos: le pedimos a la persona realizar una acción que podamos ver o escuchar. Si la otra parte nos dice lo que dijimos, entonces sabremos que la persona nos oyó y también nos escuchó.

En otro conflicto de pareja, la esposa quería que el esposo respetase sus elecciones. Una vez la esposa expresó exitosamente su necesidad, pasó a aclarar su estrategia y le hizo una petición a su esposo: "Quiero que me des libertad para crecer y ser yo misma". "Pero si yo lo hago", respondió el esposo y al igual que con la pareja anterior, su intercambio se convirtió en un infructuoso partido de ping pong entre un "sí lo hago", "no, no lo haces".

Usar un lenguaje carente de acción como, "dame libertad para crecer" a menudo exacerba el conflicto. En esta instancia, el esposo escuchó que su esposa lo juzgaba de dominante. Le indiqué a la esposa que su esposo no tenía claro lo que ella quería: "Por favor dile exactamente lo quieres que él haga para satisfacer tu necesidad de respeto por tus elecciones". "Quiero que me dejes ser...", empezó ella diciéndole. La interrumpí para aclarar que la expresión "dejar ser" era demasiado ambigua: "¿Qué quieres decir exactamente cuando dices que quieres que "te deje ser"?.

Después de reflexionar un par de segundos, la esposa llegó a una comprensión importante. Reconoció que lo que realmente quería cuando decía cosas como "quiero que me deje ser" y "quiero que me dé libertad para crecer" era que su esposo le dijera que estaba de acuerdo con todo lo que ella hiciera. Cuando ella se dio cuenta de lo que estaba realmente pidiendo —que él le dijera algo— reconoció que lo que ella quería no le daba mucha libertad a su esposo para ser sí mismo ni para que sus elecciones fueran respetadas. Y mantener el respeto es un elemento fundamental para la exitosa resolución de conflictos.

> Mantener el respeto es un elemento fundamental para la exitosa resolución de conflictos.

Traducir el "no"

Cuando expresamos una petición, es muy importante que respetemos la reacción de la otra persona, así ésta acceda o no a nuestra petición. He presenciado muchas mediaciones que consisten en esperar a que las personas se agoten hasta el punto de acceder a cualquier concesión. Esto es muy diferente a una resolución en la cual las necesidades de todos son satisfechas y nadie sale perdiendo.

En el Capítulo 8 descubrimos la importancia de no escuchar un "no" como un rechazo. Escuchar cuidadosamente el mensaje detrás del "no" nos ayuda a entender las necesidades de la otra persona: *Cuando dicen "no" están diciendo que tienen una necesidad que les impide decir "sí" a lo que les pedimos.* Si podemos escuchar la necesidad detrás del "no", podemos continuar el proceso de resolución de conflictos —manteniendo el enfoque en encontrar una forma de satisfacer las necesidades de todos— incluso si la otra persona dice "no" a una estrategia particular que le hayamos presentado.

La CNV y el rol del mediador

A pesar de que en este capítulo he ofrecido ejemplos sobre mediaciones que he facilitado entre diversas partes en conflicto, nuestro foco ha sido cómo aplicar estas habilidades en el momento de resolver conflictos entre nosotros y otra persona. No obstante, existen otros elementos a tomar en consideración en aquellos momentos en los que queremos usar nuestras herramientas de CNV para ayudar a que otras dos partes logren una resolución cuando tomamos el rol de mediadores.

Tu rol y confiar en el proceso

Cuando entramos en un proceso de conflicto como mediadores, un buen lugar para iniciar es asegurarle a las personas en conflicto que no estamos allí para tomar partido de un lado o de otro, sino para ayudarlos a escucharse y guiarlos para encontrar una solución que satisfaga las necesidades de todos. Dependiendo de las circunstancias, podemos transmitirles nuestra confianza de que, si las partes siguen los pasos de la CNV, las necesidades de ambas serán satisfechas al final.

Recuerda: No se trata de ti

Al principio del capítulo hice énfasis en que el objetivo *no* es hacer que la otra persona haga lo que queremos que haga. Esto también se aplica a la mediación en el conflicto de

> El objetivo "no" es hacer que la otra persona haga lo que queremos que haga.

otra persona. Aunque deseemos que el conflicto se resuelva —especialmente si es entre familiares, amigos o colegas— necesitamos recordar que no estamos allí para cumplir con nuestras metas personales. El rol del mediador es crear un ambiente en el que las partes pueden conectar, expresar sus necesidades, comprenderse mutuamente y encontrar estrategias que satisfagan dichas necesidades.

Empatía de emergencia de primeros auxilios

Como mediador, recalco que mi intención es que ambas partes se escuchen plena y correctamente. No obstante, tan pronto como le expreso empatía a una parte, no es inusual que la otra parte inmediatamente me acuse de favoritismo. En este punto, lo que necesitamos es ofrecer empatía de emergencia. Esto puede sonar algo así como: "¿Te sientes muy molesto y quieres estar seguro de que vas a tener tu turno para hablar?".

Una vez la empatía ha sido expresada, les recuerdo a todos los participantes que cada persona tendrá su oportunidad de ser escuchada, y que su turno es el siguiente. Posteriormente, es útil confirmar si están de acuerdo con esperar su turno preguntándoles, por ejemplo: "¿Te sientes tranquilo al respecto, o quieres mayor seguridad de que pronto tendrás tu turno para ser escuchado?".

Tal vez necesitemos hacer esto repetidas veces para mantener la mediación bien encaminada.

Hacer seguimiento: sigue la pelota

Cuando estamos mediando, necesitamos llevar "el marcador" prestando cuidadosa atención a lo que se ha dicho, asegurándonos de que cada parte ha tenido la oportunidad de expresar sus necesidades, escuchar las necesidades de la otra persona y hacer peticiones. También necesitamos "ver dónde va la pelota": ser conscientes de dónde quedó una persona para regresar a lo que ésta dijo después de que la otra persona haya sido escuchada.

Esto puede ser un reto, especialmente cuando aumenta la tensión. En este tipo de situaciones, con frecuencia encuentro útil usar una pizarra o rotafolio para capturar la esencia de lo que dijo la última persona que tuvo la oportunidad de expresar un sentimiento o necesidad.

Esta forma de seguimiento visual puede servir para asegurarle a ambas partes que sus necesidades serán atendidas porque con frecuencia no hemos terminado de anotar las necesidades de una persona cuando ya la otra ha empezado a expresarse. Tomarnos el tiempo para anotar dichas necesidades en una forma que es visible para todos los presentes, puede ayudar al que escucha a sentirse cómodo de que sus necesidades serán también atendidas. En esta forma, todos pueden prestar más fácilmente atención a lo que está siendo expresado en dicho momento.

Mantener la conversación en el presente

Otra cualidad que es importante traer a la mediación es la consciencia del momento: ¿quién necesita qué en este momento? ¿cuáles son sus peticiones actuales? Mantener esta consciencia requiere de mucha práctica en el arte de estar presentes en el momento, lo cual es algo que a la mayoría de nosotros no nos enseñaron.

A medida que avanzamos en el proceso de mediación, es probable que escuchemos muchos argumentos sobre lo que sucedió en el pasado y lo que las personas quieren que pase en el futuro. No obstante, la resolución de conflictos solo puede ocurrir en el momento presente, así que necesitamos enfocarnos en el ahora.

Mantener las cosas en movimiento

Otra tarea de la mediación es evitar que la conversación se estanque, lo cual puede pasar muy fácilmente, ya que con frecuencia las personas piensan que si cuentan la misma historia *una vez más*, serán finalmente comprendidas y la otra persona hará lo que ellas quieren.

Para mantener las cosas en movimiento, el mediador necesita hacer preguntas eficaces, y cuando sea necesario, mantener o incluso acelerar el paso. En una ocasión, tenía programado liderar un taller en un pueblo pequeño, cuando el organizador del evento me preguntó si podía ayudarlo con una disputa personal relacionada con la división de una propiedad de su familia. Accedí a mediar, consciente de que tenía una ventana de solo tres horas entre talleres.

La disputa de la familia giraba en torno al dueño de una gran finca que estaba a punto de jubilarse. Sus dos hijos se estaban peleando sobre cómo repartir la propiedad. Éstos no hablaban desde hacía ocho años, a pesar de que vivían en el mismo extremo de la finca. Me encontré con los hermanos, sus esposas y la hermana, todos quienes estaban involucrados en una serie de asuntos legales complicados y ocho años de dolor.

Con el objetivo de mover las cosas —y cumplir con mi horario— tenía que acelerar el proceso de mediación. Para evitar que contaran las mismas historias una y otra vez, le pregunté a uno de los hermanos si podía representar su rol, para después alternar representando el rol del otro hermano.

Después de avanzar en mi representación, bromeé diciendo que quería chequear con mi "director" si estaba representando bien el rol. Cuando volteé a ver al hermano cuyo rol

> Usamos la representación de roles para acelerar el proceso de mediación.

había representado, noté algo para lo que no estaba preparado: tenía lágrimas en sus ojos. Adiviné que había experimentado una empatía profunda, tanto hacia sí mismo debido a mi representación de su rol, como hacia el dolor su hermano, al cual no había visto hasta ese momento. Al día siguiente, el padre se me acercó, también con lágrimas en los ojos, y me contó que la noche anterior habían ido a cenar todos juntos como familia por primera vez en ocho años. A pesar de que el conflicto había persistido por años, con abogados de ambas partes trabajando exitosamente para llegar a un acuerdo, fue simple resolver el conflicto una vez los hermanos pudieron escuchar el dolor y las necesidades de ambos, según reveló la representación de roles. Si hubiese esperado a que cada uno contase sus historias, la resolución hubiese tomado mucho más tiempo.

Cuando utilizo este método, consulto regularmente con la persona cuyo rol estoy representando, a quien llamo "mi director" para ver cómo lo estoy haciendo. Durante un tiempo, creí que tenía talento para la actuación debido a la cantidad de veces que lloraban y me decían: "¡Eso es exactamente lo que he estado tratando de decir!". Sin embargo, cuando empecé a capacitar a otros para hacer representaciones de roles, me di cuenta de que cualquiera de nosotros puede hacerlo siempre y cuando estemos en contacto con nuestras propias necesidades. No importa lo que esté sucediendo, todos tenemos las mismas necesidades. Las necesidades son universales.

A veces trabajo con personas que han sido violadas o torturadas, tomando el rol del perpetrador, en su ausencia. Con frecuencia, la víctima se sorprende al escucharme decir, durante la representación, lo mismo que escucharon decir al perpetrador, y me preguntan: "¿Cómo lo sabías?". Creo que la respuesta a esa pregunta es que lo sé, porque soy esa persona. Y esa persona somos todos. Cuando aplicamos el lenguaje de sentimientos y necesidades, no estamos pensando en los problemas, simplemente nos estamos poniendo en los zapatos del otro, y tratamos de ser esa persona. "Hacer bien el papel" no pasa por nuestra cabeza, a pesar de que a veces consultemos con el director, porque no siempre hacemos bien el papel. Nadie hace todo bien todo el tiempo, y eso está bien. Si nos equivocamos, la persona que estamos

> La representación de roles es simplemente colocarnos en los zapatos del otro.

representando nos hará saber de una forma u otra. Entonces, tendremos la oportunidad de hacer un nuevo intento de adivinar.

Interrumpir

A veces, las mediaciones se vuelven tensas, las personas empiezan a gritar o a hablar al mismo tiempo. Para mantener el proceso encaminado durante dichas circunstancias, necesitamos acostumbrarnos a sentirnos cómodos interrumpiendo. En una ocasión estaba haciendo una mediación en Israel y estaba teniendo dificultades porque mi traductor era demasiado educado, hasta que finalmente le enseñé a ser maleducado: "cállalos", le instruí. "Diles que esperen al menos a que termine la traducción para seguirse gritando". Así que cuando ambas partes se están gritando o hablando al mismo tiempo, yo los interrumpo: *"Disculpen, disculpen, disculpen"* y me repito tan fuerte y tantas veces como sea necesario para que me presten atención.

Y cuando nos prestan atención, tenemos que ser rápidos. Si la persona reacciona enojadaporque la hemos interrumpido, percibimos que están sintiendo demasiado dolor como para poder escucharnos. Éste es el momento para aplicar la empatía de emergencia. He aquí un ejemplo de cómo puede sonar esta empatía, usando el ejemplo de una reunión de negocios:

Hablante: ¡Esto pasa todo el tiempo! Ya hemos hecho tres reuniones y cada vez salen con una nueva excusa de porqué no puede hacerse. ¡La última vez incluso firmamos un acuerdo! Ahora están haciendo otra promesa y seguirán haciendo lo mismo: ¡otra promesa! No tiene sentido trabajar con gente que...

Mediador: Disculpe, disculpe, ¡DISCULPE! ¿Puede decirme lo que la otra persona dijo?

Hablante: *(Dándose cuenta de que no había escuchado lo que fue dicho)* ¡No!

Mediador: ¿Siente mucha desconfianza en este momento y realmente necesita que las personas hagan lo

	que dicen que van a hacer?
Hablante:	Por supuesto, pero...
Mediador:	¿Puede entonces decirme lo que escuchó que dijeron? Déjeme repetírselo. Escuché a la otra persona decir que tienen una gran necesidad de integridad. ¿Puede decirlo de vuelta para estar seguro de que nos estamos entendiendo?
Hablante:	*(silencio)*
Mediador:	¿No? Permítame decirlo de nuevo. Y lo decimos otra vez.

Podemos ver nuestro rol como el de un traductor —traduciendo el mensaje de cada parte para que se puedan entender. Yo les pido que se acostumbren a mis interrupciones con el objetivo de resolver el conflicto. Cuando interrumpo, consulto con el hablante para asegurarme de que lo estoy traduciendo correctamente. Traduzco muchos mensajes incluso cuando solo estoy adivinando, pero el hablante siempre tiene la autoridad final en torno a la precisión de mi traducción.

> **El propósito de interrumpir es restaurar el proceso.**

Es importante recordar que el propósito de interrumpir y captar la atención de las personas es restaurar el proceso de hacer observaciones, identificar y expresar sentimientos, conectar sentimientos con necesidades, y hacer peticiones realizables usando un lenguaje claro, concreto y de acción positiva.

Cuando las personas dicen "no" a encontrarse cara a cara

Soy optimista respecto a lo que puede suceder cuando las personas se encuentran y expresan sus necesidades y peticiones. Sin embargo, uno de los mayores problemas con los que me he topado es simplemente tener acceso a ambas partes. Ya que ocasionalmente toma tiempo que alguna las partes se aclare acerca de sus necesidades, los mediadores requieren un adecuado acceso a ambas partes para que expresen y reciban las necesidades del otro. Con frecuencia escuchamos a las personas en conflicto decir: "No sirve de nada hablarles —no van a escuchar. He tratado de hablarles y no funciona".

Para solucionar este problema he buscado estrategias de resolución de conflictos para personas que no están dispuestas a encontrarse. Un método con resultados prometedores es el uso de una grabadora de audio. Trabajo con cada parte por separado mientras represento el rol de la otra parte. Si tenemos dos personas en nuestra vida que sienten demasiado dolor como para querer encontrarse, ésta es una opción que podemos considerar.

Por ejemplo, había una vez una mujer que sufría mucho por un conflicto con su esposo, especialmente por la forma como él dirigía su ira hacia ella. Primero, la escuché de una forma que la apoyaba para expresar claramente sus necesidades, experimentando ser recibida con una comprensión respetuosa. Después, tomé el rol de su esposo y le pedí que me escuchara mientras yo expresaba lo que imaginaba que eran las necesidades de su esposo.

Una vez que las partes en conflicto se expresaron claramente a través dicha representación de roles, le pedí a la mujer que compartiera la grabación con su esposo para ver su reacción.

En este caso, yo había dado correctamente con las necesidades del esposo, así que él experimentó un gran alivio al escuchar la grabación. Con la confianza de escuchar que había sido comprendido, el esposo accedió a trabajar juntos para que ambos encontraran la manera de satisfacer sus necesidades de formas mutuamente respetuosas.

Cuando la parte más difícil de resolver un conflicto es juntar a ambas partes en una misma habitación, el uso de representaciones grabadas puede ser la respuesta.

La mediación informal: meter las narices en los asuntos de los demás

La mediación informal es una forma educada de referirse a la mediación en situaciones a las que no hemos sido invitados a mediar. En pocas palabras, es meter las narices en los asuntos de los demás.

Un día estaba de compras en el supermercado cuando vi a una mujer pegándole a su hijo pequeño. Estaba a punto de hacerlo de nuevo cuando la interrumpí. La mujer no me preguntó: "Marshall ¿podrías mediar entre nosotros?". En otra ocasión, estaba caminando por las calles de París. Una mujer iba caminando a mi lado cuando un hombre ebrio llegó corriendo por detrás, la volteó y le dio una cachetada. Ya que no había tiempo para dialogar con este hombre, acudí al recurso de usar el uso protector de la fuerza para restringirlo cuando intentó golpearla de nuevo. Me interpuse entre los dos y metí mis narices en el asunto. En otra ocasión, durante una reunión de negocios, observé dos grupos intercambiar alegaciones repetidamente en relación a un asunto de larga data y de nuevo metí las narices entre ellos.

Cuando observamos comportamientos que nos preocupan —a menos que la situación requiera el uso protector de la fuerza tal como lo describiré en el Capítulo 12 —lo primero que hago es empatizar con las necesidades de la persona que se está comportando de una forma que no me gusta. En la primera situación, si hubiéramos querido ver *más* violencia dirigida hacia el niño, en vez de ofrecer empatía a la madre, podíamos haberle insinuado que era incorrecto golpearlo. Éste tipo de respuesta de nuestra parte solo hubiese escalado la situación.

> Necesitamos mucha práctica para poder escuchar la necesidad detrás de cualquier mensaje.

A fin de ayudar realmente a las personas en cuyos asuntos nos estamos entrometiendo, necesitamos haber desarrollado un vocabulario extenso de necesidades, y tener mucha práctica para escuchar la necesidad de las personas en cualquier mensaje, incluyendo la necesidad subyacente al acto de cachetear a otra persona. También necesitamos tener práctica con la empatía verbal de forma que las personas perciban que estamos conectados con su necesidad.

Necesitamos recordar que cuando elegimos meter nuestras narices en los asuntos de los demás, no es suficiente apoyarlos para que se conecten con sus propias necesidades. Intentamos practicar todos los pasos cubiertos en este capítulo. Por ejemplo, después de empatizar, podemos decirle a la madre del niño que nos preocupamos por su seguridad y que tenemos la necesidad de proteger a las personas, y después preguntarle si estaría dispuesta a utilizar otra estrategia para satisfacer su necesidad en torno al niño.

En cualquier caso, evitamos mencionarle nuestras propias necesidades en relación a su comportamiento hasta que ellos tengan claro que comprendemos y nos preocupamos por sus necesidades. De otra forma, las personas no se van a preocupar por *nuestras* necesidades, ni sabrán que sus necesidades y las nuestras son las mismas. Tal y como fue expresado con tanta belleza por Alice Walker en su libro *El Color Púrpura*: "Un día que estaba sentada en silencio, sintiéndome como la niña huérfana que era y entonces llegó a mí: ese sentimiento de ser parte del todo, sin separación alguna. Supe entonces que si cortaba ese árbol, mi brazo sangraría".

A menos de que nos aseguremos de que ambas partes están conscientes tanto de sus propias necesidades como de las de la otra parte, va a ser difícil que tengamos éxito al meter nuestras narices en los asuntos de los demás. Es probable que nos quedemos atrapados en nuestro pensamiento de escasez —y veamos solo la importancia de satisfacer nuestras propias necesidades. Cuando el pensamiento de escasez se mezcla con el pensamiento de "bueno o malo", cualquiera de nosotros puede volverse agresivo, violento y ciego incluso a las soluciones más obvias. En ese punto, el conflicto parecerá no tener solución —y no la tendrá a menos que nos conectemos con la otra persona primero ofreciéndole empatía, antes de enfocarnos en nuestras propias necesidades.

Resumen

El uso de la CNV para resolver conflictos difiere de los métodos tradicionales de mediación. En vez de deliberar sobre asuntos, estrategias y concesiones, nos concentramos principalmente en identificar las necesidades de ambas partes y solo después buscamos estrategias para satisfacer dichas necesidades.

Empezamos por forjar la conexión humana entre las partes en conflicto. Después, nos aseguramos de que ambas partes tengan la oportunidad de expresar plenamente sus necesidades, de que escuchen cuidadosamente las necesidades de la otra parte, y una vez las necesidades hayan sido escuchadas, de que expresen claramente pasos de acción realizables para satisfacer dichas necesidades.

Cuando una de las partes siente demasiado dolor como para escuchar las necesidades de la otra, le extendemos nuestra empatía tomando el tiempo necesario para asegurarnos de que la persona sabe que su dolor fue escuchado. No escuchamos el "no" como un rechazo sino como una expresión de la necesidad que evita que la persona diga "sí". Solo después de que las necesidades hayan sido mutuamente escuchadas, avanzamos a la fase de las soluciones: hacemos peticiones realizables usando lenguaje de acción positiva.

Cuando asumimos el rol de la mediación de un conflicto entre dos partes, los mismos principios aplican. Adicionalmente, hacemos un seguimiento cuidadoso del progreso, extendiendo nuestra empatía cuando sea necesario, manteniendo la conversación enfocada en el presente, moviéndola hacia adelante, interrumpiendo cuando sea necesario regresar al proceso.

Con estas herramientas y comprensión, podemos practicar y ayudar a otros a resolver incluso conflictos de larga data, para su satisfacción mutua.

12

El uso protector de la fuerza

Cuando el uso de la fuerza es inevitable

Cuando cada una de las partes en conflicto ha tenido la oportunidad de expresar plenamente lo que está observando, sintiendo, necesitando y pidiendo —y cada una ha empatizado con la otra— es normalmente posible que lleguen a una resolución que satisfaga las necesidades de ambas partes. O por lo menos, que acuerden discrepar de buena voluntad.

Sin embargo, en algunas situaciones la oportunidad para dicho diálogo no existe y el uso de la fuerza puede ser necesario para proteger la vida o los derechos individuales. Por ejemplo, la otra parte puede no estar dispuesta a comunicarse, o existe un peligro inminente que no deja tiempo para la comunicación. En estas situaciones, puede que necesitemos recurrir a la fuerza. Si hemos de hacerlo, la CNV nos insta a diferenciar entre el uso protector y el uso punitivo de la fuerza.

La lógica detrás del uso de la fuerza

La intención detrás del uso protector de la fuerza es prevenir el daño o la injusticia. La intención detrás del uso punitivo de la fuerza es ocasionar sufrimiento a las personas por sus supuestos malos actos. Cuando agarramos a un niño que corre hacia la calle para evitar que lo atropellen, estamos usando el uso protector de la fuerza. El uso punitivo de la fuerza, por el contrario, puede involucrar un ataque físico o psicológico, tal como darle una

> La intención detrás del uso protector de la fuerza es solo proteger; no castigar, culpar ni condenar.

paliza o decirle: "¿Cómo pudiste ser tan estúpido? ¡Deberías sentir vergüenza de ti mismo!".

Cuando ejercitamos el uso protector de la fuerza, nos enfocamos en la vida o en los derechos que queremos proteger, sin emitir juicios sobre la persona o sobre su comportamiento. No estamos culpando ni condenando al niño que sale corriendo hacia la calle; nuestro pensamiento está exclusivamente enfocado en proteger al niño del peligro —para conocer la aplicación de este tipo de fuerza en los conflictos sociales y políticos, recomiendo el libro de Robert Irwin *Building a Peace System* (Construyendo un sistema de paz). La premisa que hay detrás del uso protector de la fuerza es que las personas se comportan de forma perjudicial, para sí mismos y para los demás, debido a algún tipo de ignorancia. El proceso correctivo por ende es la educación, no el castigo. La ignorancia incluye (1) la falta de consciencia en torno a las consecuencias de nuestras acciones, (2) la incapacidad de ver cómo nuestras necesidades pueden ser satisfechas sin dañar a otros, (3) la creencia de que tenemos el derecho de castigar o herir a otros porque "se lo merecen" y (4) tener pensamientos delirantes como, por ejemplo, escuchar voces que nos ordenan matar a alguien.

La acción punitiva, por otra parte, está basada en la premisa de que las personas cometen delitos porque son malas, y de que para corregir la situación necesitan ser obligadas a arrepentirse. Esta "corrección" se lleva a cabo mediante una acción punitiva que los hace (1) sufrir lo suficiente como para ver el error en su forma de proceder, (2) arrepentirse y (3) cambiar. En práctica, sin embargo, la acción punitiva, en lugar de motivar al arrepentimiento y al aprendizaje, provoca resentimiento y hostilidad y refuerza la resistencia al comportamiento que queremos promover.

Los tipos de fuerza punitiva

El castigo físico, como por ejemplo las nalgadas, es un tipo de uso punitivo de la fuerza. He notado que el tema del castigo corporal provoca fuertes sentimientos entre padres y madres. Algunos defienden firmemente la práctica refiriéndose a la Biblia: "Libera a tus hijos de la vara y los malcriarás. La delincuencia está rampante porque los padres no le dan paliza a sus hijos". Algunos padres están persuadidos de que dar nalgadas a sus hijos es una muestra de amor porque les pone límites claros. Otros padres insisten en que las nalgadas no son amorosas ni eficaces porque les enseñan a los niños que, cuando todo falla, siempre se puede recurrir a la violencia física.

> El miedo al castigo corporal oscurece en los niños la consciencia de la compasión detrás de las exigencias de sus padres.

Mi preocupación personal es que el miedo que los niños sienten hacia el castigo corporal oscurece la consciencia de la compasión detrás de las exigencias de sus padres. Los padres me dicen con frecuencia que "tienen que" usar la fuerza punitiva porque no ven otra forma de influir en sus hijos para que hagan lo que es "bueno para ellos". Respaldan su opinión con anécdotas de niños que expresan apreciación por haber "visto la luz" después de haber sido castigados. Después de haber criado cuatro hijos, puedo empatizar profundamente con los padres en torno a los retos diarios que enfrentan para educar y brindar seguridad a sus hijos. Esto, sin embargo, no disminuye mi preocupación en torno al uso del castigo físico.

En primer lugar, me pregunto si las personas que proclaman el éxito de este tipo de castigo están conscientes de las incontables veces en las que los niños se vuelven en contra de lo que es bueno para ellos simplemente porque eligen luchar contra en vez de sucumbir a la coerción. En segundo lugar, que el castigo corporal haya tenido éxito aparente para influenciar al niño, no significa que otros métodos de influencia no hubieran funcionado igualmente bien. Finalmente, comparto la preocupación de muchos padres en torno a las consecuencias sociales del uso del castigo físico. Cuando los padres optan por usar la fuerza, pueden ganar la batalla de hacer que los niños hagan lo que quieren, pero en el proceso, ¿no estamos acaso perpetuando una norma social que justifica la violencia como medio para resolver diferencias?

> El castigo incluye etiquetar con juicios y retraer privilegios.

Además de la fuerza física, hay otros usos de la fuerza que también califican como castigo. Uno de éstos es el uso de la culpa para desacreditar a la otra persona; por ejemplo, un padre puede etiquetar a su hijo de "malo", "egoísta", o "inmaduro" cuando no se comporta de una forma particular. Otra forma de fuerza punitiva es retirarles algún tipo de gratificación, como por ejemplo negarles dinero o quitarles el privilegio de conducir. De la misma forma, retirar el cariño o el respeto es una de las amenazas más poderosas de todas.

Los costos del castigo

Cuando nos sometemos a hacer algo solo con el propósito de evitar el castigo, nuestra atención se distrae del valor que tiene la acción en sí misma. Por el contrario, nos enfocamos en las consecuencias, en lo que podría pasar si no realizamos esa acción. Si el rendimiento de un trabajador mejora por miedo al castigo, el trabajo quedará realizado, pero su moral

> Cuando le tememos al castigo, nos enfocamos en las consecuencias y no en nuestros propios valores.
>
> El miedo al castigo disminuye la autoestima y la buena voluntad.

sufrirá y tarde o temprano su productividad decaerá. La autoestima también disminuye al usar la fuerza punitiva. Si los niños se cepillan los dientes por miedo a la vergüenza y al ridículo, su salud bucal tal vez mejore, pero se producirán caries en su autoestima. Más allá de eso, como todos sabemos, el castigo es costoso en términos de la buena voluntad. Mientras más nos veamos como agentes de castigo, más difícil será que los otros respondan compasivamente ante nuestras necesidades.

Una vez estaba visitando a un amigo director de una escuela. Estábamos en su despacho cuando éste vio por la ventana a un niño grande que golpeaba a uno más pequeño. "Discúlpame", me dijo, levantándose de un salto y corriendo hacia el patio. Tomó al niño más grande, le dio una bofetada y lo regañó: "Te voy a enseñar a no golpear a los más pequeños". Cuando regresó al despacho le comenté: "No creo que le enseñaste a ese niño lo que pensaste que le estabas enseñando. Sospecho que aprendió que no hay que golpear a los más pequeños siempre y cuando haya alguien más grande mirando —alguien como por ejemplo, el director de la escuela. Es más, creo que reforzaste en él la noción de que la forma de obtener lo que uno quiere de alguien es a través de los golpes".

En estas situaciones, recomiendo primero empatizar con el niño que se está comportando de forma violenta. Por ejemplo, si yo viera a un niño golpeando a otro por haberlo insultado, puedo empatizar: "Percibo que te sientes furioso porque te gustaría ser tratado con más respeto". Si adivino correctamente y el niño reconoce que esto es cierto, continuaría expresando mis propios sentimientos, necesidades y peticiones en la situación, sin insinuar culpa: "Me siento triste porque me gustaría que encontremos formas de hacernos respetar que no conviertan a los otros en nuestros enemigos. Me gustaría que me digas si estás dispuesto a explorar otras formas de ganar el respeto que deseas".

Dos preguntas que revelan las limitaciones del castigo

Hay dos preguntas que nos pueden ayudar a entender por qué es poco probable que consigamos lo que queremos cuando usamos el castigo para cambiar el comportamiento de las personas. La primera pregunta es: *¿Qué quiero que haga esta persona que es diferente de lo que está haciendo en este momento?* Si nos hacemos solo esta pregunta, el castigo puede parecernos eficaz, porque la amenaza o el uso de la fuerza punitiva puede influir sobre el comportamiento de la otra persona. Sin embargo, si nos hacemos

> Primera pregunta: ¿Qué quiero que haga esta persona?
>
> Segunda pregunta: ¿Cuáles quiero que sean "sus" razones para hacerlo?

la segunda pregunta: *¿Cuáles quiero que sean las razones de la otra persona para hacer lo que le estoy pidiendo?*, se torna evidente que lo más probable es que el castigo no funcione.

Rara vez nos hacemos la última pregunta, pero cuando nos la hacemos, pronto nos damos cuenta de que el castigo y la recompensa interfieren con la capacidad de las personas de hacer las cosas motivadas por las razones que queremos que las motiven. Pienso que es vital que seamos conscientes de las razones que tienen las personas para comportarse como les pedimos. Por ejemplo, culpar o castigar no son estrategias eficaces para lograr que los niños limpien sus cuartos motivados por un deseo de orden, o por un deseo de contribuir al disfrute del orden de sus padres. Con frecuencia los niños limpian sus cuartos motivados por la obediencia a la autoridad ("porque dijo mi mamá"), para evitar el castigo, o por miedo a molestar o ser rechazados por sus padres. La CNV, sin embargo, promueve un nivel de desarrollo moral basado en la autonomía y la interdependencia, donde reconocemos la responsabilidad de nuestras propias acciones y estamos conscientes de que nuestro bienestar y el bienestar de los otros son lo mismo.

El uso protector de la fuerza en las escuelas

Me gustaría describir como unos estudiantes y yo usamos el uso protector de la fuerza para traer orden a una situación caótica en una escuela alternativa. Dicha escuela fue diseñada para estudiantes que habían abandonado o que habían sido expulsados de las escuelas convencionales. La administración y yo esperábamos demostrar que una escuela basada en los principios de la CNV podía servir a estos alumnos. Mi trabajo era capacitar a los profesores en CNV y servir de consultor durante un año. Con solo cuatro días para preparar a los profesores, no pude aclarar suficientemente la diferencia entre la CNV y la permisividad. Como resultado, algunos profesores estaban ignorando situaciones de conflicto y comportamiento perturbador, en lugar de intervenir. Asediados por el pandemonio creciente, los administradores estuvieron a punto de cerrar la escuela.

Cuando solicité conversar con los estudiantes que más habían contribuido a la turbulencia, el director seleccionó a ocho chicos, entre once y catorce años de edad, para encontrarse conmigo. A continuación están algunos fragmentos del diálogo que tuve con los estudiantes.

MBR: *(expresando mis sentimientos y necesidades sin hacer preguntas intimidantes)* Me siento muy molesto porque los profesores han reportado un gran desorden en muchas clases. Tengo la esperanza de que ustedes me ayuden a entender cuáles son los problemas y qué podemos hacer al respecto.

Guillermo: ¡Los profesores de esta escuela son unos tontos!

MBR: ¿Estás diciendo, Guillermo, que estás molesto con los profesores y quieres que cambien algunas cosas que hacen?

Guillermo: No, hombre. Son tontos porque solo se paran ahí sin hacer nada.

MBR: ¿Estás molesto porque quieres que hagan más cuando surgen problemas? *(Segundo intento por escuchar sus sentimientos y necesidades).*

Guillermo: Claro, hombre. No importa lo que cualquiera haga, se paran ahí sonriendo como tontos.

MBR: ¿Podrías darme un ejemplo de cómo los profesores no hacen nada?

Guillermo: Fácil. Esta mañana entró un muchacho al salón con una botella de whisky en el bolsillo, como si nada. Todo el mundo lo vio, la profesora lo vio pero volteó la mirada.

MBR: Así que no te nace tener respeto por los profesores que no hacen nada. Te gustaría que hicieran algo. *(Continúo tratando de comprender plenamente).*

Guillermo: Sí.

MBR: Me siento decepcionado porque quiero que los profesores puedan trabajar con los alumnos, pero parece que no pude mostrarles lo que quería que comprendieran.

Posteriormente, la discusión pasó a un problema particularmente urgente: los estudiantes que no querían trabajar en clase estaban molestando a los que sí querían hacerlo.

MBR:	Estoy ansioso por resolver este problema porque los profesores me dicen que es el que más les perturba. Apreciaría mucho que compartan conmigo cualquier idea que tengan al respecto.
José:	El profesor tiene que conseguirse un *rattan* (*un palo cubierto de cuero que cargaban los directores en la escuela de Saint Louis para administrar castigos corporales*).
MBR:	José, ¿estás diciendo que quieres que los profesores golpeen a los estudiantes que molestan a otros?
José:	Es la única forma de que los estudiantes dejen de jugar y hacerse los tontos.
MBR:	(*aún tratando de identificar los sentimientos de José*) ¿Así que dudas que cualquier otro método pueda funcionar?
José:	(*asiente mostrando que está de acuerdo*).
MBR:	Me desmotiva pensar que esa sea la única forma. Odio esa forma de arreglar cuentas y me gustaría aprender otras formas.
Eduardo:	¿Por qué?
MBR:	Varias razones. Por ejemplo, supongamos que gracias al *rattan* logro que no se alboroten en la escuela. Ahora, me gustaría que me digan que pasaría si tres o cuatro de los que he golpeado en clase me están esperando en la puerta de mi carro cuando estoy a punto de irme a casa.
Eduardo:	(*sonriendo*) Hombre, ¡mejor que tengas un palo bien grande!

MBR:	(*con la certeza de haber entendido el mensaje de Eduardo y de que Eduardo me entendió, continúo sin parafrasear*). A eso voy. Quiero que vean porqué me fastidia esa forma de arreglar cuentas. Soy demasiado distraído como para acordarme de cargar siempre un palo grande, e incluso si lo recordara, odio tener que usarlo para golpear a alguien.
Eduardo:	Podrías expulsarlos de la escuela.
MBR:	Eduardo, ¿estás sugiriendo que suspendamos o expulsemos gente de la escuela?
Eduardo:	Sí.
MBR:	Esa idea también me desanima. Quiero demostrar que hay otras formas de resolver diferencias en la escuela que no sean expulsar gente. Me sentiría como un fracasado si eso es lo mejor que podemos hacer.
Guillermo:	Si un muchacho no está haciendo nada ¿por qué no ponerlo en un salón de no hacer nada?
MBR:	Guillermo, ¿estás sugiriendo que haya un cuarto para enviar estudiantes que estén molestando a otros?
Guillermo:	Eso es correcto. No tiene sentido que estén en clase si no están haciendo nada.
MBR:	Me interesa mucho esa idea. Me gustaría escuchar cómo piensas que podría funcionar un salón de ese estilo.
Guillermo:	A veces llegas a la escuela y te sientes malvado: no tienes ganas de hacer nada. Así que mejor tengamos un salón donde van los estudiantes que no tienen ganas de hacer nada.
MBR:	Entiendo lo que dices y anticipo que a los profesores les preocupará que los estudiantes no quieran ir al salón de no hacer nada por su propia voluntad.
Guillermo:	(*confiadamente*) Sí querrán.

Luego dije que pensaba que el plan podía funcionar si podíamos mostrar que el propósito no era castigar, sino brindar un lugar para aquellos estudiantes que no estuvieran listos para estudiar y simultáneamente la oportunidad de estudiar a aquellos que sí quisieran hacerlo. También sugerí que un salón de no hacer nada podría tener más éxito si fuera conocido como el producto de los mismos estudiantes y no como un decreto por parte del personal.

Así que habilitamos un salón de no hacer nada para los estudiantes que estuvieran molestos y no quisieran trabajar o cuyo comportamiento impidiera que los otros aprendieran. A veces los estudiantes pedían ir al salón y a veces los profesores se lo pedían a los estudiantes. Pusimos a la profesora con más habilidad en CNV en el salón de no hacer nada, donde tuvo conversaciones muy productivas con los estudiantes que llegaban. Esta estrategia ayudó enormemente a restaurar el orden de la escuela porque los estudiantes que la diseñaron explicaron claramente el propósito a sus compañeros: proteger el derecho de aquellos que desearan aprender. Utilizamos el diálogo con los estudiantes para demostrarle a los profesores que habían otras formas de resolver conflictos más allá de retirarse del conflicto o usar la fuerza punitiva.

Resumen

En situaciones en las que no hay oportunidad para la comunicación, como en casos de peligro inminente, puede que necesitemos recurrir al uso protector de la fuerza. La intención detrás del uso protector de la fuerza es prevenir el daño o la injusticia, nunca castigar ni hacer que los individuos sufran, se arrepientan o cambien. El uso punitivo de la fuerza tiende a generar hostilidad y reforzar la resistencia al comportamiento que deseamos promover. El castigo daña la buena voluntad y la autoestima, y desplaza la atención del valor intrínseco de una acción a sus consecuencias externas. Culpar y castigar no contribuyen a las motivaciones que queremos inspirar en otros.

La humanidad
ha estado durmiendo
–y todavía duerme–
arrullada por las alegrías
estrechamente confinadas
de sus amores cerrados.

—Pierre Teilhard de Chardin, teólogo y científico

13

Liberarnos a nosotros mismos y aconsejar a otros

Liberarnos de nuestra vieja programación

Todos hemos aprendido cosas que nos limitan como seres humanos, ya haya sido de padres bien intencionados, maestros, religiosos u otros. Nos han transmitido gran parte de este aprendizaje cultural destructivo durante siglos, de generación en generación, y está tan arraigado en nuestras vidas que ya no somos conscientes de ello. En una de sus rutinas, el comediante Buddy Hackett, quien creció con la grasosa comida de su madre, cuenta que solo se enteró que era posible pararse de la mesa sin acidez cuando estuvo en el ejército. De la misma forma, el dolor que genera nuestro dañino condicionamiento cultural está tan integrado en nuestras vidas que ya no distinguimos su presencia. Toma una enorme energía y consciencia reconocer este aprendizaje destructivo y transformarlo en pensamientos y comportamientos de valor y servicio a la vida.

Esta transformación requiere tener un lenguaje de necesidades y la capacidad de conectarnos con nosotros mismos, lo cual es difícil para la gente de nuestra cultura. No solo no hemos sido educados sobre nuestras necesidades, sino que hemos sido expuestos a un adiestramiento cultural que activamente bloquea nuestra consciencia de éstas. Como mencioné anteriormente, hemos heredado un lenguaje que servía a los reyes y a las élites poderosas para la dominación social. Las masas, impedidas de desarrollar una consciencia sobre sus propias necesidades, fueron educadas para ser dóciles y subordinadas a la autoridad. Nuestra cultura nos hace creer que las necesidades son negativas y destructivas; que la palabra '*necesitado*' aplicada a una persona, sugiere deficiencia o inmadurez. Cuando las personas expresan sus necesidades, con frecuencia son catalogadas de egoístas, y el uso del pronombre personal '*yo*' a menudo se iguala con egoísmo o carencia.

Al animarnos a separar la observación de la evaluación, a reconocer los pensamientos o necesidades que dan forma a nuestros sentimientos, y a expresar nuestras peticiones en un lenguaje claro y de acción, la CNV eleva nuestra consciencia del condicionamiento cultural que nos influencia en cada momento. Y observar esto bajo la luz de nuestra consciencia es un paso clave para liberarnos de las garras de nuestro condicionamiento.

> Es posible liberarnos de nuestro condicionamiento cultural.

Resolver conflictos internos

Podemos aplicar la CNV para resolver aquellos conflictos internos que con frecuencia nos llevan a la depresión. En su libro *The Revolution in Psychiatry* (La revolución en la psiquiatría), Ernest Becker atribuye la depresión a "alternativas cognitivamente arrestadas". Esto significa que cuando tenemos un diálogo interno enjuiciante, nos desconectamos de lo que necesitamos y no podemos actuar para satisfacer esas necesidades. La depresión indica un estado de alienación de nuestras propias necesidades.

En una ocasión, una estudiante de CNV estaba pasando por una fuerte etapa de depresión. Le pedí que identificara las voces internas que escuchaba cuando se sentía más deprimida y que luego las escribiera en forma de diálogo, como si se estuvieran hablando entre ellas. Éstas fueron las dos primeras líneas de su diálogo:

Voz 1 (mujer profesional): *Debería hacer más con mi vida. Estoy desperdiciando mi educación y mis talentos.*
Voz 2 (madre responsable): *No seas irrealista. Eres madre de*

dos hijos y no te das abasto, ¿cómo vas a poder con una cosa más?

Nota cómo estos mensajes internos están infestados de términos enjuiciantes y frases como *"debería"*, *"desperdiciando mi educación y talentos"*, y *"no das abasto"*. Variaciones de este diálogo habían rondado la cabeza de esta mujer durante meses. Le pedí que se imaginara la voz de la "mujer profesional" tomando una "píldora CNV" a fin de reformular su mensaje siguiendo el modelo: "Cuando *a*, siento *b* porque necesito *c*. Por eso, me gustaría *d*".

Seguidamente, la mujer tradujo su *"debería hacer más con mi vida. Estoy desperdiciando mi educación y mis talentos"* por *"cuando* paso tanto tiempo en casa con los niños sin ejercer mi profesión, *me siento* deprimida y desmotivada porque *necesito* la realización que me aporta mi profesión. *Por eso, quiero* encontrar un trabajo de medio tiempo en mi profesión.

Posteriormente, la voz de la "madre responsable" tuvo su turno para pasar por el proceso de traducción. Las líneas *"no seas irrealista. Eres madre de dos hijos y no te das abasto, ¿cómo vas a poder con una cosa más?"* se convirtieron en: "Cuando me imagino yendo al trabajo, *me siento* asustada porque necesito estar segura de que los niños estarán bien cuidados. *Por eso, me gustaría* planificarme para encontrarles un cuidado infantil de calidad mientras estoy en el trabajo y encontrar tiempo suficiente para estar con ellos cuando no esté cansada".

La mujer sintió un gran alivio tan pronto tradujo sus mensajes internos al lenguaje de la CNV. De esa forma, pudo ir más allá de los mensajes alienantes que se había estado repitiendo y ofrecerse empatía a sí misma. Aunque seguía enfrentándose a retos prácticos, como asegurarse de conseguir un cuidado infantil de calidad y lograr el apoyo de su esposo, ya no estaba más sujeta al diálogo enjuiciante interno que le impedía estar consciente de sus propias necesidades.

> La habilidad de escuchar nuestros propios sentimientos y necesidades, y de empatizar con ellos nos puede liberar de la depresión.

Cuidar nuestro ambiente interno

Cuando estamos enmarañados con pensamientos de crítica, culpa o ira es difícil establecer un ambiente interno sano para nosotros mismos. La CNV nos ayuda a crear un estado de mayor paz mental porque nos anima a enfocarnos en lo que realmente necesitamos y no en lo que está mal con los demás o con nosotros mismos.

Durante una formación, una participante nos contó sobre el profundo descubrimiento personal que había tenido en esos tres días. Una de sus metas para dicha formación era cuidar bien de sí misma, sin embargo, en la madrugada del segundo día se despertó con el peor dolor de cabeza que había tenido en tiempos recientes. "Normalmente, lo primero que hubiera hecho era analizar lo que había hecho mal. ¿Me hizo daño la comida? ¿Me permití estresarme? ¿Hice esto, hice aquello?. Sin embargo, como estoy trabajando con la CNV para cuidar mejor de mí misma, me pregunté: '¿Qué necesito hacer para mí misma en este instante con este dolor de cabeza?'

> Enfoquémonos en lo que queremos hacer y no en lo que sucedió mal.

"En vez de auto-flagelarme, me senté e hice un montón de giros lentos de cuello, me paré, caminé e hice otras cosas para cuidarme en ese instante. Mi dolor de cabeza se desvaneció al grado que pude asistir a la mayor parte del taller de ese día. Este fue un descubrimiento trascendental para mí. Lo que entendí al empatizar con mi dolor de cabeza, fue que no me había prestado suficiente atención el día anterior y que el dolor de cabeza me estaba diciendo: 'necesitas darte más atención'. Así que primero me di la atención que necesitaba y luego pude asistir al taller. He tenido dolores de cabeza toda mi vida y éste fue un punto de inflexión fundamental para mí".

En otro taller un participante preguntó cómo se podía utilizar la CNV para liberarnos de mensajes que provocan ira cuando estamos frente al volante. ¡Éste era un tema familiar para mí!. Durante años, mi trabajo implicó manejar en carretera por todo el país y yo estaba cansado de los mensajes provocadores de ira que me pasaban por la mente. Todo aquel que no manejaba según mis estándares se convertía en mi archienemigo, en un villano. Me abrumaban los pensamientos que me pasaban por la cabeza: "¿Qué carajo está haciendo ese tipo? ¿Acaso no se da cuenta de que va manejando?". En ese estado mental, lo único que me interesaba era castigar a los otros conductores y como no podía hacerlo, la ira se acumulaba en mi cuerpo y sentía las consecuencias.

Eventualmente aprendí a traducir mis juicios en sentimientos y necesidades y darme empatía a mí mismo: "¡Me siento petrificado cuando la gente maneja de esa forma!; ¡Me gustaría que pudieran ver qué peligroso es lo que están haciendo!". ¡Uff!

> **Reduce tu estrés escuchando tus propios sentimientos y necesidades.**

Me sorprendió darme cuenta de que yo era capaz de crear menos estrés para mí mismo cuando simplemente tomaba consciencia de lo que estaba sintiendo y necesitando, en vez de culpar a otros.

Posteriormente, decidí practicar la empatía hacia los otros conductores y fui premiado con una gratificante primera experiencia. Estaba estancado detrás de un carro que iba muy por debajo del límite de velocidad y que frenaba en cada cruce. Gruñendo y echando humo me estaba diciendo a mí mismo: "¿Qué forma de manejar es esa?". Notando el estrés que me estaba ocasionando, cambié mi forma de pensar hacia lo que el otro conductor podía estar sintiendo y necesitando. Imaginé que la persona estaba perdida, confundida y deseando que los de atrás tuviéramos paciencia. En ese momento, la vía se amplió lo suficiente como para que yo pasara y viera que la conductora era una mujer de más de ochenta años con

> **Reduce el estrés empatizando con los demás.**

una expresión de terror en su rostro. Me alegró que mi intento de ofrecer empatía hubiera calmado mis ganas de tocar la bocina o de aplicar mis tácticas habituales para expresar molestia hacia las personas cuya forma de manejar me molesta.

Reemplazar el diagnóstico con la CNV

Hace un buen tiempo, tras haber invertido nueve años de mi vida formándome y adquiriendo los diplomas necesarios para calificar como psicoterapéuta, me topé con un diálogo entre el filósofo israelí Martin Buber y el psicólogo estadounidense Carl Rogers, en el cual Buber se cuestionaba si era posible hacer psicoterapia en el rol de psicoterapeuta. En aquel momento, Buber estaba de visita en los Estados Unidos y había sido invitado, junto a Carl Rogers, a participar en un conversatorio en un hospital psiquiátrico delante de un grupo de profesionales de la salud mental.

En este diálogo, Buber plantea que el crecimiento humano ocurría en el encuentro de dos individuos que expresaban vulnerable y auténticamente dentro de lo que él llamó una relación "yo-tú". Buber no creía que este tipo de autenticidad fuera posible cuando el encuentro se daba entre los roles de psicoterapéuta y cliente. Rogers estuvo de acuerdo con que la autenticidad era un prerequisito para el crecimiento. Sin embargo, mantuvo que los psicoterapéutas iluminados podían elegir trascender su rol y encontrarse con sus clientes desde la autenticidad.

Buber mostraba escepticismo. Éste opinaba que aunque los psicoterapéutas estuvieran comprometidos y pudieran relacionarse con sus clientes de forma auténtica, era imposible tener un encuentro de este tipo mientras los clientes siguieran viéndose como clientes y a los psicoterapéutas como psicoterapéutas. Buber observaba que el proceso mismo de agendar citas en un consultorio y pagar tarifas reducía la posibilidad de una conexión auténtica entre dos personas.

Este diálogo aclaró mi ambivalencia de larga data hacia el desapego clínico —una regla sacrosanta de la psicoterapia psicoanalítica en la que fui educado. Traer los sentimientos y necesidades propias a la psicoterapia era visto tradicionalmente como un signo de patología de parte del terapéuta. Los psicoterapéutas competentes se mantenían fuera del proceso terapéutico y funcionaban como espejos para que los clientes proyectaran sus transferencias y las trabajaran con la ayuda del psicoterapéuta. Yo entendía la lógica de mantener el proceso interno del psicoterapéuta fuera de la psicoterapia y de proteger al cliente de que el psicoterapéuta abordase conflictos internos a sus expensas. Sin embargo, siempre me sentí incómodo con el requisito de mantener la distancia emocional y es más, creía en las ventajas de introducirme a mí mismo dentro del proceso.

Fue así como empecé a experimentar el reemplazar el lenguaje clínico por el lenguaje de la CNV. En vez de interpretar lo que mis clientes decían según las teorías de personalidad que yo había estudiado, me hacía presente a sus palabras y los escuchaba empáticamente. En vez de diagnosticarlos, les revelaba lo que estaba sucediendo dentro de mí. Al principio sentí miedo. Me preocupaba cómo mis colegas reaccionarían a la autenticidad con la cual dialogaba con mis clientes.

Sin embargo, los resultados eran tan gratificantes, tanto para mis clientes como para mí, que pronto superé mis dudas. Hoy en día, treinta y cinco años después, el concepto de traerse como terapeuta plenamente a la relación con el cliente no es un sacrilegio. Sin

> Yo empatizaba con los clientes en vez de interpretarlos y me revelaba a mí mismo en vez de diagnosticarlos.

embargo, cuando inicié esta práctica y era invitado a hablar delante de grupos de psicoterapéutas los cuales me retaban a que mostrara este nuevo rol.

Una vez me pidieron demostrar delante de un numeroso grupo de profesionales de la salud mental en un hospital psiquiátrico público cómo usar la CNV para aconsejar a personas que sufrían de angustia. Después de mi presentación de una hora, me pidieron entrevistar a una paciente y ofrecer una evaluación y recomendación para su tratamiento. Durante hora y media, conversé con una mujer de veintinueve años, madre de tres niños. Cuando la mujer salió del salón, el personal responsable de atenderla empezó a hacerme preguntas. "Dr. Rosenberg", inició su psiquiatra, "por favor ofrézcanos una diagnosis diferencial. En su opinión, ¿esta mujer manifiesta una reacción esquizofrénica o es un caso de psicosis inducida por fármacos?".

Le contesté que me sentía incómodo con este tipo de preguntas. Incluso cuando trabajaba en un hospital psiquiátrico durante mi formación, me costaba etiquetar a la gente según dichos diagnósticos de clasificación. Desde ese momento, he leído investigaciones que revelan desacuerdos entre psiquiatras y psicólogos en relación a estos términos. Los reportes concluyen que el diagnóstico de pacientes en los hospitales mentales depende más de la escuela a la que habían asistido los psiquiatras que de los pacientes en sí mismos.

Expliqué que sentía renuencia a aplicar estos términos, aunque fueran comúnmente utilizados, porque no veía cómo beneficiaba a los pacientes. En el campo de la medicina física, identificar el proceso del trastorno que ha creado la enfermedad, con frecuencia ofrece una dirección clara para su tratamiento. Sin embargo, yo no percibía esta misma relación en el campo de lo que llamamos la enfermedad mental. Mi experiencia en las reuniones sobre casos en los hospitales, era que el personal pasaba la mayor parte del tiempo deliberando sobre diagnósticos. Cuando la hora estaba a punto de acabarse, el psiquiatra a cargo de la reunión apelaba a la ayuda de sus colegas para encontrar un plan de tratamiento. Con frecuencia, esta petición era ignorada a favor de continuar la discusión sobre el diagnóstico del paciente.

Le expliqué a dicho psiquiatra que la CNV me anima a hacerme las siguientes preguntas y no a pensar en qué está mal con el paciente: "¿Qué está sintiendo esta persona? ¿Qué está necesitando? ¿Cómo me siento en respuesta a esta persona y qué necesidades hay detrás de mis sentimientos? ¿Qué acción o decisión quiero pedirle a esta persona que tome suponiendo que le ayudará a vivir más feliz?". Ya que nuestras respuestas a estas preguntas revelarían bastante acerca de nosotros y de nuestros valores, nos sentiríamos mucho más vulnerables haciendo estas preguntas que simplemente diagnosticando a la otra persona.

En otra ocasión, me llamaron para demostrar cómo se podía enseñar la CNV a personas diagnosticadas con esquizofrenia crónica. En presencia de aproximadamente ochenta psicólogos, psiquiatras, trabajadores sociales y enfermeras, fueron colocados quince pacientes sobre el escenario para que yo los entrevistara. Mientras me presentaba y explicaba el propósito de la CNV, uno de los pacientes expresó una reacción que me pareció irrelevante en torno a lo que yo estaba diciendo. Consciente de que esta persona había sido diagnosticada con esquizofrenia crónica, sucumbí al pensamiento clínico de suponer que mi incapacidad de entenderlo se debía a su propia confusión. "Me parece que le está costando seguirle el hilo a lo que estoy diciendo", expresé.

En ese punto, otro paciente intervino: "Yo entiendo lo que él está diciendo" y procedió a explicar la relevancia de las palabras del primer paciente en el contexto de mi presentación. Cuando reconocí que el hombre no estaba confundido y que simplemente yo no había captado la conexión entre nuestros pensamientos, noté con abatimiento la facilidad con la cual le había atribuido la responsabilidad de la falla en nuestra comunicación. Me hubiese gustado haber asumido la responsabilidad de mis propios sentimientos diciendo algo como por ejemplo: "Estoy confundido. Me gustaría ver la conexión entre lo que estoy diciendo y su respuesta, pero no la veo. ¿Podría explicarme cómo sus palabras se relacionan con lo que dije?".

Con la excepción de este breve paso por el pensamiento clínico, la sesión con los pacientes fue exitosa. El personal, impresionado con las respuestas de los pacientes, me preguntaron si los consideraba un grupo de pacientes excepcionalmente cooperador. Respondí que cuando evitaba diagnosticar a las personas y me conectaba con lo que estaba vivo en ellos y en mí, las personas tendían a responder positivamente.

Seguidamente, un miembro del personal solicitó que, como experiencia de aprendizaje, realizara una sesión similar con algunos psicólogos y psiquiatras como participantes. En este punto, los pacientes en el escenario intercambiaron sus puestos con algunos voluntarios de la audiencia. Al trabajar con el personal, se me dificultó aclararle a un psiquiatra la diferencia entre la comprensión intelectual y la empatía según la CNV. Cada vez que alguien en el grupo expresaba sus sentimientos, este psiquiatra ofrecía su comprensión de las dinámicas psicológicas detrás de sus sentimientos. Cuando esto sucedió por tercera vez, uno de los pacientes en la audiencia explotó: "¿No ve que lo está haciendo otra vez? ¡Está interpretando lo que ella dice en vez de empatizar con sus sentimientos!".

Cuando adoptamos las herramientas y la consciencia de la CNV, podemos aconsejar a otros con encuentros que son genuinos, abiertos y mutuos, en lugar de recurrir a relaciones profesionales caracterizadas por la distancia emocional, el diagnóstico y la jerarquía.

Resumen

La CNV realza la comunicación interna ayudándonos a traducir los mensajes negativos internos por sentimientos y necesidades. Nuestra capacidad para distinguir nuestros propios sentimientos y necesidades y empatizar con ellos puede liberarnos de la depresión. La CNV nos muestra que al enfocarnos en lo que realmente queremos y no en lo que está mal con los demás o con nosotros mismos, tenemos las herramientas y la comprensión necesarias para crear un estado mental de mayor paz. Los profesionales en el área de la consejería y la psicoterapia pueden también usar la CNV para generar relaciones mutuas y auténticas con sus clientes.

La CNV en acción

Lidiar con el resentimiento y el autojuicio

Una estudiante de Comunicación No Violenta cuenta la siguiente historia:

Al terminar mi primer retiro residencial de CNV, me esperaba en casa una amiga que hacía dos años que no veía. Iris había sido bibliotecaria durante veinticinco años y nos conocimos durante un curso intenso de dos semanas que combinaba retos de trabajo personal y supervivencia en la naturaleza, y que culminó con un ayuno solitario de tres días en las Montañas Rocosas de Colorado. Después de escuchar mi entusiasta descripción de la CNV, Iris me contó que aún sentía dolor por algo que le había dicho una de las líderes de aquella experiencia seis años atrás. Yo recordaba claramente a esta persona: Lía, una mujer "salvaje" con palmas surcadas por cortaduras de sogas, sosteniendo con firmeza cuerpos asegurados y pendulantes contra la montaña. Lía leía las heces de los animales, aullaba en la oscuridad, danzaba su alegría, lloraba su verdad y nos mostró sus nalgas mientras nos despedíamos por última vez desde el bus. Lo que Iris escuchó a Lía decir durante una de sus sesiones de retroalimentación fue:

"Iris, no soporto a la gente como tú, con esa puta dulzura y amabilidad en todo momento y en todo lugar, como la bibliotecaria mansita que eres. ¿Por qué no le pones un paro y vives tu vida?".

Durante seis años Iris había estado escuchando la voz de Lía y respondiéndole en su cabeza. Ambas nos entusiasmamos por explorar cómo la consciencia CNV hubiera podido afectar la situación. Yo asumí el rol de Lía y le repetí la afirmación anterior.

Iris: *(Olvidándose de la CNV y escuchando crítica y*

descalificación) No tienes derecho a decir eso. No sabes quién soy. ¡No sabes qué tipo de bibliotecaria soy! Me tomo mi profesión con seriedad, y para tu información, me considero una educadora, como cualquier docente...

Yo: *(con consciencia CNV, escuchando empáticamente, en el rol de Lía)* Percibo que estás molesta porque te gustaría que reconozca quién eres antes de criticarte. ¿Es eso lo que quieres?

Iris: ¡Por supuesto! Ni siquiera tienes idea de cuánta valentía me tomó inscribirme en esta excursión. ¡Y mira! Llegué hasta el final ¿o no? ¡Me apunté a todos los retos durante estos catorce días y los superé todos!

Yo: ¿Te sientes dolida y te gustaría un poco de reconocimiento y apreciación por toda tu valentía y tus esfuerzos?

Después de un par de interacciones, Iris experimentó un cambio. A menudo, el cuerpo refleja los cambios que ocurren cuando la persona se siente "escuchada" a plenitud. Por ejemplo, la persona se relaja y toma una respiración profunda. Esto con frecuencia indica que la persona ha recibido la empatía adecuada y es capaz de desplazar su atención hacia algo diferente del dolor que ha venido expresando. A veces la persona está dispuesta a escuchar los sentimientos y necesidades del otro. En otras ocasiones se necesita una ronda más de empatía para atender el área donde todavía hay dolor. En esta situación con Iris me di cuenta de que había otra parte que necesitaba atención antes de que ella pudiera escuchar a Lía. Durante seis años, Iris se había estado flagelando por no haber respondido honorablemente durante aquel instante. Después de ese pequeño cambio, Iris continuó:

Iris: ¡Maldita sea, debí haberle dicho todo esto hace seis años!

Yo: *(fuera de rol, como amiga empática)* ¿Te sientes frustrada porque te hubiese gustado haberte expresado mejor en aquel momento?

Iris: ¡Me siento como una idiota! Yo sabía que no era un "bibliotecaria mansita" pero ¿por qué no se lo dije?

You: ¿Hubieras deseado haber estado más conectada contigo misma para habérselo dicho?

Iris: Sí. ¡Y también estoy molesta conmigo misma! Ojalá no la hubiese dejado mandonearme.

Yo: ¿Te hubiese gustado haber sido más asertiva de lo que fuiste?

Iris: Exacto. Necesito recordar que tengo el derecho de defender quien soy.

Iris se quedó en silencio por un par de segundos. Luego expresó que estaba lista para practicar la CNV y escuchar con otros oídos lo que Lía le había dicho.

Yo: *(en el rol de Lía)* "Iris, no soporto a la gente como tú, con esa puta dulzura y amabilidad en todo momento y en todo lugar, como la bibliotecaria mansita que eres. ¿Por qué no le pones un paro y vives tu vida?".

Iris: *(tratando de escuchar los sentimientos, necesidades y peticiones de Lía)* Lía, percibo que estás realmente frustrada... frustrada porque... frustrada porque yo...

Y en este punto Iris se dió cuenta de que está cometiendo un error común. Al utilizar la palabra "yo", se atribuye a sí misma la responsabilidad de lo que Lía está sintiendo, en vez de atribuirlo a algún deseo de la misma Lía. Es decir, "estás frustrada porque yo soy de una cierta forma", en vez de, "estás frustrada porque tú deseas algo diferente de mi parte".

Iris: (tratando de nuevo) Ok, Lía, me parece que te sientes muy frustrada porque quieres..., eee..., quieres...

Como había estado representando el rol de Lía y tratando de identificarme con ella, tuve un repentino destello de consciencia de lo que Lía estaba anhelando:

Yo: (en el rol de Lía) ¡Conexión!... ¡Eso es lo que quiero! Quiero sentirme conectada... ¡contigo Iris! Y me siento tan frustrada con toda esa dulzura y amabilidad que se interponen entre nosotras ¡que quiero hacerlas añicos para poder sentirme realmente conectada contigo!

Ambas sentimos un poco de sorpresa al escuchar esta explosión y luego Iris comentó: "Si hubiera sabido que eso era lo que ella quería, si ella me hubiera dicho que quería una conexión genuina conmigo... Por Dios, casi siento amor". Aunque Iris nunca pudo encontrar a la verdadera Lía y verificar esta percepción, después de esa sesión Iris alcanzó la resolución interna de ese agobiante conflicto y pudo empezar a escuchar con una nueva consciencia a las personas a su alrededor que decían cosas que antes interpretaba como "descalificaciones".

...mientras más te conviertes en conocedor de la gratitud,

menos eres víctima del resentimiento, la depresión y la desesperanza.

La gratitud actuará como un elixir que gradualmente disolverá la dura coraza de tu ego —tu necesidad de poseer y controlar— y te trasformará en un ser generoso.

El sentido de gratitud produce una verdadera alquimia que nos hace magnánimos —amplios de alma.

—Sam Keen, filósofo

Expresar apreciación usando la Comunicación No Violenta

La intención detrás de la apreciación

"Hiciste un buen trabajo en el reporte"

"Eres una persona muy sensible"

"Fue muy gentil de tu parte haberme traído a casa anoche"

Este tipo de afirmaciones son utilizadas como expresiones de apreciación en la comunicación enajenada de la vida. Tal vez te sorprenda que piense que la alabanza y los halagos nos alienan de la vida. Nota, sin embargo, que la apreciación expresada en esta forma, nos revela poco sobre el hablante y lo coloca en la posición de un juez. Defino los juicios —positivos y negativos— como comunicación enajenada de la vida.

> Los halagos son con frecuencia juicios—aunque positivos— de los otros.

En las capacitaciones corporativas, a menudo me topaba con jefes que defendían la práctica de alabar y halagar a sus empleados bajo la premisa de que "funciona". Según ellos, "estudios demuestran que cuando un jefe halaga a sus empleados, trabajan más. Lo mismo sucede en las escuelas, si los profesores halagan a sus alumnos, estudian más". Estoy familiarizado con dichos estudios y pienso que quien recibe estas alabanzas sí trabaja más, pero solo al principio. Tan pronto percibe la manipulación detrás de la apreciación, baja su productividad. Lo más perturbador para mí es que la belleza de la apreciación se pierde cuando la gente empieza a notar la intención oculta de aprovecharse de ella.

Más allá de eso, cuando utilizamos la retroalimentación positiva para influenciar a otros, no siempre nos queda claro cómo los otros han recibido nuestro mensaje. Esto lo ilustra una caricatura donde un nativo americano le dice a otro: "¡Mira cómo uso la psicología moderna con mi caballo!". Lleva a su amigo a un lugar donde el caballo puede escucharlos y exclama: "¡Tengo el caballo más rápido y valiente de todo el oeste!". El caballo se entristece y se dice a sí mismo: "¿Cómo te parece? Se fue y se compró otro caballo".

Cuando utilizamos la CNV para expresar apreciación, lo hacemos con la intención exclusiva de celebrar, no de recibir algo a cambio. Nuestra única intención es celebrar la forma como nuestras vidas han sido enriquecidas por otros.

> Expresemos apreciación para celebrar, no para manipular.

Los tres componentes de la apreciación

En la expresión de la apreciación, la CNV distingue claramente tres componentes:

1. Las acciones que contribuyeron a nuestro bienestar.
2. Las necesidades particulares nuestras que fueron satisfechas.
3. Los sentimientos placenteros generados por la satisfacción de nuestras necesidades.

La secuencia de estos ingredientes puede variar; a veces podemos comunicar los tres con una sonrisa o un simple "gracias". Sin embargo, si queremos asegurarnos de que nuestra apreciación fue plenamente recibida, es valioso desarrollar la elocuencia de expresar los tres componentes verbalmente.

> Decimos "gracias" en CNV de la siguiente forma: "Esto fue lo que hiciste, esto es lo que siento y ésta es la necesidad que satisfizo".

El siguiente diálogo ilustra cómo la alabanza puede ser transformada en una apreciación que contiene los tres componentes.

> Participante: *(se me acerca al final de un taller)* Marshall, ¡eres brillante!
>
> MBR: No me llega tu apreciación tanto como quisiera.
>
> Participante: ¿Por qué? ¿Qué quieres decir?
>
> MBR: A lo largo de mi vida me han dado muchos nombres, sin embargo, no recuerdo haber aprendido nada de éstos. Me gustaría aprender algo de tu apreciación y para eso necesito más información.
>
> Participante: ¿Cómo qué?
>
> MBR: En primer lugar, me gustaría saber qué dije o hice para que tu vida fuese más maravillosa.
>
> Participante: Bueno, eres muy inteligente.
>
> MBR: Me temo que acabas de expresar otro juicio que también me hace preguntarme: ¿qué hice para que tu vida fuese más maravillosa?
>
> Participante: *(piensa por unos instantes, luego me muestra unas notas que tomó durante el taller)* Estas dos cosas que dijiste.
>
> MBR: ¡Ah! entonces aprecias esas dos cosas que dije.
>
> Participante: Sí.
>
> MBR: Ahora me gustaría saber cómo te sientes en relación a esas dos cosas que dije.
>
> Participante: Esperanzada y aliviada.
>
> MBR: Ahora me gustaría saber qué necesidades tuyas fueron satisfechas por esas dos cosas que dije.
>
> Participante: Tengo un hijo de dieciocho años con el cual no logro comunicarme. He estado desesperada buscando alguna orientación que me ayude a relacionarme de una forma más amorosa con él y esas dos cosas que dijiste me dieron la orientación que buscaba.

Después de escuchar estos tres datos de información —lo que hice, cómo ella se sintió y qué necesidades estuvieron satisfechas—

pude entonces celebrar la apreciación con ella. Si ella se hubiese expresado en lenguaje CNV desde el principio, su apreciación hubiese sonado algo como: "Marshall, cuando dijiste estas dos cosas (mostrándome sus notas) me sentí esperanzada y aliviada porque he estado buscando una forma de conectar con mi hijo y éstas me dieron la orientación que buscaba".

Recibir apreciación

Para muchos de nosotros, es genuinamente difícil recibir apreciación. Dudamos de si realmente lo merecemos. Nos angustia no saber qué se espera de nosotros —especialmente si tenemos profesores o jefes que usan la apreciación para incitarnos a producir más. Nos preocupa no estar a la altura de dicha apreciación. Estamos acostumbrados a una cultura cuyos mecanismos habituales de intercambio son comprar, ganar y merecer, así que nos sentimos incómodos con el simple acto de dar y recibir.

La CNV nos motiva a recibir la apreciación con la misma calidad de empatía con la que escuchamos los mensajes de otros. Escuchamos lo que hicimos que contribuyó su bienestar; escuchamos los sentimientos y necesidades que fueron satisfechas. Abrimos nuestro corazón a la feliz realidad de que podemos mejorar la calidad de vida de los demás.

Mi amigo Nafez Assailey me enseñó cómo recibir apreciación con el corazón abierto. Nafez era miembro del equipo palestino que invité a Suiza para una capacitación de CNV en una época en la que, por seguridad, no era posible realizar reuniones mixtas entre palestinos e israelíes en ninguno de sus países. Al final del taller, Nafez se acercó y me dijo: "Esta capacitación nos será muy útil para trabajar por la paz de nuestro país. Me gustaría agradecerte de la forma como los musulmanes sufíes expresamos apreciación". Nafez colocó su pulgar contra el mío y mirándome a los ojos me dijo: "Beso al Dios en ti que te permitió darnos lo que nos diste". Luego besó mi mano.

La expresión de gratitud de Nafez me mostró una forma diferente de recibir apreciación. Usualmente, la apreciación se recibe desde uno de dos polos. En un extremo está el egocentrismo, creer que somos superiores porque nos han apreciado. En el otro extremo está la falsa humildad, negar la importancia de la apreciación: "Ah, no fue nada".

> **Recibamos la apreciación sin sentimientos de superioridad ni falsa humildad.**

Nafez me mostró que podía recibir apreciación de forma gozosa, con la consciencia de que Dios ha dado a cada persona el poder de enriquecer la vida de otros. Si tengo consciencia de que es el poder de Dios a través de mí lo que me permite enriquecer la vida de otros, puedo entonces evitar tanto la trampa del ego como la falsa humildad.

En una ocasión, Golda Meir, cuando era primer ministro de Israel, reprendió a uno de sus ministros: "No seas tan humilde, no eres tan grandioso". Las siguientes líneas atribuidas a la escritora contemporánea Marianne Williamson también me ayudan a evitar la trampa de la falsa humildad:

Nuestro miedo más profundo no es que seamos insuficientes. Nuestro temor más profundo es que somos infinitamente poderosos.

Es nuestra luz y no nuestra oscuridad la que nos asusta. Nos preguntamos: "¿quién soy yo para ser brillante, magnífico, talentoso y fabuloso?". Eres hijo de Dios. Haciéndote pequeño no ayudas al mundo.

No hay nada de iluminado en empequeñecerse para que otras personas no se sientan inseguras a tu alrededor.

Nacimos para manifestar la gloria de Dios que vive en nosotros, no solo en algunos, sino en todos.

Al permitir que brille nuestra luz, le damos permiso tácitamente a otros de hacer lo mismo.

Al liberarnos de nuestro miedo, nuestra presencia libera automáticamente a otros.

El hambre de apreciación

Paradójicamente, a pesar de la incomodidad que nos produce recibir apreciación, la mayoría de nosotros anhela ser genuinamente reconocido y apreciado. Durante una fiesta sorpresa que me hicieron, un amigo de doce años sugirió un juego para ayudar a los invitados a presentarse. La instrucción era escribir una pregunta en un papel, depositarla en una caja y posteriormente sacar una pregunta, uno a uno, y responderla en voz alta.

Yo acababa de hacer una consultoría para varias agencias de servicios sociales y organizaciones industriales y estaba impresionado por la frecuencia con la que las personas expresaban hambre de apreciación en su trabajo: "No importa que tan duro trabajes, nunca te dicen ni una palabra positiva. Pero cometes un error y siempre te salta alguien encima". Así que para el juego, escribí la siguiente pregunta: "¿Qué apreciación te gustaría recibir que te dejara saltando de gozo?".

Durante la fiesta, una mujer sacó mi pregunta de la caja, la leyó y empezó a llorar. Como directora de un albergue para mujeres maltratadas, invertía una energía considerable cada mes diseñando un calendario de actividades para complacer a la mayor cantidad de gente posible. Sin embargo, cada vez que presentaba el calendario, al menos un par de personas se quejaba. Esta mujer no recordaba nunca haber recibido apreciación por su esfuerzo de diseñar un calendario justo. Todo esto le pasó por la mente cuando leyó mi pregunta y su hambre de apreciación la hizo llorar.

Después de escuchar la historia de la mujer, otro amigo dijo que quería responder a la misma pregunta. Todas las personas siguientes quisieron también responderla y varios lloraron al hacerlo.

A pesar de que el hambre de apreciación —y no la manipulación con halagos— sea particularmente evidente en el lugar de trabajo, afecta también la vida familiar. Una noche cuando le mencioné a mi hijo Brett que no había cumplido con una tarea del hogar, me respondió: "Papá, ¿estás

> Tendemos a notar lo está mal en vez de lo que está bien.

consciente de cuántas veces mencionas lo que sale mal y de que casi nunca mencionas lo que sale bien?". Su observación me quedó resonando. Me di cuenta de que estaba continuamente buscando mejoras y de que casi nunca me detenía a celebrar las cosas que estaban saliendo bien. Por ejemplo, acaba de terminar un taller con más de cien participantes, los cuales habían evaluado el taller como excelente, con excepción de una persona. Sin embargo, lo que me quedó resonando fue la insatisfacción de esa persona.

Esa noche, volví a casa y escribí una canción que empezaba así:

Si soy noventa y ocho por ciento perfecto
en todo lo que hago,
al terminar, lo único que recuerdo es
el dos por ciento que salió mal.

Entonces, recordé que tenía la posibilidad de elegir la perspectiva de una profesora que conocía. En una ocasión, uno de sus estudiantes no había estudiado para un examen, así que se resignó a entregar la hoja en blanco con tan solo su nombre. El chico se sorprendió cuando la profesora le devolvió el examen con una calificación de 14 por ciento. "¿Qué hice para ganar 14 por ciento?", preguntó el estudiante incrédulamente. "Pulcritud" respondió la profesora. A partir del comentario de mi hijo Brett, trato de estar más consciente de lo que hacen las personas a mi alrededor que enriquece mi vida y de pulir mi habilidad de expresar apreciación.

Superar la renuencia a expresar apreciación

Me conmovió profundamente un pasaje del libro de John Powell *El secreto para seguir enamorado*, en el cual Powell relata la tristeza de no haber podido expresarle a su padre en vida cuánto lo apreciaba. ¡Qué doloroso me parece perder la oportunidad de apreciar a las personas que más influencia han tenido en nuestra vida!

Al decir esto me viene a la mente mi tío Julius Fox. Cuando yo era niño, mi tío venía todos los días a cuidar a mi abuela, quien estaba paralizada de cuerpo completo. Siempre la cuidaba con una cálida y amorosa sonrisa en su rostro. Independientemente de cuán desagradable pareciera la tarea a mis ojos de niño, mi tío la trataba como si ella le estuviera haciendo el favor más grande del mundo al permitirle cuidarla. Éste fue para mí un maravilloso modelo de fortaleza masculina, al cual he retornado muchas veces a lo largo de los años.

Caí en cuenta de que nunca le había expresado apreciación a mi tío, quien estaba ahora enfermo y cerca de la muerte. Consideré hacerlo pero percibí mi propia resistencia: "Estoy seguro de que él sabe lo mucho que significa para mí, no necesito decírselo en voz alta; además, puedo avergonzarlo si se lo digo". Tan pronto estos pensamientos pasaron por mi cabeza, supe que no eran ciertos. Con mucha frecuencia he supuesto que otros saben la intensidad de mi apreciación por ellos, solo para descubrir lo contrario. Incluso cuando las personas se sentían avergonzadas, querían escuchar la apreciación verbalizada.

Aún dudoso, me dije a mí mismo que las palabras no llegaban a captar la profundidad de lo que yo deseaba comunicar. Pronto pude ver más allá de ese pensamiento: Sí, las palabras pueden ser vehículos deficientes para transmitir las realidades de nuestro corazón, pero hay algo que he aprendido en la vida, y es que "cualquier cosa que valga la pena hacerse, vale la pena hacerla mal".

Pronto, me encontré sentado al lado de mi tío Julius en una reunión familiar y las palabras simplemente me fluyeron. Mi tío las recibió con alegría, sin vergüenza. Con el corazón pleno esa noche, llegué a mi casa y compuse un poema y se lo envié. Posteriormente me contaron que todos los días antes de morir tres semanas después, había pedido que le leyeran el poema.

Resumen

Los halagos convencionales, aunque sean positivos, con frecuencia toman la forma de juicios y a veces tienen la intención de manipular el comportamiento de los otros. La CNV nos anima a dar apreciación solamente para expresar celebración. Expresamos

(1) la acción que contribuyó a nuestro bienestar (2) la necesidad particular que fue satisfecha y (3) los sentimientos placenteros resultantes.

Cuando recibimos apreciación de esta forma, podemos hacerlo sin sentir superioridad ni falsa humildad —por el contrario, podemos celebrar junto a la persona que nos está ofreciendo su apreciación.

Epílogo

Una vez le pregunté a mi tío Julius cómo había desarrollado su extraordinaria capacidad para dar compasivamente. Pareció sentirse honrado por mi pregunta, la cual ponderó antes de contestar: "He sido bendecido con buenos maestros". Cuando le pregunté quiénes habían sido, me respondió: "Tu abuela fue la mejor maestra que tuve. Tu viviste con ella cuando ya estaba enferma, así que no la conociste en realidad. Por ejemplo: ¿te contó tu madre alguna vez sobre la época de la Gran Depresión cuando tu abuela trajo a un sastre, su esposa y sus dos hijos a vivir con nosotros durante tres años, cuando perdieron su casa y su negocio?". Yo me acordaba bien de esa historia. Había quedado muy impresionado la primera vez que mi madre me la contó, porque no podía entender de dónde mi abuela había sacado el espacio para la familia del sastre ¡cuando ella misma estaba criando a nueve hijos en una casa modestamente pequeña!.

El tío Julius me recordó la compasión de mi abuela a través de otro par de anécdotas, todas las cuales había escuchado de niño. Luego me preguntó: "Seguro tu madre te contó la historia de Jesús".

"¿De quién?".

"De Jesús".

"No, nunca me contó sobre Jesús".

La historia de Jesús fue el último regalo preciado que recibí de mi tío Julius antes de morir. Es una historia de la vida real en la que un hombre tocó a la puerta de mi abuela pidiendo comida. Esto no era inusual. A pesar de que mi abuela era muy pobre, era conocida por todo el vecindario por dar de comer a cualquiera que se apareciera en su puerta. Este hombre tenía barba y un pelo negro rebelde y desaliñado, estaba vestido con harapos y portaba una cruz hecha de ramas amarradas con una soga. Mi abuela lo invitó a la cocina para darle comida y mientras comía le preguntó su nombre.

"Me llamo Jesús", le respondió el hombre.

"¿Tienes apellido?", le preguntó mi abuela.

"Soy Jesús El Señor". (El inglés de mi abuela era limitado. Otro tío, Isidor, me contó después que él había entrado en la cocina mientras el hombre estaba comiendo y mi abuela se lo había presentado como el Sr. El Señor).

Mientras el hombre estaba comiendo mi abuela le preguntó dónde vivía.

"No tengo casa".

"Bueno, ¿y dónde se va a quedar esta noche?. Está haciendo frío".

"No lo sé".

"¿Le gustaría quedarse aquí?", le ofreció.

Y se quedó por siete años.

En lo que se refiere a comunicarse no violentamente, a mi abuela se le daba natural. Ella no estaba pensando en quién "era" este hombre. Si lo hubiera pensado, posiblemente lo hubiera juzgado de loco y se hubiera deshecho de él. Pero no, ella pensaba en términos de lo que la gente sentía y necesitaba. Si tenían hambre, les daba de comer. Si no tenían techo, les daba un lugar para dormir.

A mi abuela le encantaba bailar y mi madre la recordaba diciendo con frecuencia "no camines si puedes bailar". Así que este libro sobre el lenguaje de la compasión termina con una canción acerca de mi abuela, quien habló y vivió el lenguaje de la Comunicación No Violenta.

Un hombre llamado Jesús
tocó a la puerta de mi abuela un día.
Le pidió algo de comer
y ella le dio todo lo que tenía.

Dijo que se llamaba Jesús El Señor
y ella no llamó a Roma para confirmar.
Se quedó por varios años
así como muchos sin techo ni hogar.

Fue en su forma judía,
que me enseñó lo que Jesús decía.

Fue en su forma preciosa,
que me enseñó lo que Jesús decía.
Y decía así: "da de comer al hambriento,
sana al enfermo y luego descansa.
No camines si puedes bailar
y haz de tu casa un hogar".

Fue en su forma judía,
que me enseñó lo que Jesús decía.
Fue en su forma preciosa,
que me enseñó lo que Jesús decía.

"La abuela y Jesús" de Marshall Rosenberg

Bibliografía

Alinsky, Saul D. *Rules for Radicals: A Pragmatic Primer for Realistic Radicals*. Random House, Nueva York, 1971. (Tratado para radicales: Manual para revolucionarios pragmáticos, Traficantes de sueños, Barcelona, 2012).

Arendt, Hannah. *Eichmann in Jerusalem: A Report on the Banality of Evil*. Viking Press, Nueva York, 1963. (Eichmann en Jerusalén, Lumen, Barcelona, 2003).

Becker, Ernest. *The Birth and Death of Meaning: An Interdisciplinary Perspective on the Problem of Man*. Free Press, Nueva York, 1971.

Becker, Ernest. *The Revolution in Psychiatry: The New Understanding of Man*. Free Press, Nueva York, 1964.

Benedict, Ruth. "Synergy—Patterns of the Good Culture". Revista Psychology Today, número 4 (Junio 1970): 53–77.

Boserup, Anders, y Andrew Mack. *War Without Weapons: Non-Violence in National Defence*. Schocken Books, Nueva York, 1975. (Guerra sin armas, Fontamara, Barcelona, 1985).

Bowles, Samuel y Herbert Gintis. *Schooling in Capitalist America: Educational Reform and the Contradictions of Economic Life*. Basic Books, Nueva York, 1976. (La instrucción escolar en la América Capitalista, Siglo XXI, Madrid, 1985).

Buber, Martin. *I and Thou*. Translated by Ronald Gregor Smith. Scribner, Nueva York, 1958. (Yo y tú, Caparrós, Madrid, 1995).

Craig, James y Marguerite Craig. *Synergic Power Beyond Domination and Permissiveness*. Proactive Press, Berkeley (California), 1974.

Dass, Ram. *The Only Dance There Is*. Jason Aronson, Nueva York, 1985.

Dass, Ram y Mirabai Bush. *Compassion in Action: Setting Out on the Path of Service*. Bell Tower, Nueva York, 1992. (Compasión en acción, Gaia, Madrid, 1994).

Dass, Ram y Paul Gorman. *How Can I Help? Stories and Reflections on Service*. Knopf, Nueva York, 1985. (Cómo puedo ayudar: Manual de un Servidor del Mundo, Gaia, Madrid, 1998).

Domhoff, William G. *The Higher Circles: The Governing Class in America*. Vintage Books, Nueva York, 1971.

Ellis, Albert y Robert A. Harper. *A Guide to Rational Living*. Prentice-Hall, Englewood Cliffs (Nueva Jersey), 1961. (Una nueva guía para una vida racional, Obelisco, Barcelona, 2003).

Freire, Paulo. *Pedagogy of the Oppressed*. Translated by Myra Bergman Ramos. Herder and Herder, Nueva York, 1970. (Pedagogía del oprimido, Siglo XXI, Madrid, 1997).

Fromm, Erich. *Escape from Freedom*. Farrar & Rinehart, Inc., Nueva York, 1941. (El miedo a la libertad, Paidós Ibérica, Barcelona, 1998).

Fromm, Erich. *The Art of Loving*. Harper & Row, Nueva York, 1956. (El arte de amar, Paidós Ibérica, Barcelona, 19ª reimpr., 1998).

Gardner, Herb. *A Thousand Clowns, in The Collected Plays*. Applause Books, Nueva York, 2000. (Miles de payasos, Escelicer, Madrid, 1965).

Gendlin, Eugene. *Focusing*. Everest House, Nueva York, 1978. (Focusing: proceso y técnica del enfoque corporal, Mensajero, Bilbao, 1996).

Glenn, Michael y Richard Kunnes. *Repression or Revolution? Therapy in the United States Today*. Harper and Row, Nueva York, 1973.

Greenburg, Dan, y Marcia Jacobs. *How to Make Yourself Miserable for the Rest of the Century: Another Vital Training Manual*. Vintage Books, Nueva York, 1987. (Cómo ser un perfecto desdichado, Hormé, Buenos Aires, 1988).

Harvey, O.J. *Conceptual Systems and Personality Organization*. Wiley, Nueva York, 1961.

Hillesum, Etty. *Etty: A Diary, 1941-1943*. Introduced by J. G. Gaarlandt; trans. Arnold J. Pomerans. Jonathan Cape, Londres, 1983. (Una vida conmocionada: Diario, 1941-1943, Anthropos, Barcelona, 2007)

Holt, John. *How Children Fail*. Pitman, Nueva York, 1964. (El fracaso de la escuela, Alianza Editorial, Madrid, 1987).

Humphreys, Christmas. *The Way of Action: A Working Philosophy for Western Life*. MacMillan, Nueva York, 1960.

Irwin, Robert. *Building a Peace System: Exploratory Project on the Conditions of Peace*. Expro Press, 1989.

Johnson, Wendell. *Living with Change: The Semantics of Coping*. Harper and Row, Nueva York, 1972.

Katz, Michael B. *Class, Bureaucracy and Schools: The Illusion of Educational Change in America*. Frederick A. Praeger, Inc., Nueva York, 1975.

Katz, Michael B., ed. *School Reform: Past and Present*. Little, Brown & Co., Boston, 1971.

Kaufmann, Walter. *Without Guilt and Justice: From Decidophobia to Autonomy*. P.H. Wyden, Nueva York, 1973.

Keen, Sam. *Hymns to an Unknown God: Awakening the Spirit in Everyday Life*. Bantam Books, Nueva York, 1994. (Himnos a un Dios desconocido, Urano, Barcelona, 1995).

Keen, Sam. *To a Dancing God*. Harper and Row, Nueva York, 1970.

Kelly, George A. *The Psychology of Personal Constructs*. 2 vols. Norton, Nueva York, 1955. (Psicología de los constructos personales: textos escogidos, Paidós Ibérica, Barcelona, 2001).

Kornfield, Jack. *A Path with Heart: A Guide Through the Perils and Promises of Spiritual Life*. Bantam Books, Nueva York, 1993. (Camino con corazón, La liebre de marzo, Barcelona, 1998).

Kozol, Jonathan. *The Night Is Dark and I Am Far from Home*. Houghton-Mifflin Co., Boston, 1975.

Kurtz, Ernest y Katherine Ketcham. *The Spirituality of Imperfection: Modern Wisdom from Classic Stories*. Bantam Books, Nueva York, 1992.

Lyons, Gracie. *Constructive Criticism: A Handbook*. IRT Press, Oakland (California), 1976.

Mager, Robert. *Preparing Instructional Objectives*. Fearon-Pitman Pub., Belmont (California), 1975. (Formulación operativa de objetivos didácticos, Fax, Madrid, 1973).

Maslow, Abraham. *Eupsychian Management*. Richard D. Irwin, Homewood (Illinois), 1965. (El management según Maslow: una visión humanista para la empresa de hoy, Paidós Ibérica, Barcelona, 2005).

Maslow, Abraham. *Toward a Psychology of Being*. Van Nostrand, Princeton (Nueva Jersey), 1962. (El hombre autorrealizado: hacia una psicología del ser, Kairós, Barcelona, 2014).

McLaughlin, Corinne y Gordon Davidson. *Spiritual Politics: Changing the World from the Inside Out*. Ballantine Books, Nueva York, 1994.

Milgram, Stanley. *Obedience to Authority: An Experimental View*. Harper and Row, Nueva York, 1974. (Obediencia a la autoridad, Desclée de Brouwer, Bilbao, 1984).

Postman, Neil y Charles Weingartner. *The Soft Revolution: A Student Handbook for Turning Schools Around*. Delacorte Press, Nueva York, 1971.

Postman, Neil y Charles Weingartner. *Teaching as a Subversive Activity*. Delacorte Press, Nueva York, 1969. (La enseñanza como actividad crítica, Fontanella, Barcelona, 1981).

Powell, John. *The Secret of Staying in Love*. Argus Communications, Niles (Illinois), 1974. (El secreto para seguir enamorado, Editorial Diana, México, 2013).

Powell, John. *Why Am I Afraid to Tell You Who I Am?* Argus Communications, Chicago, 1969. (¿Por qué temo decirte quién soy?, Sal Terrae, Santander, 1996).

Putney, Snell. *The Conquest of Society: Sociological Observations for the Autonomous Revolt against the Autosystems Which Turn Humanity into Servo-Men.* Wadsworth, Belmont (California), 1972.

Robben, John. *Coming to My Senses.* Thomas Crowell, Nueva York, 1973.

Rogers, Carl. *A Way of Being.* Houghton Mifflin Books, Nueva York, 1980, p. 12. (El camino del ser, Kairós, Barcelona, 1987).

Rogers, Carl. *Carl Rogers on Personal Power.* Delacorte Press, Nueva York, 1977. (El poder de la persona, El manual moderno, 1990).

Rogers, Carl. *Freedom to Learn: A View of What Education Might Become.* Charles E. Merrill, Columbus (Ohio), 1969. (Libertad y creatividad en la educación, Paidós, Buenos Aires, 1975).

Rogers, Carl. "Some Elements of Effective Interpersonal Communication". Fotocopias de una conferencia pronunciada en el California Institute of Technology, en Pasadena (California), el 9 de noviembre de 1964.

A Way of Being. New York: Houghton Mifflin Books, 1980, 12.

Rosenberg, Marshall. *Mutual Education: Toward Autonomy and Interdependence.* Special Child Publications, Seattle, 1972.

Ryan, William. *Blaming the Victim.* Vintage Books, Nueva York, 1976.

Scheff, Thomas J., ed. *Labeling Madness.* Prentice-Hall, Englewood Cliffs (Nueva Jersey), 1975.

Schmookler, Andrew Bard. *Out of Weakness: Healing the Wounds That Drive Us to War.* Bantam Books, Nueva York, 1988.

Sharp, Gene. *Social Power and Political Freedom.* Porter Sargent, Boston, 1980.

Steiner, Claude. *Scripts People Live: Transactional Analysis of Life Scripts.* Grove Press, Nueva York, 1974. (Los guiones que vivimos, Kairós, Barcelona, 1992).

Szasz, Thomas S. *Ideology and Insanity: Essays on the Psychiatric Dehumanization of Man.* M. Boyars, Nueva York, 1983.

Tagore, Rabindranath. *Sadhana: The Realization of Life.* Omen Press, Tucson, 1972. (Sadhama o la vía espiritual, Errepar, 1997).

Índice

A

aconsejar vs empatizar, 98–99, 104–5

afirmaciones de lenguaje presente, 183

agresión, en respuesta a la culpa y al juicio, 156–57
   ver también juicios; violencia

alabanza, como comunicación alienada de la vida, 225–26

"alternativas cognitivamente arrestadas", 210

Amtssprache, 22, 147

análisis de otros, como expresión de valores y necesidades, 18, 54–56, 162–63, 175–78, 197, 212
   ver también juicios

apreciación, 80, 225–33

aprobación, como motivador, 145

Arendt, Hannah, 22

Assailey, Nafez, 228–29

asuntos de poder, 121–22

asuntos raciales, uso de la CNV para resolver, 42–43, 72–73, 82–85, 158, 150–61

atención, enfocarse en los componentes de la CNV, 3, 4–6

autocompasión, 110–11, 122–23

autoconsejería según la CNV, 209–10
   ver también autocompasión

autoculpa, 51–52, 136–37

autoestima
   efecto de la fuerza punitiva sobre, 200

efecto del juicio sobre, 18–19, 51–52

y uso de la CNV, 5

autonomía, necesidad de, 57, 162–63

autoperdón, 140–42

B

bases de la CNV (Comunicación No Violenta), 3–7, 86–87, 100–101

Bebermeyer, Ruth (canciones), xv, 5, 27–28, 29–30

Becker, Ernest, 210

Bernanos, George, 24–25

bla–bla–riano, 128–29

Bryson, Kelly, 128–29

Buber, Martin, 100–101, 214–15

Buechner, Frederick, 27

Building a Peace System (Construyendo un sistema de paz) (Irwin), 198

C

Campbell, Joseph, 106–7

Campo de refugiados de Dheisheh, uso de la CNV en, 13–14

cárceles, uso de la CNV en, 154–55

castigo
   presunciones subyacentes, 19–20, 198–99
   evitar la vergüenza y la culpa, como motivación para, 146–47
   costos y limitaciones del, 200–201
   y recompensa, 24–25
   autocastigo, 136–37, 140
   tipos, 198–200

causa vs estímulo de sentimientos, 51, 149–57

celebración, necesidad de, 57

Chardin, Teilhard de, Pierre, 207

Chuang-Tzu, 97

Cómo ser un perfecto desdichado (Greenburg), 20

Los cuatro componentes del proceso de comunicación no violenta

Expresar claramente cómo **estoy yo** sin culpar ni criticar	Recibir empáticamente cómo **tú estás** sin escuchar culpa ni crítica

OBSERVACIONES

1. Lo que observo *(veo, escucho, recuerdo, imagino, libre de mis evaluaciones)* que contribuye o no a mi bienestar: *"Cuando yo (veo, escucho) ..."*	1. Lo que tú observas *(ves, escuchas, recuerdas, imaginas, libre de tus evaluaciones)* que contribuye o no a tu bienestar: *"Cuando tú escuchas, ves ..."* *(este componente se da a veces en silencio cuando se está ofreciendo empatía)*

SENTIMIENTOS

2. Cómo me siento *(emoción o sensación en vez de pensamiento)* en relación a lo que observo: *"Yo (me) siento ..."*	2. Cómo te sientes *(emoción o sensación en vez de pensamiento)* en relación a lo que observas: *"Tú (te) sientes ..."*

NECESIDADES

3. Lo que necesito o valoro *(en vez de una preferencia, o acción específica)* que causa mis sentimientos: *"... porque necesito/valoro ..."*	3. Lo que necesitas o valoras *(en vez de una preferencia, o acción específica)* que causa tus sentimientos: *"... porque necesitas/valoras ..."*

Pedir claramente aquello que enriquecería mi vida sin exigir	Recibir empáticamente aquello que enriquecería tu vida sin escuchar ninguna exigencia

PETICIONES

4. Acciones concretas que a mí me gustaría que fueran tomadas: *"¿Tendrías disposición de ... ?"*	4. Acciones concretas que a tí te gustaría que fueran tomadas: *"¿Te gustaría ... ?"* *(este paso se da a veces en silencio cuando se está ofreciendo empatía)*

© Marshall B. Rosenberg. Para más información sobre Marshall B. Rosenberg o el Centro para la Comunicación No Violenta, por favor visita www.CNVC.org

Algunos sentimientos que todos tenemos

Cuando las necesidades están satisfechas:

• sorprendido	• satisfecho	• alegre	• estimulado
• cómodo	• contento	• conmovido	• sorprendido
• seguro	• esperanzado	• optimista	• agradecido
• entusiasta	• inspirado	• orgulloso	• enternecido
• energético	• intrigado	• aliviado	• confiado

Cuando las necesidades no están satisfechas:

• molesto	• desanimado	• desesperanzado	• abrumado
• fastidiado	• angustiado	• impaciente	• desconcertado
• preocupado	• avergonzado	• irritado	• renuente
• confundido	• frustrado	• solo	• triste
• decepcionado	• desvalido	• nervioso	• incómodo

 # Algunas necesidades que todos tenemos

Autonomía

- Escoger nuestros propios sueños, metas, valores
- Escoger nuestro propio plan para satisfacer esos sueños, metas, valores

Celebración

- Celebrar la creación de la vida y los sueños cumplidos
- Celebrar la pérdida: de seres amados, de sueños, etc. (duelo)

Integridad

- Autenticidad • Creatividad
- Sentido • Valor propio

Interdependencia

- Aceptación • Apreciación
- Cercanía • Comunidad
- Consideración
- Contribución al enriquecimiento de la vida
- Seguridad emocional • Empatía

Nutrición física

- Aire • Comida
- Movimiento, ejercicio
- Protección de entes que amenazan la vida: virus, bacterias, insectos, animales depredadores
- Descanso • Expresión sexual
- Techo • Contacto físico • Agua

Juego

- Diversión • Risa

Comunión espiritual

- Belleza • Armonía
- Inspiración • Orden • Paz

- Honestidad (la honestidad empoderadora que nos permite aprender de nuestras limitaciones)
- Amor • Consuelo
- Respeto • Apoyo
- Confianza • Comprensión

Investigaciones Sobre la Comunicación No Violenta

Puedes encontrar artículos periodísticos, disertaciones, tesis, informes de proyectos y estudios independientes que exploran varias facetas de la Comunicación No Violenta, aquí: www.nonviolentcommunication.com/learn-nonviolent-communication/research-on-nvc/

Algunos de éstos son cualitativos, otros cuantitativos y otros utilizan métodos mixtos. Juntos comienzan a ofrecer una base empírica. Si has completado una investigación sobre la CNV y deseas agregar tu artículo a la lista, comunícate con nosotros aquí: www.nonviolentcommunication.com/feedback-form/

 ## Sobre la Comunicación No Violenta

La Comunicación No Violenta ha florecido durante más de cuatro décadas en sesenta países, vendiendo más de 6.000.000 de libros en más de treinta y cinco idiomas por una sencilla razón: funciona.

La Comunicación No Violenta está cambiando vidas todos los días. La CNV proporciona un método eficaz y fácil de entender para llegar a la raíz de la violencia y el dolor de forma pacífica. Al examinar las necesidades insatisfechas detrás de lo que hacemos y decimos, la CNV ayuda a reducir la hostilidad, curar el dolor y fortalecer las relaciones profesionales y personales. La CNV se enseña en corporaciones, aulas, prisiones y centros de mediación en todo el mundo. Y está afectando los cambios culturales a medida que las instituciones, corporaciones y gobiernos integran la conciencia de la CNV en sus estructuras organizativas y en su enfoque al liderazgo.

La mayoría de nosotros quiere las habilidades para mejorar la calidad de nuestras relaciones, para profundizar nuestro sentido de empoderamiento personal o simplemente para ayudarnos a comunicarnos de manera más eficaz. Desafortunadamente, la mayoría de nosotros somos educados desde que nacemos para competir, juzgar, exigir y diagnosticar; a pensar y comunicarnos en términos de lo que está "bien" y "mal" con las personas. En el mejor de los casos, las formas habituales en que pensamos y hablamos dificultan la comunicación y crean malentendidos o frustración. Y lo que es peor, pueden causar enojo y dolor, y pueden conducir a la violencia. Sin quererlo, incluso las personas con las mejores intenciones generan conflictos innecesarios.

La CNV nos ayuda a profundizar más allá de la superficie y descubrir lo que está vivo y vital dentro de nosotros, y cómo todas nuestras acciones se basan en las necesidades humanas que buscamos satisfacer. Aprendemos a desarrollar un vocabulario de sentimientos y necesidades que nos ayuda a expresar con mayor claridad lo que sucede en nosotros en un momento dado. Cuando entendemos y reconocemos nuestras necesidades, desarrollamos una base compartida para relaciones mucho más satisfactorias. Únete a las miles de personas en todo el mundo que han mejorado sus relaciones y sus vidas con este proceso sencillo pero revolucionario.

Sobre PuddleDancer Press

Visita el sitio web de PDP aquí: www.NonviolentCommunication.com. Tenemos un sitio web lleno de recursos y en crecimiento constante, que actualmente aborda más de 35 temas relacionados con CNV a través de artículos, recursos en línea, páginas de ejercicios, citas de Marshall Rosenberg y mucho más. ¡Visítanos!

- **Boletín electrónico "NVC Quick Connect"**: regístrate en línea para recibir nuestro boletín electrónico mensual, lleno de artículos de expertos sobre temas relevantes y oportunos, enlaces a CNV en las noticias, citas y canciones inspiradoras y divertidas, anuncios sobre formaciones y otros eventos de CNV y ofertas especiales exclusivas de materiales de aprendizaje de CNV.

- **Compra CNV**: puedes comprar nuestros titulos de CNV de manera segura, alcanzable y conveniente en línea. Encuentra descuentos diarios en títulos individuales, copias múltiples y paquetes de libros. Obtén más información sobre nuestros autores y lee los respaldos de CNV de expertos en comunicación y mediadores de renombre mundial.

- **Acerca de la CNV**: aprende más sobre las habilidades únicas de comunicación y resolución de conflictos de la CNV que cambian vidas (la CNV es también conocida como comunicación compasiva, comunicación colaborativa, comunicación respetuosa, comunicación consciente, comunicación pacífica o comunicación eficaz). Encuentra una descripción general del proceso de CNV, datos clave sobre CNV y más.

- **Acerca de Marshall Rosenberg**: lee sobre el pacificador, mediador, educador, autor de best-sellers y fundador del Centro para la Comunicación No Violenta, de renombre mundial, que incluye materiales de prensa, una biografía y más.

Para obtener más información, comunícate con PuddleDancer Press aquí:

2240 Encinitas Blvd., Ste. D-911 • Encinitas, CA 92024, Estados Unidos
Teléfono: +1 760-557-0326 • Correo electrónico: email@puddledancer.com
www.NonviolentCommunication.com

Acerca del Centro para la Comunicación No Violenta

El Centro para la Comunicación No Violenta (CNVC) es una organización internacional promotora de la paz y sin fines de lucro, cuya visión es un mundo donde las necesidades de todos se satisfagan de manera pacífica. CNVC se dedica a apoyar la difusión de la Comunicación No Violenta (CNV) en todo el mundo.

Fundada en 1984 por el Dr. Marshall B. Rosenberg, CNVC ha contribuido a una vasta transformación social en el pensamiento, el habla y la actuación, mostrando a las personas cómo conectarse de maneras que inspiran resultados compasivos. La CNV ahora se enseña en todo el mundo en comunidades, escuelas, prisiones, centros de mediación, iglesias, empresas, conferencias profesionales y más. Cientos de formadores certificados y cientos de seguidores más enseñan la CNV a decenas de miles de personas cada año en más de sesenta países.

CNVC cree que la capacitación en CNV es un paso crucial para continuar construyendo una sociedad pacífica y compasiva. Tu donación deducible de impuestos ayudará a CNVC a continuar brindando capacitación en algunos de los rincones más empobrecidos y violentos del mundo. También apoyará el desarrollo y la continuación de proyectos organizados destinados a llevar la capacitación en CNV a regiones geográficas y poblaciones de alta necesidad.

Para hacer una donación deducible de impuestos o para obtener más información sobre los valiosos recursos que se describen a continuación, visita el sitio web de la CNVC en www.CNVC.org:

- Capacitación y certificación: encuentra oportunidades de capacitación locales, nacionales e internacionales, accede a información sobre la certificación de capacitadores, conéctate con las comunidades de CNV locales, capacitadores y más.

- Librería CNVC: encuentra información sobre pedidos por correo o teléfono para obtener una selección completa de libros, folletos, materiales de audio y video de CNV en el sitio web de CNVC.

- Proyectos CNVC: participa en uno de los varios proyectos regionales y temáticos que brindan enfoque y liderazgo para la enseñanza de CNV en una aplicación o región geográfica en particular.

Para mayor información, por favor contacta con CNVC en:

Solo en Estados Unidos: 800-255-7696 • Correo electrónico: cnvc@CNVC.org
Página Web: www.CNVC.org

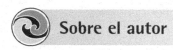

Sobre el autor

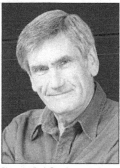

Photo by Beth Banning

Marshall B. Rosenberg, PhD (1934–2015) fundador y por muchos años Director de los Servicios Educativos del Centro para la Comunicación No Violenta, organización pacifista internacional.

En vida, escribió quince libros, incluyendo su más vendido *"Nonviolent Communication: A Language of Life"* (Comunicación No Violenta: Un lenguaje de vida) (PuddleDancer Press), el cual ha vendido más de seis milliónes de copias alrededor del mundo y ha sido traducido a más de 35 idiomas —además de otros idiomas en proceso de traducción.

El Dr. Rosenberg ha recibido varios premios por la Comunicación No Violenta incluyendo:

2014: Premio "Champion of Forgiveness Award" (Campeón del Perdón) del "Worldwide Forgiveness Alliance" (Alianza Mundial del Perdón).

2006: Premio de no violencia "Bridge of Peace Nonviolence Award" (Puente de Paz) de la "Global Village Foundation" (Fundación Aldea Global).

2005: Premio "Light of God Expressing in Society" (Luz de Dios expresada en la sociedad) de la Association of Unity Churches (Asociación de Iglesias Unidas).

2004: Premio "Golden Works Award" (Trabajos de Oro) de la Religious Science International (Ciencia Religiosa Internacional).

2002: Premio "Apreciación por la Justicia Restaurativa" otorgado por la Princesa Ana y la Jefatura Policial de Inglaterra.

2000: Premio "Escucha del Año" por la "International Listening Association" (Asociación Internacional para la Escucha).

El Dr. Rosenberg utilizó por primera vez el proceso de la CNV en proyectos de integración escolar con financiamiento federal para proveer capacitación en herramientas de mediación y comunicación durante los años sesenta. El Centro para la Comunicación No Violenta, fundado en 1984, tiene hoy día cientos de formadores certificados y colaboradores que enseñan la CNV en más de sesenta países alrededor del mundo.

El Dr. Rosenberg fue un solicitado presentador, pacifista y líder visionario que ofreció talleres y formaciones internacionales intensivas de CNV ante decenas de miles de personas en más de 60 países alrededor del mundo y proporcionó formaciones e inició programas de paz en muchas áreas desgarradas por la guerra incluyendo Nigeria, Sierra Leona y el Medio Oriente. Trabajó incansablemente con educadores, gerentes, proveedores de salud, abogados, oficiales militares, presos, oficiales policiales y carcelarios, oficiales de gobierno y familias. Acompañado de su guitarra, sus títeres y una energía espiritual que llenaba las salas, Marshall nos mostró cómo crear un mundo más pacífico y satisfactorio.

Sobre la traducción y revisión

 **Traducción: Magiarí Díaz Díaz** es Formadora Certificada en Comunicación No Violenta, traductora e intérprete profesional con Maestría en Paz y Transformación de Conflictos de la Universidad de Innsbruck, Austria. Magiarí disfruta del canto, la danza y la naturaleza.

 **Revisión: Alan Rafael Seid Llamas** comenzó a estudiar la CNV en 1995 con el Dr. Marshall Rosenberg. En 1999 asistió a una formación intensiva de 10 días (IIT) y viajó a Colombia a trabajar con el Dr. Rosenberg como su intérprete al español por otros 10 días. Alan recibió la certificación como formador en 2003, y trabaja privadamente en áreas de cambio social, desarrollo personal, y liderazgo.